春秋神话与传说笔记

"中国原始神话与传说"丛书

CHUNQIU SHENHUA YU
CHUANSHUO BIJI

于成鲲 编著

上海科学技术文献出版社
Shanghai Scientific and Technological Literature Press

图书在版编目（CIP）数据

春秋神话与传说笔记 / 于成鲲编著. —上海：上海科学技术文献出版社，2022
（"中国原始神话与传说"丛书）
ISBN 978-7-5439-7868-3

Ⅰ.①春… Ⅱ.①于… Ⅲ.①神话—研究—中国—春秋时代 Ⅳ.① B932.2

中国版本图书馆 CIP 数据核字（2019）第 074743 号

本书由上海文化发展基金资助出版

责任编辑：于学松
封面设计：幻灵广告

春秋神话与传说笔记
CHUNQIU SHENHUA YU CHUANSHUO BIJI
于成鲲　编著
出版发行：上海科学技术文献出版社
地　　址：上海市长乐路 746 号
邮政编码：200040
经　　销：全国新华书店
印　　刷：商务印书馆上海印刷有限公司
开　　本：720mm×1000mm　1/16
印　　张：19
字　　数：351 000
版　　次：2022 年 3 月第 1 版　2022 年 3 月第 1 次印刷
书　　号：ISBN 978-7-5439-7868-3
定　　价：88.00 元
http://www.sstlp.com

　　于成鲲，男，生于1933年，四川西充人。原复旦大学和上海大学中文系教授，原中国《写作》杂志副主编，中国写作学会创建人之一。1959年、1965年先后出席上海市和全国青年文学创作积极分子大会。现离休。出版过《现代服务业文书写作规范》《现代企业管理文书写作规范》《公务与事务文书写作规范》《科教文与社交文书写作规范》《中国应用文大全》《中国高校通用教材：现代应用文》《现代应用文教程》《中西喜剧研究》《吴炳与粲花》《怎样写论文》《追梦人生》《凡人小记》等著作。并在报刊杂志上发表散文、小说、戏剧等文学作品300多篇。

前　言

春秋这个历史阶段，指从公元前 770 年到公元前 476 年止，共 295 年。其后是战国时期，从公元前 476 年到秦始皇统一中国的公元前 221 年止，共 256 年。春秋战国加在一起共 500 多年。这 500 多年在漫长的历史进程中，只是一个非凡的瞬间。其所以非凡有如下几点：

一是，它是历史的转折点，是中国社会从奴隶社会走向封建社会的过渡期。中国的奴隶社会，经历了夏、商、西周的统治，到春秋战国时期已经进入了崩溃期。春秋就是这一时期的转折点。战乱便是一个重要标志。

二是，它是历史的飞跃期。历史进入春秋战国时代，"一夫一妇，受田百亩，以养父母妻子，五口为一家，八家九顷共为一井"的井田制遭到了破坏。五霸兴起，奴隶主大量圈地，土地被少数人兼并、强占、买卖，从而加深了奴隶主与农民的矛盾，引发了大规模的农民起义，加速了奴隶制度的覆灭。

春秋时代，中国的天文学有了极大的发展。出现了二十八宿天文历法，十二月纪时；工业冶炼，从专供祭祀的青铜冶炼，发展到生铁冶炼，出现了铁质犁铧锄锹等生产工具和锅碗瓢盆等生活用具；纺织蚕桑等也有了很大的发展。在文化上也有了重大的发展，出现了诸子百家为代表的新兴文化。最有代表性的如老子、孔子、管子、墨子、晏子和孟子、荀子、孙子等百家学术。道家、儒家、法家、兵家、黄老、阴阳、五行、医学等学术汇聚成了文化的巨流，开辟了一方崭新的天地，打开了迎接新时代到来的大门。所以，春秋不仅是中华历史的飞跃期，也是中华文化的飞跃期。

三是，它也是中国历史上人民最为痛苦的时期。俗话说春秋无义战。由于其时大一统的邦国天下分裂，"郑虢争政，乱起京畿"，齐、鲁、卫、燕、晋、秦、楚、吴、越相继立国，齐桓、晋文、秦穆、楚庄和吴王夫差、越王勾践相继争霸，战争不断，弄得人民痛苦不堪。在战祸的同时，天灾也十分严重。仅以黄河流域中下游为例，就很惊人。据记载：鲁襄公十六年（公元前 557）5 月 14 日发生地震起，至鲁哀公三年（公元前 492）4 月甲午发生地震止，在短短的 65 年中，就发生了 4 次大地震，2 次山崩（梁山崩、沙鹿山崩）；7 次大水灾、大旱灾；

8次大蝗灾；14次大规模战争；20余次弑君之乱。

  灾害与战乱使春秋成了一个苦难深重的年代。春秋，一方面思想先进，科学技术发展；一方面苦难深重，人民痛苦不堪。

  基于这一现实，春秋的圣人贤哲们才一再呼吁告诫统治者们：要讲道德、讲仁爱、讲正义，要加强自身修养。因此，可以说春秋的现实，才是春秋哲学的本原。

  本书是读书笔记，缺少系统性与理论性阐述。某些事件的叙述，前后可能有重复之处。想去亦难，想留亦难，实属无奈，敬请谅解。

于成鲲

2022年3月25日

于海鸿公寓

目 录

第一章 春秋的史前传说

一、四岳的传说 / 005

    （一）四岳的传说（一则）/ 005

    （二）四岳的传说（外一则）/ 007

    （三）结语 / 008

二、春秋战国时期存在两个五帝系统 / 009

三、五帝的传说 / 012

四、陈祖颛顼的传说 / 015

五、《吴越春秋》中鲧禹的传说 / 016

六、玄妻 / 020

七、美哉禹功 / 021

八、少康的传说 / 022

九、有穷后羿的传说 / 023

十、豢龙的传说 / 026

十一、干将与莫邪的传说 / 028

    （一）干将莫邪 / 028

    （二）越王勾践有宝剑五 / 028

十二、虞阏父为陶正 / 030

十三、天狗食日的传说 / 032

十四、自虞以上为陶唐氏 / 033

十五、赤鸟夹日 / 034

十六、西狩获麟 / 035

十七、王良之御 / 036

第二章　春秋乱世

一、春秋的时限 / 043

二、春秋时期的邦国与会盟制度 / 045
　　（一）春秋时期的邦国 / 045
　　（二）春秋时期的会盟制度 / 047

三、春秋时期的灾害记录 / 049
　　（一）日食（25 次）/ 049
　　（二）春秋时期的虫害（蝗灾）8 次 / 051
　　（三）春秋时期的水旱灾害 / 052
　　（四）春秋时期的山崩地震（4 次）/ 053

四、春秋时期的天象记录与星历纪时 / 054
　　（一）春秋时期的天象记录 / 054
　　（二）春秋时期的星历纪时 / 058

五、春秋时期的田争记录 / 062
　　（一）革夕争田 / 062
　　（二）周晋阎田之争 / 063

六、春秋时期的争霸战争 / 066
　　（一）乾时之战 / 066
　　（二）长勺之战 / 067
　　（三）乘丘之战 / 067
　　（四）夺妇之战 / 067
　　（五）繻葛之战 / 067
　　（六）韩原之战 / 068
　　（七）崤之战 / 068
　　（八）蒐圃之役 / 069
　　（九）鄢陵之战 / 069
　　（十）城濮之战 / 070
　　（十一）新筑之战 / 071
　　（十二）楚庄王欲纳夏姬 / 071
　　（十三）吴越檇李之战 / 071
　　（十四）夫椒之战 / 071
　　（十五）吴楚之战 / 072

七、春秋时期的弑君之例 / 075
八、春秋时期的科技发展 / 077
九、春秋问鼎的传说 / 080
　　春秋问鼎解说 / 080
十、春秋时期的厚葬之风 / 084
十一、春秋时期的邮亭传令与火攻得失 / 085

第三章　春秋故事辑录

第四章　春秋五霸与贤臣

一、《梼杌》中的楚庄王 / 175
　　（一）隐戏 / 175
　　（二）虞丘子荐孙叔敖 / 176
　　（三）楚庄王问国是 / 177
　　（四）茅门令 / 177
　　（五）楚庄王的征伐 / 178
　　（六）两次伐郑 / 178
　　（七）晋伐楚，与楚伐晋 / 178
　　（八）楚庄王听谏 / 179
二、《晋史乘》中的晋文公 / 180
　　（一）晋文公遭难 / 180
　　（二）晋文公归国 / 183
　　（三）晋文公理政称霸 / 184
　　（四）晋文公的征伐 / 185
三、《吴越春秋》中的吴越兴衰 / 187
　　（一）吴国兴衰与吴王夫差 / 187
　　（二）越国兴衰与越王勾践 / 190
四、《史记》中的秦穆公 / 195
　　（一）救主 / 197
　　（二）卖郑国 / 197
五、齐姜与陈田 / 199
　　（一）家事不顺，国事难安 / 199

（二）齐归于田 / 200

六、孙叔敖 / 202

七、范蠡 / 205

八、管仲 / 207

九、伍奢之死 / 210

十、结语：五霸兴衰 / 212

　　（一）君权 / 212

　　（二）兵权 / 213

　　（三）谋士 / 214

第五章　春秋五圣

一、老子 / 221

　　（一）老子的身世与经历 / 221

　　（二）老子的《道德经》/ 222

　　（三）老子的神奇传说 / 224

　　（四）道儒分家 / 225

二、孔子 / 228

　　（一）孔子的生平 / 228

　　（二）孔子的简历 / 229

　　（三）孔子的仕途与理想抱负 / 231

　　（四）孔子著述六艺 / 233

　　（五）孔子为啥不愿见晏子 / 236

　　（六）孔子的学术思想：礼与仁 / 236

三、墨子 / 238

　　（一）墨子的生平 / 238

　　（二）墨子学派 / 240

　　（三）墨学的兴衰 / 241

　　（四）墨子的天意观 / 242

　　（五）墨子的著作《墨子》/ 243

　　（六）《墨子》一书的理论贡献 / 244

　　（七）墨子的故事 / 247

四、管子 / 255

　　（一）管子的生平 / 255

（二）管子与鲍叔牙 / 255
　　（三）管仲帮齐桓公干了哪几件大事？/ 256
　　（四）管仲的学术三论 / 257
五、晏子 / 261
　　（一）景公酗酒 / 262
　　（二）礼乐之谏 / 263
　　（三）晏子为啥敲掉孔子的饭碗？/ 264

第六章　历史的拐点

一、春秋战国处于历史的交叉点上 / 269
二、春秋战国时期科技的飞速发展 / 271
　　（一）天文历法 / 271
　　（二）地学 / 272
　　（三）数学 / 272
　　（四）医学 / 273
　　（五）农业 / 273
三、战国百家 / 275
　　（一）孟轲 / 276
　　（二）道家学派 / 276
四、墨子的大同治世理想 / 280
　　墨子的《尚同》观念 / 280
五、人类的理想与虚拟世界 / 283

参考文献 / 285
后记 / 291

第一章
春秋的史前传说

第一章

绪论

本章摘录的主要是尧舜禹夏商周至春秋时代的传说。

传说的中心是夏商周人的故事，有一些也涉及唐虞乃至颛顼，应当说这是有关五帝最重要的资料。故事中无论是涉及五帝，还是三代君王，强调的都是立德，要求君王要"立德为先""以德为本"。

古希腊神话的特点是将神人格化，它的主角是人格化的神，这些神实际上是现实的人。世界上有一些暴君，要求人们尊他为神。如罗马的屋大维于公元前27年1月13日向元老院请辞，要元老院封他为终身统帅，享奥古斯都尊号，兼有神明之尊。奥拉维王朝的图密是个暴君，却要求元老院称他为"主人""我们的神"。中国上古时代也有些暴君，如殷纣王、周幽王等，他们并未发展到这一步。

本章集中反映的是上古历史的传说。通过种种传说对上古的人和事加以写实或夸大描述。这一点是和西方神话很不相同的。它重在传说。

一、四岳的传说

二、春秋战国时期存在两个五帝系统

三、五帝的传说

四、陈祖颛顼的传说

五、《吴越春秋》中鲧禹的传说

六、玄妻

七、美哉禹功

八、少康的传说

九、有穷后羿的传说

十、豢龙的传说

十一、干将与莫邪的传说

十二、虞阏父为陶正

十三、天狗食日的传说

十四、自虞以上为陶唐氏

十五、赤乌夹日

十六、西狩获麟

十七、王良之御

一、四岳的传说

（一）四岳的传说（一则）

《春秋·左传》鲁庄公二十有二年，公元前672年记载，"陈人杀其公子御寇"，即杀了陈宣公之太子，公子御寇。原因是宣公欲立宠妾之子，所以杀了太子。陈公子完随同从齐来的一个叫颛孙的人一同奔逃齐国。

陈完，即田敬仲，公子完，陈厉公之子。敬仲是他的谥号。他与被杀的太子御寇很要好，御寇被杀，他很害怕，因此逃到了齐国。到了齐国后，齐侯命以为卿。在齐与齐桓公关系很好，还时常请桓公到他家夜饮。陈大夫懿氏为其占卜娶妻。占卜的结果是"吉。是谓'凤凰于飞，和鸣锵锵，有妫之后，将育于姜。五世其昌，并为正卿。八世之后，莫之与京'"。意思是说他是妫姓之后，娶此妻很吉利，如凤凰降世，他的子孙五世就要为正卿，八世之后即公侯。

田敬仲的父亲是陈厉公，名跃，是蔡国女子所生的。所以蔡人杀了五父陈佗而立陈厉公，成为周国掌管祭祀、历法、法典的太史官。后来，他又以《周易》见陈侯，陈侯厉公让他用蓍草占卜一下。占卜的结果，得了个"观卦（☷）"与"否卦（☷）"。谓之"观国之光，利用宾于王"。卦文的意思是，他会享有国，但"不在此，其在异国"。非此身，而"在其子孙"，他会在远处光耀发达的。这就是"观国之光，利用宾于王"。即离开陈国，后世会成为王侯的主要依据。并预言说他所在异国，必姜姓也。

"传"文在解释这段文字时说，"姜，太岳之后也。山岳则配天。物莫能两大，陈衰，此其昌乎！"注释说"共工（炎帝神农的后代）之从孙尧时为四岳，佐大禹治水有功，获封于吕，为诸侯长，赐姓曰姜氏"。①

《尚书·尧典》有四岳与尧的对话。

帝曰："咨！四岳，汤汤洪水方割，荡荡怀山襄陵，浩浩滔天，下民其咨，有能俾乂？"

---

① 赵生群注，《春秋左传新注》，陕西人民出版社，第121页。

佥曰："於！鲧哉。"

帝曰："吁！咈哉，方命圮（pǐ，坍塌）族。"

岳曰："异哉！试可乃已。"

帝曰："往，钦哉！"九载，绩用弗成。

帝曰："咨！四岳。朕在位七十载，汝能庸命，巽（xùn，恭让）朕位？"

岳曰："否德忝（tiǎn，谦辞：辱没）帝位。"

这段话的意思是尧时发生了大洪水，尧召集大臣们商量，请他们推荐一个能带领大家治水之人。开始欢兜，即佥（qiān），总负责此事的官员。他推荐共工，尧不同意，说他巧言令色，阳奉阴违，对上天轻慢不敬。请求大家再推荐一个能人。等了半天，没人开腔。尧说："哎呀，怎么办呀？四方诸之长呀，你们看看，到处都是滔滔的洪水，把山陵包围了，把村庄淹没了，水势滔滔，浪接天高，叫老百姓怎么过日子呀，赶快推荐一个人吧？"有人推荐鲧，尧还是不同意，说鲧这个人不大听指挥，常违法乱纪，危害同族人。四岳说："让他试试吧！不试怎么知不行呢。"尧这才同意让鲧去治洪水。

在《尧典》中，我们看到四岳是四方诸侯之长，也就是四方诸侯的地位最高的人。他是诸侯的代表者，曾参与治理洪水，并推荐了大禹治水。

在《尚书·舜典》中也有关于四岳的记载，说舜上台后"流共工于幽州，放

欢兜于崇山，窜三苗于三危，殛鲧于羽山，四罪而天下咸服"。二十八年尧死。三年后的元月一日舜于文祖庙即帝位。即位后即询于四岳，与四方诸侯之长共商国是："咨，四岳！有能奋庸熙帝之载，使宅百揆亮采，惠畴？"佥曰："伯禹作司空。"又问："咨，四岳，有能典朕三礼？（三礼，即祭祀天神、地祇、人鬼之礼仪。）"佥曰："伯夷！"可见，在舜典中，四岳，并非尧时的那个四岳，而是佥。这就是说四岳在尧舜时代是四方诸之长的总称，并不是指共工或一个固定的具体的历史人物。正因为这样，所以四岳之长并不固定。前述"共工（炎帝神农的后代）之从孙尧时为四岳"，与尧典、舜典的四岳，并非同一人。可能四岳就是对朝中负责管理四方山林水泽的官职的一种称呼。共工主管水泽，不管山林，四岳管山林不管水泽。所以共工不是四岳，四岳也不是共工。可见四岳是管山林之官与管山林之神无疑。

（二）四岳的传说（外一则）[1]

左传，鲁襄公十四年，公元前559年，春，吴告败于晋。范宣子数吴之不德，以退吴人。因楚共王去世，楚国在治丧期间内，吴人伐楚，故称不德。范宣子与之对话说："昔秦人负恃[2]其众，贪于土地，逐我诸戎。惠公蠲[3]其大德，谓我诸戎是四岳[4]之裔胄也，毋是翦弃[5]。赐我南鄙之田，狐狸所居，豺狼所嗥。我诸戎除翦其荆棘，驱其狐狸豺狼，以为先君不侵不叛之臣，至于今不贰。……我诸戎饮食衣服不与华同，贽币[6]不通，言语不达，何恶之能为？不与于会，亦无瞢[7]焉！"宣子辞焉，使即事于会。

这件事的背景是：公元前559年，鲁与晋、齐、宋、卫、郑、曹、邾、滕、薛、杞，小邾人会吴于向。上文针对多次盟会均排斥戎而发。

注

［1］赵生群注，《春秋左传新注》，陕西人民出版社，第563页。
［2］负恃：凭借。
［3］蠲（juān）：明，显示。
［4］四岳：尧时方伯，姜姓。
［5］翦弃：抛弃，翦除。
［6］贽币不通：不相往来，贽币见面时的礼物。
［7］瞢（méng）：惭愧，昏暗，不明。

（三）结　语

（1）四岳：在春秋前 2000 多年的尧舜时代是对四方诸侯之长的称呼。传说他是炎帝的后代，后来演变为对四方管山林水泽官员之长的总称。它关涉中华 5000 年文明史。

（2）我们看到齐田篡齐姜之位，由非法变合法是以占卜为借口的。占卜改变了陈田命运，使其登上了强齐的王位，世世为君，雄霸东方。

二、春秋战国时期存在两个五帝系统

《晏子春秋·卷第一》的标题是"景公欲使楚巫致五帝以明德晏子谏第十四"。

原文为：

楚巫微[1]导裔款以见景公，侍坐三日，景公说（悦）之。楚巫曰："公，明神[2]之主帝王之君也。公卿位十有七年矣，事未大济者，明神未至也。请致五帝[3]，以明君德。"

景公再拜稽首。楚巫曰："请巡国郊以观帝位。"至于牛山[4]而不敢登，曰："五帝之位，在于国南，请斋而后登之。"公命百官供斋具于楚巫之所，裔款视事[5]。

晏子闻之而见于公曰："公令楚巫斋牛山乎？"

公曰："然。致五帝以明寡人之德，神将降福于寡人，其有所济乎？"

晏子曰："君之言过矣！古之王者，德厚足以安世，行广足以容众，诸侯戴之[6]，以为君长，百姓归之，以为父母……今政乱而行僻，而求五帝之明德也。弃贤而用巫，而求帝王之在身也？"晏子最后谏道："楚巫不可出。"公曰："诺。"遂送巫于东，而拘裔款于国也。

注

[1] 楚巫微：楚巫，名微。

[2] 明神：即神明，神。公说之，即公悦之。

[3] 五帝：史指上古帝王黄帝、颛顼、帝喾、帝尧、帝舜。这里指五方天帝，天神，神灵。

[4] 牛山：指今山东临淄县南十里左右的一座山。

[5] 裔款视事：裔款，人名，主持巫事之人。

[6] 诸侯戴之：戴，拥戴，为诸侯所拥戴。

引文大意

楚国有个女巫名微，她通过一个叫裔款的人将她引荐给齐景公。她陪着齐景公坐了3天，很讨齐景公的欢喜。她对景公说："您是神圣的君主，是成就帝业的国君，您即位17年了，事业还没有明显的成就，原因是你的智慧和圣德还没有充分地表现出来。请致意五帝天神，以昭明您的美德。"齐景公叩首致谢。那女巫又说："请求你巡视国都的郊外，瞻望五帝之所在。"景公到牛山，不敢攀登。巫婆说："五帝的位置在国都南面，请求斋祭后再登山。"景公命百官供奉斋祭用品于巫婆并由裔款主持斋祭。

晏子知道后，马上求见景公，问有没有这事呀？景公说有此事。并解释说我祭五帝是为了明德求神降福于寡人。

晏子说："君王你错了。古代统一天下的帝王，德行宽厚，足以安定国家，胸怀宽广足以容纳大众，诸侯们拥戴他，推他为领袖，百姓归附他，把他当成父母，现在你想借神力，以五帝的圣名德业，解决政令混乱，行为的乖僻，想弃贤用巫，成就帝王之业，恐怕是有福难降，事业难成呀。"

齐景公说："我一见女巫，就喜欢她，觉得她讲的话有道理而相信她，按她的指点行事。听了先生的话，我才明白上当了。请驱逐女巫，拘捕裔款。"晏子说不要驱逐女巫出境让她再去害别国人，应当把她流放到齐东的荒郊去，把裔款囚禁起来。景公点点头，表示赞同。

解说

（1）这是一个揭露女巫骗齐景公的故事。内容写齐景公是如何一步步钻进了女巫的圈套，又如何一步步被晏子拉了出来。情节生动完整，十分吸引人。

（2）文中多次提到了五帝。这是值得关注的。

第一，五帝有两种含义，一指5个天帝，一指上古5个著名帝王。《吕氏春秋·十二月纪》中说："孟春之月，日在营室，昏参中，旦尾中，其日甲乙，其帝太皞，其神句芒。""孟夏之月，日在毕，昏翼中，旦婺女中，其日丙丁，其帝炎帝，其神祝融。""孟秋之月，日在翼，昏建星中，旦毕中。其日庚辛，其帝少皞，其神蓐收。""孟冬之月，日在尾，昏危中，旦七星中，其日壬癸，其帝颛顼，其神玄冥。"

"中央土，其日戊己，其帝黄帝，其神后土。"

这个神系是一个很完整的天神系统。它出现于战国时的《吕氏春秋·十二月纪》。楚俗称为十二神。

《晏子春秋》中的五帝见于《晏子春秋·卷第一》注之五帝指上古时的黄帝、颛顼、帝喾、帝尧、帝舜。本文中的五帝不是指5个著名的帝王，而是巫术口中的五方天神。这说明五方天帝在春秋时就已出现。

第二,依以上所说,可见《晏子春秋》所记的五帝较之《吕氏春秋·十二月纪》的五方天神系统中的五帝为早,一个在春秋末,一个在战国末。

第三,两个系统的神主不同。天神系统的五方天帝指伏羲太昊,炎帝神农,白帝少昊,黑帝颛顼,中央之帝黄帝。既有四时之序、历史时序,也有方位、神主、颜色与地域、民族色彩的表述。虽然都是讲五帝,但天神五帝与现实历史的五帝黄帝、颛顼、帝喾、帝尧、帝舜,有很大的差别。

由此可以证明:

(1)《晏子春秋》中的五帝虽是神,但他们是人神,是上古帝王的传说记录。它的出现早于十二月纪中的五方天帝。

(2)十二月纪的四方五位天帝天神,是经过精心选择加工而形成的。他们的神经中枢有五行哲学的成分。他们的出现晚于《晏子春秋》中的五帝。

(3)春秋时代谈得最多的上古圣王是唐尧虞舜夏商周禹汤文武周公。氏族祖先有谈到颛顼、帝喾、黄帝、炎帝、后稷等人的。但很少有人谈到伏羲、少昊等人。可见十二月纪的天帝是上述传说的归纳与系统化。

三、五帝的传说[1]

《春秋·左传》鲁文公十八年（公元前609年）在谈到"莒弑其君庶其"时，引出了中国史前的一段历史："昔高阳氏有才子八人：苍舒、聵凯、梼戭、大临、尨降、庭坚、仲容、叔达，齐、圣、广、渊、明、允、笃、诚，天下之民谓之'八恺'。"[2]

高辛氏有才子八人，伯奋、仲堪、叔献、季仲、伯虎、仲熊、叔豹、季狸，忠、肃、共、懿、宣、慈、惠、和，天下之民谓之八元。[3]

此十六族也，世济其美，不陨其名，以至于尧，尧不能举。舜臣尧，举八恺，使主后土，以揆百事，莫不时序，地平天成。[4]

举八元，使布五教于四方[5]，父义、母慈、兄友、弟恭、子孝，内平外成。

昔帝鸿氏有不才子，掩义隐贼，好行凶德，丑类恶物，顽嚚不友，是与比周，天下之民谓之"浑敦"。少皞氏有不才子，毁信毁忠，崇饰恶言，靖谮庸回，服谗蒐慝，以诬盛德，天下之民谓之"穷奇"。颛顼氏有不才子，不可教训，不知话言，告之则顽，舍之则嚚，傲很明德，以乱天常，天下之民谓之"梼杌"。

此三族也，世济其凶，增其恶名。以圣于尧，尧不能去。

缙云氏有不才子，贪于饮食，冒于货贿，侵欲崇侈，不可盈厌，聚敛积实，不知纪极，不分孤寡，不恤穷匮，天下之民以比三凶，谓之"饕餮"。舜臣尧，宾于四门，流四凶族浑敦、穷奇、梼杌、饕餮，投诸四裔，以御魑魅。是以尧崩而天下如下，同心戴舜，以为天子，以其举十六相，去四凶也。故《虞书》数舜之功，曰"慎徽五典，五典克从，无违教也。"曰"纳于百揆，百揆时叙，无废事也。"曰"宾于四门，四门穆穆，无凶人也。"

舜有大功二十而为天子。今行父虽未获一吉人，共一凶矣，于舜之功，二十之一也。"

注

[1] 以上引文见赵生群注，《春秋左传新注》，陕西人民出版社，第339—340页。

[2] 高阳氏：指颛顼。颛顼氏黄帝朝之后的颛顼朝的第一个君主。传说颛顼朝有8个最著名的才子。由于他们具有齐、圣、广、渊、明、允、笃、诚的品质，人们称之为八恺。

[3] 高辛：是颛顼之后高辛王朝最著名的王者，传说鲧、禹及夏朝是颛顼的后代，尧、契、稷是高辛的后代，因此，尧舜、殷商、周朝均祭祀高辛，认其为祖先。传说高辛时代也有8个最能干的人。他们的共同特点是忠、肃、共、懿、宣、慈、惠、和，因此天下人称之为八元。这八恺八元16人，后来发展成了我国的16个民族。他们的高尚品德使他们的声名永不陨落。

[4] 后土：地官。禹为平水土之官。并筹划掌管（揆）百事，顺从时序，按时种植，天地和谐，从而形成天地人和的局面。

[5] 五教：指5种人伦关系，即父义、母慈、兄友、弟恭、子孝。

这段文字的背景是：

莒纪公生太子仆和季佗二人。由于莒纪公偏爱佗黜仆，又多行无礼之事于国，遭到了国人的反对。仆因此借国人之势而弑其君。弑君之后带了一些宝玉逃到了齐国，纳之于齐宣公，齐宣公准备给他一块地方让他在那里生活。鲁卿季孙行父在其经过鲁境时令人将他驱逐出境。鲁公问其故。季文子行父便根据周公制《周礼》和法典《九刑》书给鲁公讲了德有两种。一种是吉德，这是好人的德，一是坏人的德，即凶德。孝、敬、忠、信为吉德，盗、藏、奸为凶德。本文中的八恺、八元、五孝、四凶即是证明这一观点的例子。

这一段文字的历史意义：

（1）这是《春秋·左传》中所记载的一段有关上古五帝的最为完整详尽的叙述。这里记载的五帝不是天神，而是古帝王。他们是少皞、黄帝、颛顼、帝喾、帝尧、帝舜、帝禹的历史顺序，是迄今为止，被历代公认，被各专家学者公认的上古王朝的历史顺序。到目前为止，未见有任何改变。因此，传说中的黄帝、颛顼、帝喾、帝尧、帝舜五帝便成了上古以5个著名帝王命名的历史依据，无人可以随意改变。

（2）在这段文字中，我们未见有关夏禹的明确记载。但暗指还是有的。如说"舜臣尧，举八恺，使主后土"。注释中说"后土是地官，（尧舜时）禹作司空，平水土，即主土地之官"，这样禹也就是八恺之一了。关于禹的记载，在《吴越春秋》中谈到他是越的先祖时，对鲧禹作了详细的介绍。《礼记》中的"五帝德"对禹也作了很高的评价。综合上述资料可见在春秋时代，人们对"五帝""三代"已有了十分清晰、明确、完整的记忆和记载，并非只是口头的传说。

（3）上述引文提到的"四凶"是：

① 浑敦。也有人写作混沌。《春秋·左传》中说：帝鸿氏（黄帝氏）有不才之子。他顽嚣不友，掩义隐贼，好行凶德，总喜欢和坏人在一起干坏事，所以老百姓称他们为浑敦。

② 穷奇。讲的是少皞氏有不才子，他们毁信废忠，崇饰恶言，以诬盛德，天下之民，称之为穷奇。

③ 梼杌。讲的是颛顼氏有不才之子，不可教训，不知话言，告之则顽，舍之则嚣，傲慢无礼，轻蔑不从，以乱天常，老百姓称之为梼杌。

④ 饕餮。传说缙云氏有不才子，贪于饮食，冒于货贿，舜臣尧时，常把他们挡在四门之外，这些人老百姓称他们为饕餮。

上述4种人，一是仗势欺人的人，一是毁信废忠不讲信用的人，一是傲慢无礼的人，一是好吃懒做的人。这4种人老百姓叫他们为浑敦、穷奇、梼杌、饕餮。

他们并不是帝鸿氏、少皞氏、颛顼氏、缙云氏的儿子，而是这些朝代所存在的一种较为普遍的社会恶习。所以称为恶德。这些称呼是对恶习的概括。这些恶习不只上古时代有，现代社会也有。之所以加以特别记载，目的是为了教训后人。

综合上述分析，我们可以看到这则记载，既是对上古历史朝代最早最完整的书面记载，即对中华5000年历史史前传说的真实记载，也是对当时和后续时代的一些不良社会现象的艺术概括。

《尚书·虞书·舜典》记载："流共工于幽州，放欢兜于崇山，窜三苗于三危，殛鲧于羽山，四罪而天下咸服。"有些人把舜处罚的"四罪"称为四凶。对比一下，即可见这与《左传》所记，是很不相同的。前面记的是较为普遍的消极的社会现象，《虞书》所记的是"四罪"，是4个犯了错误的个人。所以不能把"共工、欢兜、三苗、鲧"或梼杌称为"四凶"。传说梼杌是三苗的首领，是南方楚人。楚人认为他是英雄，所以以梼杌之名写成楚史《梼杌》。更为重要的是传说中"四罪"都是尧臣，因都对尧选平民舜为尧的接班人而产生了矛盾，嫁罪被杀，并称四罪。他们和前述"四凶"的4种社会现象有显著的区别。

四、陈祖颛顼的传说[1]

晋侯问于史赵曰:"陈其遂亡乎?"对曰:"未也。"

公曰:"何故?"

对曰:"陈,颛顼之族也,岁在[2]鹑火,是以卒灭,而后陈卒亡。自幕至于瞽瞍无违命,舜重之以明德,置德于遂。遂世守之,及胡公不淫,故周赐之姓,使祀虞帝。臣闻盛德必百世祀。虞之世数未也,继守将在齐,其兆既存矣。"

这事出于陈乱被灭之后而陈述的。鲁昭公八年,公元前534年记载,陈哀公有病自缢而死。其元妃之子偃师,二妃之子留,三妃之子胜争立。留得宠。陈哀公有两个弟弟,一个叫招,一个叫过。鲁昭公八年3月16日这二个人会谋杀死了偃师,立留为君。陈哀公自缢而死。冬十一月,楚弃疾帅师灭陈。陈被灭后晋侯问于史赵曰:"陈,颛顼之族也,岁在鹑火,是以卒灭。陈将如之。今在析木之津(十二星次之一),犹将复由,且陈氏得政于齐,而后陈卒亡。自幕至于瞽瞍无违命,舜重之以明德,置德于遂。遂世守之,及胡公不淫,故周赐之姓,使祀虞帝。"[3]

注

[1]本文摘自《春秋左传·昭公八年》。

[2]岁在:指颛顼(中国上古五帝之一)驾崩于鹑火之年,即十二星次中的鹑火。传颛顼是舜的祖先,舜是陈的祖先。幕是舜的祖先,瞽瞍为舜之父。遂是舜的后代,胡公满,是遂之后代,赐妫姓,封于陈。

[3]本文的中心在于说明"颛顼是陈的祖先,陈是颛顼的后代"。

五、《吴越春秋》中鲧禹的传说[1]

传说越国的先君无余是禹的第六世孙——少康的庶子。因受封于越，而有越国。夏禹的父亲叫鲧。《帝王世纪》记载鲧是"帝颛顼之子，字熙。《国语》称之为伯鲧。《史记》《世本》说鲧是颛顼之子"。班固《汉书·律历志》说"颛顼五世生鲧"，认为鲧是颛顼之后。鲧娶于有莘氏之女，名曰女嬉，年壮未孳。嬉于砥山，得薏苡而吞之，意若有感，妊孕十月，剖胁而产密。高密是禹的封国。有人说禹名文命，字高密。家在四川的西羌，地曰石纽。即当今四川茂汶羌族自治州石泉县。那里人说禹是汶山广柔人，六月六日生于石纽村。

传尧时，洪水滔滔，天下沉渍，九州阏（淤）塞，四渎壅闭。帝乃忧中国之不康，悼黎元之罹咎，乃命四岳，乃举贤良，将任治水。自中国至于条方，莫荐人。帝靡所任，四岳乃举鲧而荐之于尧。帝尧曰："鲧为人负命毁族，不可。"指鲧这个人性格狠戾，易违负教令，毁败善类，不可用。这一点《尚书·尧典》里也有明确的记载。

四岳对尧说："鲧这个人很能干，我们很多臣子都不如他。试一试吧！不用怎么知道他不行呢？"所以尧才用鲧治水。

尧用鲧治水，受命九载，功不成。帝尧怒曰："朕知不能也！"乃受求之，得舜，使摄行天子之政，巡狩，观鲧之治水无有形状，乃殛鲧于羽山。《地理志》说羽山在东海郡祝其县南，即今海州朐山县。在那地方，当役人将鲧投入水中时，鲧便化成了一条黄龙，从而成为羽渊之神。《左传·昭公七年》也记载了这件事说："昔尧殛鲧于羽山，其神化为黄熊，以入于羽渊。"古人解释说熊是三足鳖。

后来舜与四岳举鲧之子高密治水。

四岳谓禹曰："舜以治水无功，举尔嗣，考之勋。"

禹曰："俞，小子敢悉考绩，以统天意。惟委而已。"禹伤父功不成，循江，溯河，尽济，暨淮，乃劳身焦思以行七年，闻乐不听，过门不入，冠桂不顾，履遗不蹑。功未及成，愁然沉思，不知该怎么办才好。这时他来到会稽县东南十五里的一座名叫玉司山（又叫天柱山、委山）下，抬头只见赤帝在阙，崖巅之上，承以文玉，覆以磐石，有金简之书。其书青玉为字，编以白银，皆琢其文。禹希望获金简之书，乃东巡，登衡岳，血白马以祭，仰天而啸。因为他昨天晚上做了一个梦。梦见一赤绣衣男子，自称玄夷苍水使者，闻文命来此，便在这儿等候。故倚歌覆釜之山，对禹曰："欲得我山神书者，斋于黄帝岩岳之下三月，庚子登山发石。金简之书[2]存矣。"过了三个月，庚子这一天，禹登宛委之山，果然如梦所见金简之书，得通水之理。禹返归岳，进行治水。其时交通不便，大禹治水按不同的地理条件用了四种交通工具：陆行乘车、水行乘船、泥行乘撬、山行乘樏。从霍山（衡山）开始，巡行四渎。一路与益、夔共谋，每过名山大泽都召其神而问山川脉理，金玉所有，鸟兽昆虫及八方民俗，土地里数，使益疏而记之。这记下来的书就叫《山海经》。

禹三十未娶，行至山阴县西北四十五里的涂山国境内，恐时之暮，失其度制，才想到要结婚成家了。当时涂山国君有两个美丽的女儿，国君见禹有功，想把二女嫁给禹为妻。这涂山国信仰九尾狐图腾神。所以有白狐九尾造于禹。禹曰："白者，吾之服也。其九尾者，王之证也。"便大胆与涂山王相见。正在这时，乐声四起，涂山之歌优美迷人，霎时歌声漫于山川之间。歌曰：

　　绥绥白狐，九尾痝痝。
　　我家嘉夷，来宾为王。
　　成家成室，我造彼昌。
　　天人之际，于兹则行。

禹一听歌便明白了，国王想把女儿嫁给他，便一口答应了。那一对涂山女，长曰女娇。她身边的是她的妹妹。她们双双仰慕治水大英雄，不想一见面却有些失望。因为禹长得又黑又丑，满脸皱纹，手足胼胝，并非白马王子，由于是父母主婚，只好一同允嫁。可不曾想到禹娶涂山女为了不以私害公，自辛日至甲日，前后只住了4天时间，就离开了女娇姊妹，又去治水了。可正是这仅有的4天时间，女娇就怀孕了。怀胎十月，生了一个儿子，他就是夏朝的开国君主启。

大禹治水，首先是带一帮人周行于宇内[3]。东造绝迹，西延积石，南逾赤岸，北过寒谷。徊昆仑，[4]察六扈，脉地理，铭金石。泻流沙于西隅，决弱水于北漠。青泉、赤渊分入洞穴；通江东流，至于碣石，疏九河于潜渊，开五水于东北；凿龙门，辟伊阙平易相土，观地分州；殊方各进，有所纳贡；民去崎岖，归于中国。所以尧十分称赞他，夸奖他，"俞！以固冀于此"，乃号禹曰伯禹，官曰司空，赐姓姒氏，统领州伯，以巡十二部。

尧崩，禹服三年之丧，如丧考妣，昼哭夜泣。尧禅位于舜，舜荐大禹，改官司徒，内辅虞（舜）位，外行九伯。

舜崩，禅位于禹。禹服丧三年，形体枯槁，面目黧黑，让位于舜子商均，退处阳山之南，阴阿之北。但万民不附商均，追就禹之所，状若惊鸟扬天，骇鱼入渊，昼歌夜吟，登高呼号，曰："禹弃我，如何所戴。"禹三年服毕，哀民，不得已即天子之位。

三年考功，五年政定，周行天下，归还大越，登茅山以朝四方群臣，观示中州诸侯，防风后至，斩以示众，示天下悉属禹也，乃大会计治国之道。遂更名茅山曰会稽之山。因传国政，休养万民，国号曰夏后。

大禹立国之后，首先进行了国土的丈量普查。他先后令大章步东西，竖亥度南北，畅八极之广，旋天地之数。封有功之臣，赐爵有德之人，做到"恶无细而不诛，功无微而不赏"。天下喁喁，若儿思母，子归父。禹留越恐群臣不从，曰："吾闻食其实者，不伤其枝；饮其水者，不浊其流。吾获覆釜之书，得以除天下之灾，令民归于里闾。"乃纳言听谏，安民治室；居靡山伐木，为邑画作印，横木为门；调权衡，平斗斛，造井示民，以为法度。做了这些工作后，才出现了一派大好景象：凤凰栖于树，鸾鸟巢于侧，麒麟步于庭，百鸟佃于泽。

岁月一天天过去，大禹感到自己的体力大不如前了，他感叹道："吾晏岁年暮，寿将尽矣，止绝斯矣。"便面对群臣对后世作安排说，我"吾百世之后，葬我会稽之山，苇椁桐棺，穿圹（墓坑）七尺，下无及泉，坟高三尺，土阶三等。葬之后，无改亩，以为居之者乐，为之者苦"。天美禹德而劳其功，使百鸟还为民田，往来如常。

禹死之前，传位与益。益服三年，思禹未尝不言。丧毕，益避禹之子启于箕山之阳。诸侯去益而朝启，曰："吾君帝禹子也。"启遂即天子之位，治国于夏。启使使以岁时春秋而祭禹于越，立宗庙于南山之上。禹以下六世而得帝少康。少康恐禹祭之绝祀，乃封其庶子于越，号曰吴余。无余质朴，不设宫室之饰，从民所居，春秋祠禹墓于会稽。无余传世十余，末君微劣，不能自立，转从众庶为编户之民，禹祀断绝。

注

[1] 本文摘自［汉］赵晔等撰，《古今逸史精编：吴越春秋等七种》，重庆出版社，2000年，熊宪光选辑，徐洪火校点本，第87—93页。为使故事连贯衔接，本人遵原意稍加改动。

[2] 金简之书：是一则神话，讲的是天赐的治水之理与治水之策。大禹治水的传说有"禹济江，南省水理，黄龙负舟，舟中人怖骇，禹哑然而笑曰：'我受

命于天，尔为何者'"等神话的记载。南方多水，是稻作农业区，大禹治水未必亲自到南方治水。

［3］大禹治水的时间地点：时间，有说禹治水三年八州平，有的说，禹劳身焦思以行七年，有"七年得神书"，有的说禹八年在外，有的说十二年而八州平，有的说"十有三载"，三过其门而不入。传说不一。倒是在地点上比较一致，主要是在黄河流域。例如说东造绝迹（海边），西延积石，南到广阳山赤水岸，北到寒谷。这些都在黄河流域。治水功绩：疏九河，开五水，凿龙门，辟伊阙等地方均可查证。九河五水也在山西河南境内。

［4］徊昆仑。神话中说黄河水出自昆仑。环昆仑流淌。那昆仑不是当今新疆南面的昆仑山，而是神话中的昆仑山，指祁连山。神话中这个昆仑山分为三级，下曰樊桐，一名板桐；二曰玄圃，一名阆风；上曰层城，一名天庭。这儿就是河源所出。其西有流沙，山下张掖有弱水。其实，黄河并不发源于今真昆仑山或祁连山，而是发源于青海甘肃四川交界的巴颜喀拉山。北行，东拐，经青海甘肃交界处的积石山，东行入甘肃。所以我们不能把神山昆仑当真山昆仑。

六、玄妻[1]

　　昔有仍氏[2]生女，鬒黑[3]，而甚美，光可以鉴，名曰玄妻。乐正后夔[4]取之，生伯封，实有豕心，贪惏无餍，忿颣[5]无期[6]，谓之封豕。有穷后羿灭之，夔是以不祀。且三代之亡，共子之废，皆是物也。汝何以为哉？夫有尤物，是以移人。

注

[1] 摘自《春秋左传·昭公二十八年》。
[2] 有仍氏：古诸侯。
[3] 鬒黑：鬒（zhěn），指头发乌黑，亮可照人。因其黑即谓玄妻。
[4] 后夔：舜时乐正夔之后裔，夏后太康中康时君主。
[5] 忿颣：颣（lèi），多病；戾，狷急暴戾。
[6] 无期：无限制。期，期限。

七、美哉禹功[1]

　　天王使刘定公劳赵孟于颍[2]，馆于雒汭。刘子曰："美哉禹功！明德远矣。微禹，吾其鱼乎！吾与子弁冕端委，以治民临诸侯，禹之力也。子盍亦远绩禹功，而大庇民乎！"

　　对曰："老夫罪戾是惧，焉视恤远？吾侪偷食，朝不谋夕，何其长也？"

　　刘子归，以语王曰："谚所谓'老将知而耄[3]及之'者，其赵孟之谓乎！"为晋正卿，以主诸侯，而侪于隶人，朝不谋夕，弃神人矣。神怒民叛，何以能久？赵孟不复年矣。神怒不歆其祀，民叛不即其事。祀事不从，又何以年？

注

　　[1] 本文摘自赵生群注，《春秋左传新注》，陕西人民出版社，第718页。昭公元年，"刘定公劳赵孟"。以禹功作类比。

　　[2] 颍：地名，在今河南。

　　[3] 耄：指耄（mào）耋（dié）。人生八十岁以上为耄耋老人。批评赵孟把自己等同于一般人不恤民。

八、少康的传说[1]

吴王夫差败越于夫椒[2]，报槜李[3]也。遂入越。越子以甲楯五千保于会稽，使大夫种因吴太宰嚭[4]以行成。吴子将许之。伍员曰："不可，臣闻之：'树德莫如滋，去疾莫如尽'。"昔有过[5]浇杀斟灌以伐斟鄩[6]，灭夏后相。后缗方娠，逃出自窦，归于有仍[7]，生少康焉，为仍牧正，惎浇，能戒之。浇使椒求之，逃奔有虞[8]，为之庖正，以除其害。虞思于是妻之以二姚，而邑诸纶，有田一成，有众一旅，能布其德，而兆其谋，以收夏众，抚其官职。使女艾[9]谍浇，使季杼[10]诱豷，遂灭过[11]、戈，复禹之绩。祀夏配天，不失旧物。今吴不如过，而越大于少康，或将丰之，不亦难乎？

注

[1] 本文摘于赵生群注，《春秋左传新注》，陕西人民出版社，第1003页。

[2] 夫椒：夫椒山，在今苏州吴中区太湖中。

[3] 槜李：槜（zuì），越地，在今浙江嘉兴县南。

[4] 种：越大夫，太宰嚭——吴太宰。

[5] 有过（guō）：国名，在今山东莱州市西北。

[6] 斟鄩：国名，在今河南偃师县东北。

[7] 有仍：国名，在今山东济宁市。

[8] 有虞：国名，在今河南虞城县东南。惎（jì）浇，忌恨浇。

[9] 女艾：少康之臣。

[10] 季杼：少康之后。

[11] 过：寒浞之子。寒浞杀后羿，纳其妻生浇，封子过。寒浞子，浇之弟，封于戈。

九、有穷后羿的传说

《春秋左传新注》鲁襄公四年，记载：

《夏训》[1]有之曰："有穷后羿。"[2]

（鲁襄）公曰："后羿何如？"

对曰："昔有[3]夏之方衰也，后羿自鉏[4]迁于穷石，因夏民以代夏政[5]。恃其射也，不修民事而淫于原兽[6]。弃武罗、伯困（因）、熊髡、尨圉[7]而用寒浞。寒浞，伯明氏之谗子弟也。伯明后寒[8]弃之，夷羿收之，信而使之，以为己相。浞行媚于内，而施赂于外，愚弄其民，而虞羿于田，树之诈慝[9]，以取其国家，外内咸服。羿犹不悛，将归自田，家众杀而亨（烹）[10]之，以食其子。其子不忍食诸，死于穷门[11]。靡奔有鬲氏。浞因羿室，生浇及豷，恃其谗慝诈伪，而不德于民。使浇用师，灭斟灌及斟寻氏。处浇于过，处豷

于戈。靡自有鬲氏，收二国之烬，以灭浞而立少康。少康灭浇于过，后杼灭豷于戈。有穷由是遂亡，失人故也。

昔周辛甲之为大史也，命百官，官箴[12]王阙。于《虞人[13]之箴》曰："芒芒禹迹，画为九州，经启[14]九道。民有寝庙，兽有茂草，各有攸处[15]，德用不扰。在帝夷羿，冒于原兽，忘其国恤，而思其麀牡[16]。武不可重，用不恢于夏家。兽臣司原，敢告仆夫。"《虞箴》如是，可不惩乎？

注

[1]《夏训》：夏书。

[2] 有穷后羿：有穷指有穷国，其国君号羿。传说中的地点在今河南洛阳以西的地方。古时称后，即称其君主。

[3] 有夏：即夏族。古时说氏族国均带"有"之类虚词。如有熊氏、有虞氏等。

[4] 鉏：同锄，地名。在今河南滑县一带。

[5] 因夏：依靠夏民夺得夏政权，太康因昏庸而失国。

[6] 原兽：野兽。

[7] 武罗、伯困（因）、熊髡、龙（méng）圉（yǔ）均为羿贤臣。羿弃而不用，而另用了寒浞等坏人。

[8] 寒：古部落国，在今山东潍坊一带，其酋长为伯明氏。

[9] 诈慝（tè）：欺诈。

[10] 亨：烹。

[11] 穷门：有穷氏之国门。

[12] 箴言：规谏之言。官箴，谏言之官。

[13] 虞人：古时掌管山川水泽的官员。

[14] 经启：开启。

[15] 攸处：所处。攸（yōu），所。责有攸归。

[16] 麀牡：麀（yōu），母鹿，麀牡泛指公母之兽类。

这是山戎国君通过魏绛向晋求和而引出的一则有关夏朝兴衰的训诫故事。故事的中心思想是告诫后代要以德治世，为民立国。如果违背了这一宗旨，荒政淫乐，必定会国灭家破身亡。太康的荒淫放荡就是一个例子。在尧舜时代，羿是一位以武力征东夷的英雄人物。誉其善射，能射落天上的9个太阳，而被封为后。他是尧时镇压东夷之族的射正（相当于后世的国防部长）。因有功，尧封其于鉏，为鉏君。后羿死后，他的后代继续服务于夏朝，将封国迁于穷石，称有穷氏。具体的地点大约在今河南洛阳西南郊。他们在那里依靠夏朝的百姓夺取了夏朝的政权。夏禹所创立的政权因太康的昏乱而失落。太康之弟仲康嗣立，由于国势衰弱被后羿篡夺了。后羿篡位之后，恃其善射，终日在外田猎游乐，不修民事。他手下本来有一批很能干的贤臣，如武罗、伯因、熊髡、龙圉等，他们后来都被人称为神人。可是后羿不用，而用了被伯明氏寒国赶出家门的好进谗言的寒浞。后羿不仅将寒浞命之为相，还让他主掌内外的一切事务，自己终日在外游猎娱乐。寒浞通过贿赂取媚于后羿的家人，霸占了他的妻子，又通过贿赂把持了朝政。在这种情况下，后羿仍不悔悟，结果被寒浞令人趁他在外游猎时将他杀死，把他剁成了肉酱，煮了给他的儿子吃。他的儿子不忍食父，也被杀死于穷门。

寒浞霸占了后羿的妻子后，生了两个儿子，一个名浇，一个名豷，他们的德行也不好，也无德于民。浇兴师灭斟灌、斟寻二族，在过那个地方（今山东莱州）成立了一个过国。豷在戈（在今河南把县尉氏县一带）成立了戈国。少康复国后灭浇于过，后杼灭豷于戈。有穷氏从此也灭亡了。

古人常以这个故事教育当政者要为民要立德。不讲德政，荒淫度日，一定会国败家亡、身败名裂。

十、豢龙的传说[1]

昭公二十九年，公元前513年秋，龙见于绛郊[2]。魏献子[3]问于蔡墨曰："吾闻之，虫莫知于龙，以其不生得也。谓之知，信乎？"对曰："人实不知，非龙实知。古者畜龙，故国有豢龙氏，有御龙氏。"献子曰："是二氏者，吾亦闻之，而知其故，是何谓也？"对曰："昔有飂[4]叔安，有裔子曰董父，实甚好龙，能求其耆欲以饮食之，龙多归之。乃扰畜龙[5]，以服事帝舜。帝赐之姓曰董，氏曰豢龙。封诸鬷川[6]，鬷夷氏其后也。故帝舜氏世有畜龙。及有夏孔甲[7]，扰于有帝，帝赐之乘龙，河、汉[8]各二，各有雌雄，孔甲不能食，而未获豢龙氏。有陶唐氏既衰，其后有刘累，学扰龙于豢龙氏，以事孔甲，能饮食之。夏后嘉之，赐氏曰御龙，以更豕韦之后。龙一雌死，潜醢以食夏后。夏后飨之，既而使求之。惧而迁于鲁县[9]，范氏其后也。"

注

[1] 以上摘自赵生群注，《春秋左传新注》，陕西人民出版社，第925页。

[2] 绛：春秋时晋国国都，其地在今山西侯市。传公元前513年，龙现于绛国郊区。

[3] 魏献子：魏舒，蔡墨即史墨，晋大夫。

[4] 飂（liù）：古国名。叔安，人名。

[5] 扰畜龙：驯养龙。

[6] 鬷（zōng）川：在今山东定陶东北二十里。

[7] 孔甲：少康之后九世君，夏后。

[8] 河汉：指黄河汉水各畜龙二。

[9] 鲁县：河南鲁山县东北。

十一、干将与莫邪的传说[1]

（一）干将莫邪

《越绝书》有"千里庐虚者，阖庐以铸干将剑。欧冶僮女三百人"，据《吴越春秋》说春秋时代吴国有两个铸剑的神人，一个叫干将，一个叫欧冶子。干将的妻子叫莫邪，她见干将三月也未铸出神剑来，便断发剪爪投于炉中，并使三百童男童女帮助煽风加炭，后来就铸造出了一对阴阳宝剑来了。阳剑曰干将，阴剑曰莫邪。这就叫干将莫邪剑。据说这剑削铁如泥，无人能敌。

其时大约铸剑者很多，名剑很多。据《越绝书》记载，当时"扁诸之剑三千，方圆之口三千，时耗、鱼肠之剑在焉"。《吴越春秋》说："臣闻吴王得越所献宝剑三枚：一曰鱼肠，二曰磐郢（即时耗），三曰湛卢。"

（二）越王勾践有宝剑五

《越绝书·外传记宝剑第十三》云："昔者，越王勾践有宝剑五，闻于天下。"客有能相剑者，名薛烛。王召而问之，曰："吾有宝剑五，请以示之。"薛烛对曰："愚理不足以言，大王请，不得已。"乃召掌者，王使取毫曹。薛烛对曰："毫曹非宝剑也。夫宝剑，五色并见，莫能相胜。毫曹已擅名矣，非宝剑也。"王曰："取巨阙。"薛烛曰："非宝剑也。宝剑者，金锡和铜而不离，今巨阙已离矣，非宝剑也。"

王曰："然巨阙初成之时，吾坐于露坛之上，宫人有四驾白鹿而过者，车奔鹿惊，吾引剑而指之，四驾上飞扬，不知其绝也。穿铜釜，绝铁䉼，胥中决如粢米，故曰巨阙。"王取纯钧，薛烛闻之，忽如败。有顷，惧如悟。下阶而深惟，简衣而坐望之。手振拂扬，其华捽如芙蓉始出。观其钣（pī，指裂、裁断、剖），烂如列星之行；观其光，浑浑如水之溢于塘；观其断，岩岩如琐石；观其才，焕焕如冰释。（薛烛）问："此所谓纯钧邪？"王曰："是也。客有直之者，有市之乡二，骏马千匹，千户之都二，可乎？"薛烛对曰："不可。当造此剑之时，赤堇之山，破而出锡；若耶之溪，涸而出铜；雨师扫洒，雷公击橐；蛟龙捧炉，天帝装炭；太一下观，天精下之。欧冶乃因天之精神，悉其伎巧，造为大刑三、小刑二：一曰湛卢，二曰纯钧，三曰胜邪，四曰鱼肠，五曰巨阙。吴王阖庐之时，得其胜邪、鱼肠、湛卢。阖庐无道，子女死，杀生以送之。湛卢之剑，去之如水，行秦过楚，楚王卧而寤，得吴王湛卢之剑，将首魁漂而存焉。"秦王闻而求之，不得，兴师击楚，曰："与我湛卢之剑，还师去汝。"楚王不与。时阖庐又以鱼肠之剑刺吴王僚，使披肠夷之甲三事。阖庐使专诸为奏炙鱼者，引剑而刺之，遂弑王僚。此其小试于敌邦，未见其大用于天下也。今赤堇之山已合，若耶溪深而不测。群神不下，欧冶子即死。虽复倾城量金、珠玉竭河，犹不能得此一物，有市之乡二、骏马千匹、千户之都二，何足言哉！

注

[1] 转摘自刘建国译，东汉吴平、袁康著，《越绝书》，黄仁生译，东汉赵晔著，《吴越春秋》，岳麓书社版会集，第160—161页。

这是一个传说故事，内容讲的是越王勾践有天下闻名的五口宝剑。有一天来了一个叫薛烛的专门鉴定宝剑的专家，越王勾践请他一一进行鉴定评论。故事生动迷人，古今广为流传，影响深远。

宝剑确实是有的。我国考古工作者发掘出的吴越宝剑，据说它至今仍削铁如泥，银光闪闪，取毫发往刀刃上一吹，即可了断。这证明宝剑的存在是事实。由宝剑争夺而引发战争也是有根有据的。但勾践剑确实也是被夸张了被神化了的神物。故事用神话进行包装，使本来平凡的事物，被神秘化而成了神物。

这一点在故事中我们看得很明白。例如说造剑的材料出自"赤堇之山，破而出锡；若耶之溪，涸而出铜"。剑是由欧冶子造的，他是传说中的造剑高手。他造剑都是有神帮助的，有雨师为之扫洒，雷公为他拉风箱，蛟龙为他捧炉子，连神圣的天帝也来帮他"装炭"，所以造出的剑是神剑。现在却不行了，因为，欧冶子死了，出锡的赤堇之山合了，没有锡了，出铜的若耶之溪深不可测，取不出铜来了，群神也不来了，所以再也造不出这种剑来了。故而欧冶子所造的五种神剑就成了人们对一种绝世神物的记忆了。

十二、虞阏父为陶正[1]

左传襄公二十三年记载：

"郑子产献捷于晋，戎服将事。"晋人问陈之罪，对曰："昔虞阏父[2]为周陶正，以服事我先王。我先王赖其利器用也，与其神明之后也，庸以元女[3]太姬配胡公，而封诸陈，以备三恪[4]。则我周之自出，至于今是赖。桓公之乱，蔡人欲立其出。我先君庄公奉五父而立之，蔡人杀之。我又与蔡人奉戴厉公，至于庄、宣，皆我之自立。夏氏之乱[5]，成公播荡，又我之自入，君所知也。今陈忘周之大德，蔑我大惠，弃我姻亲，介恃楚众，以凭陵我敝邑，不可亿逞。我是以有往年之告。"

注

[1] 赵生群注,《春秋左传新注》,陕西人民出版社,第635页。

[2] 虞阏(yān)父:舜之后,陶正。其子胡公。

[3] 元女:指武王之长女,太姬。

[4] 三恪:指三国——陈、杞、宋。周得天下封虞之后于陈,夏之后于杞,殷之后于宋。故陈为周甥。桓公之乱,因陈公鲍卒,陈又乱。桓公之子厉公为蔡女所生,蔡欲,又引乱。五父桓公之弟名佗,杀太子自立,郑庄公因定其位。

[5] 夏氏之乱:宣公十年,夏征舒弑陈灵公,称之为夏氏之乱。

十三、天狗食日的传说

我记得小时候，无论日食月食，都会全村人出动，一同敲打破盆烂缸一齐呼喊"天狗吃月要还原！"或"天狗食日要还原！"没过多久，那"日食""月食"真的还原了。人们认为是他们的呼喊，才让天狗把月亮、太阳从狗嘴里吐出来的。读书以后知道了这是自然显现，是非人力所能为的。其原理在于日食是日光月光被敝引起的。

那么，为什么有的人会为此大哭呢？这也是有原因的。因为他们认为月为阴属水，日为阳属火。日胜于月要遭旱灾，月（阴）胜于日要遭水灾，故哭。虽说知道哭月日被食没道理，但却不知道这习俗是怎么来的。最近看到《春秋·左传》昭公二十一年的记载才恍然大悟。

昭公二十一年，为公元前521年。这年秋七月壬午朔，日有食之。（昭）公问于梓慎（天文学家）曰："是何物也，祸福何为？"对曰："二至、二分，日有食之，不为灾。日月之行也，分，同道也；至，相过也。其他月则为灾，阳不克也，故常为水。于是叔辄哭日食。"

两分指春分秋分。两至，指冬至夏至。分，表明日月同道，在同一道轨道上。至，"相过也"。冬至时夜长日短，夏至相反。日长夜短。所以，称之为过。日会是日光为月光所敝，阴侵于阳，而阳不克，又固阴为水，故民间认为有水灾，所以叔辄要哭日。

在这里我联想起我们家乡的"天狗吃月""天狗食日""要还原"的呼号，和公元前521年秋七月壬午日食的记载于叔辄哭日如出一辙。这一习俗现在没有听说了，但在我儿时是有的，说明在中国这一习俗从春秋至今至少保存了2500多年了。

注

［1］赵生群注，《春秋左传新注》，陕西人民出版社，第870—871页。

十四、自虞以上为陶唐氏

　　鲁襄公二十四年传记载：二十四年春，穆叔（叔孙豹）如晋，晋正卿范宣子迎之，问道："古人有言焉：'死而不朽'何谓焉？"穆叔未对。

　　宣子曰："昔匄之祖[1]，自虞以上为陶唐氏[2]，在夏为御龙氏，在商为豕韦氏，在周为唐杜氏，晋主夏盟为范氏，其是之谓乎！"

　　穆叔曰："以豹所闻，此之谓世禄，非不朽也。鲁有先大夫曰臧文仲，既没，其言立，其是之谓乎！豹闻之：'大上有立德，其次有立功，其次有立言。'虽久不废，此之谓不朽。若夫保姓受氏，以守宗祊，世不绝祀，无国无之。禄之大者，不可谓不朽。"

注

[1] 昔匄之祖：匄（gài），音丐。匄之祖即丐姓之祖。
[2] 虞：指虞舜，唐陶，指尧。

　　本文立意在解释"何谓不朽"。不朽即立德。在春秋的文字中十分强调立德。只有立德才能不朽。

十五、赤鸟夹日[1]

鲁哀公六年，公元前 489 年云：

"是岁也，有云如众赤鸟，夹日以飞，三日。楚子使问诸周大史。周大史曰：'其当王身乎！若禜之[2]，可移于令尹、司马。'

王曰：除腹心之疾，而置诸股肱，何益？不谷[3]不有大过，天其夭诸？有罪受罚，又焉移之？遂弗禜。"

注

[1] 赵生群注，《春秋左传新注》，陕西人民出版社，第 1019 页。
[2] 禜（yíng）：祭日月山川之神。禜，营。临时之祭，无常处之祭。
[3] 不谷：不善。

十六、西狩获麟[1]

《春秋左传新注》云：

鲁哀公十四年（公元前481年）春，西狩于大野[2]，叔孙氏之车[3]子锄商获麟[4]，以为不祥，以赐虞人[5]。仲尼观之，曰："麟也。"然后取之。

注

［1］狩：打猎。
［2］大野：大野泽。
［3］车：车士，子锄商，人名。
［4］麟：麒麟，麇。麇（jūn），獐子。
［5］虞人：掌山林之官员。

解说

麟，本为一种普通动物：麇（獐子）。经后人不断加工，将其比拟为仁兽，又将其与孔子联系，视为孔子的灵魂，经孔门弟子不断加工、称颂、神化，麇于是便成为了神物。

十七、王良之御[1]

甲戌将战，邮无恤御[2]简子，卫太子为右。登铁[3]上，望见郑师众，大子惧，自投于车下。子良[4]授大子绥而乘之，曰："妇人也。"简子巡列，曰："毕万[5]，匹夫也。七战皆获，有马百乘，死于牖下[6]。群子勉之，死不在寇。"繁羽御赵罗，宋勇为右。罗无勇，麇[7]之。吏诘之，御对曰："痁[8]作而伏。"卫大子祷曰："曾孙蒯聩[9]敢昭告皇祖文王、烈祖康叔、文祖襄公：郑胜乱从，晋午[10]在难，不能治乱，使鞅讨之。蒯聩不敢自佚，备持矛焉[11]。敢告无绝筋，无折骨，无面伤，以集大事，无作三祖羞。大命不敢请，佩玉不敢爱。"

郑人击简子中肩，毙于车中，获其蜂旗。大子救之以戈，郑师北，获温大夫赵罗。大子复伐之，郑师大败，获齐粟千车。赵孟[12]喜曰："可矣。"傅叟曰："虽克郑，犹有知在，忧未艾也。"

请报主德。赵孟曰："国无小。"既战，简子曰："吾伏弢呕血，鼓音不衰，今日我上也。"

大子曰："吾救主于车，退敌于下，我，右之上也。"

邮良曰："我两靷[13]将绝，吾能止之，我，御之上也。"

注

[1] 摘于《春秋左传·哀公三年》，赵生群注，《春秋左传新注》，陕西人民出版社，第1007页。

[2] 邮无恤：王良，古之善御者。后把他称为御神。我国天文学中有王良星。

[3] 铁：地名，今河南濮阳市。

[4] 子良：邮无恤，邮良。

[5] 毕万：魏始祖，事晋献公有功，封于魏。

[6] 死于牖下：寿终正寝。

[7] 麇（jūn）：獐子。

［8］痁（shān）：疟疾。

［9］蒯聩：卫襄公之孙。

［10］晋午：晋定公。

［11］备持矛：车右侍。戒右持矛。

［12］赵孟：赵简子。傅叟（sǒu）赵简子下属。赵罗，温大夫，范氏之臣。知，知伯瑶。

［13］靷（yǐn）：车前引行之芊带。两靷将绝，两条靷带要断了。

解说

　　造父与王良，是春秋战国时御术最好的，是千里马的御者，被誉为御神。因此在二十八宿中有造父星、王良星，成为家喻户晓的星神。

第二章
春秋乱世

本章记载的是春秋时期的社会生活概况。内容包括国与国之间的盟会、战争、称霸，一国之内的田争、争位、弑君；春秋时期的天象灾害记录、天文历法、科学发明与创造，以及社会风俗，如丧俗之类。

　　这些记载，虽不完整全面，确也涉及了一些最重要的方面，十分生动具体，可供一阅。

一、春秋的时限

二、春秋时期的邦国与会盟制度

三、春秋时期的灾害记录

四、春秋时期的天象记录与星历纪时

五、春秋时期的田争记录

六、春秋时期的争霸战争

七、春秋时期的弑君之例

八、春秋时期的科技发展

九、春秋问鼎的传说

十、春秋时期的厚葬之风

十一、春秋时期的邮亭传令与火攻得失

一、春秋的时限

周王朝包括西周、春秋、战国三个时段。从公元前1046年周武王发立国开始，到公元前221年秦灭六国止，共825年。

这825年，可分成为3个阶段。第一阶段称西周，从公元前1046年到公元前771年。这一时期最主要最著名的统治者是周武王发、周成王诵、周康王钊、周昭王瑕、周穆王满、周恭王繄扈、周懿王囏、周孝王辟方、周夷王燮、周厉王胡、周共和行政、周宣王静、周幽王宫涅。

第二阶段是春秋时期。从公元前770年开始到公元前476年止。历史学家们认为这一时期从鲁隐公元年算起，即从周平王东迁后45年，前722年算起，共242年。这一阶段的主要统治者为周平王宜臼、周桓王林、周庄王佗、周釐王胡齐、周惠王阆、周襄王郑、周顷王壬臣、周匡王班、周定王瑜、周简王夷、周灵王泄心、周景王贵、周悼王猛、周敬王匄（gài）。这一时期的诸侯有爵位，称公，不称王。著名的诸侯国创始人有：郑武公、鲁惠公、燕哀侯、秦文公、宋武公、楚霄敖、蔡共侯、曹穆公、卫庄公、陈文公、晋孝侯、齐釐公、秦宁公等。在这些诸侯中称霸一方的是他们之中的强者，如齐桓公（前685年）、秦穆公（前659年）、晋文公（前636年）、楚庄王（前613年）、吴王寿梦（前585年），其后是前514年的吴王阖闾和前510年的越王允常、前496年的越王勾践。许多重大的历史事件和迷人传说都发生春秋末年。如楚平王七年（前521年）伍子胥奔吴。老子、孔子、管子、墨子等大思想家生活在这一时期。老子、孔子兴学，孔子任鲁司空、大司寇、夹谷会、论刑鼎，孔子卒（前479年），子贡说齐，前487年宋灭曹，前479年楚灭陈，等等。这些事件都影响了整个大局。

第三阶段是战国时期。这一时期周室大权完全旁落，诸侯各霸一方，相互征伐。周室名存实亡，诸侯们都打着尊周室的旗号，各自称王。这一时期的王者，有周元王仁、周贞定王介、周哀王去疾、周思王叔、周考王嵬、周威烈王午、周安王骄、周烈王喜、周显王扁、周慎靓王定、周赧王延。

这一阶段最重大的事件是：

公元前473年（周元王仁三年）越灭吴；前447年楚灭蔡；前403年韩赵魏

称侯；前 379 年田氏并齐；前 377 年韩赵魏三家分晋；前 355 年楚灭越；前 286 年齐灭宋；前 249 楚灭鲁；前 230 年秦灭韩；前 225 年秦灭魏；前 223 年秦灭楚；前 222 年秦灭赵，灭燕；前 221 年秦灭齐，统一全国。

综合上述：

（1）周朝从公元前 1046 年，至前 221 年，前后共 825 年，是我国历史上统治时间最长的朝代。

（2）周从统一走向分裂，又由分裂走向统一的过程，分成西周、春秋、战国（又称"晚周"）三个不同的历史阶段。

（3）从分裂走向统一的过程是靠武力实现的。周之前因袭夏商的统治传统，即邦国制。各邦国政务自理，中央政府只负责收税，邦国以敬贡为职。周本是住在陕西南部一个叫周原的蕞尔小国。他们最初住在周原的岐山之下，以农业种植为生。后来逐渐富裕强大起来，经过武力征伐，推翻了商王朝。这时候的天下仍是万邦制。安定了一段时间之后，周朝所分封的诸侯国都拥有军队，通过征伐兼并扩大了地盘，又都有一定的背景，逐渐强大起来。中央政府靠税收过日子，没有国家军队，势力日益衰落，因而形成了战乱。各诸侯国通过征伐兼并强大了，其中秦人得益最多。他们身居边陲，少征伐，悄悄发展壮大，并采取了螳螂捕蝉黄雀在后的策略，不断积蓄力量，各个击破，统一全国。这就是战国时期真实的历史事实。

二、春秋时期的邦国与会盟制度

（一）春秋时期的邦国[1]

传说夏禹时代有万国。"万"不是实数，泛指那时候的邦国很多。这些邦国大略有三个层次。一是先祖的裔国，如炎黄尧舜夏商的后裔的封国；一是周朝的宗祖国；一是诸侯国与诸侯封国。这些国家大都是以同姓为基础的氏族国，他们相互独立，相互依存，又相互争斗，呈现出"大鱼吃小鱼，小鱼吃虾米"的局面。

统治者是周王朝。其王者被称为天王，天子。从公元前770—前470年，前后300年，先后有周平王、周桓王、周庄王、周釐王、周惠王、周襄王、周顷王、周匡王、周定王、周简王、周灵王、周景王、周敬王等十三王当政。每一位王者都分封其亲属和臣僚。再加上两周遗留下来的侯王分封地，到春秋时封国的总数，虽不能说有万国，但可以说封国之多，数以百千计，却是事实。这些国家，除一些知名的地区大国，如齐、鲁、楚、陈、晋、宋、郑、卫、许、曹、翟、吴、赵外，还有许多人们并不熟悉的存在于大国之中或大国之间的小国和边陲国，如戎、狄、蛮、莒、杞、国、高、鄘、厉、匡、梁、郜、隋、邾、管、蔡、霍、毛、雍、滕、毕、原、鄩、郐、邢、应、韩、凡、蒋、刑、茅、胙、郕、聃、祭、滑、沈、江、六、蓼、梁、少梁、巢、魏、舒蓼、鄀、向、大殷、莱、舒鸠、观、扈、姺、奄、仍、缯、菟、鼓、须密、钟吾、州来、有穷、羿、鬲、邧、薛、商奄、潞、过、虞、田、鲜虞、燕、鲍、戈、过、刘、夏、武、秦等。有的以姓为国，有的以国为姓。小国依附大国，大国吞小国。小国被灭了，其姓氏仍在。反之，我们从姓亦可推知他们的祖先国的存在。不过那时的姓氏国不同于现代的国家机器，那些国大多是氏族国，依氏而存，依氏族而亡。氏族迁移了，国亦流失了。

春秋时的许多国家都是帝王对其子孙或功勋大臣的封国。他们不仅有封疆，有爵位，有军队，有臣僚，而且还有独立的祭祀权，臣僚的任命权，他们其实就是独立的王国。春秋时的黄河流域地区，周国的王者称王，周的封国都称侯。齐鲁晋郑卫秦都是侯，称为诸侯。虽然他们有和王一样的同等权利，在与国王一起时，仍称侯不称王。江淮地区有所不同。徐国称徐王，楚国称楚王，吴国称吴王，越国称越王。王国内的小国不得称王。

虽然侯王权利一样，由于有周王在身边仍不免有礼仪上的拘束，远不如南方诸国独立度自由度高。这只是问题的一个方面。

另一方面是诸侯中的强者，他们凭借强权恃强凌弱，吞并小国，称王称霸，横行一方，如春秋五霸，齐、晋、秦、楚、吴越，他们各自有完整的国家机器。周王室奈何不得，仅靠一点道义和敬贡物为生。

为了各自的地盘的扩张、利益的争夺，领导力和影响力的张扬，他们相互之间，今天和你结盟，明天又和他结盟，然后进行战争、兼并、讲和，调整相互关系，获取最大的政治与经济利益。这一点和今日的世界霸权者相似。

春秋时邦国所在的地域主要在黄河流域、江淮江汉地区。早期集中在黄淮地区的争夺，后期扩展到江汉地区的开发。当时的大国都集中在较为边远的地区。

齐是吕尚的封地营丘，在今山东昌乐县，后迁都薄姑，再迁临淄，为东方大国。

晋，为成王兄唐叔虞封地。地在晋水边上，故名晋。谓之尧墟。称晋侯。都太原县，后徙曲沃（山西闻喜县），又徙绛（山西翼城县），再徙新田，仍名绛。

楚，传为颛顼后，熊绎受封于丹阳，因伐庸扬粤而至于鄂，五传至熊渠。熊渠立其长子康为句亶王，中子红为鄂王，少子执疵为越章王。从熊渠而下七传至熊仪，为若敖。若敖传霄敖蚡冒。其弟熊通弑蚡冒之子而代立为楚武王，三十五年时伐随，自立。后来其文王熊赀立，始都郢。二年伐申，六年伐蔡，遂霸于江汉之间。到僖公初，始通上国，号曰楚子。郢在荆山南三百里。

传秦之先为颛顼之苗裔。传说女修织，有玄鸟陨卵，女修吞之，生子大业。大业生大费，是为柏翳（伯益），舜赐嬴氏。也有传为皋陶。传造父为穆王御，西游，封于赵城（临汾），成为赵王始祖。另一主马之人，替周幽王主马，周孝王邑之于秦（甘肃天水）而为秦始祖。文公十六年，前750年伐戎，戎败，平王东迁后始封秦襄公为诸侯。

吴越。吴太伯与仲雍均为周太王之子。太王欲立季历及昌，太伯与仲雍奔荆蛮，自号句吴。荆蛮人义之，归之千余家，立为太伯，人称吴太伯。太伯无子，卒，仲雍立。仲雍卒——季丙立——子叔达立——周章立，武王克殷而封之。从太伯至寿梦十九世。寿梦二年始通于中国。吴在春秋上半期尚未开发。楚大夫巫臣申公怨子反奔吴，教吴用兵，并令其子为行人，从而为吴带来了中原文明。

越王勾践，其先人为禹之苗裔，少康之庶子，封于会稽。以奉守禹之祀为业。他文身断发，披草莱而邑。二十余世至允常。允常与吴王战，允常卒，勾践立。

先生说"当时诸国,近于外族的都强,其居于腹地的都弱"。齐、晋、秦、楚、吴越都在中原的周边,而都不在中原。中原地区的诸多小国如卫、郑、陈、蔡均在中原的争夺中被灭。周边大国原先也是小国,它们一无腹背受敌之忧,二有进退地域广阔之利,故能在争夺中日益壮大。而中原诸小国却四面受敌,在大国的包围中难以自保求存。

(二)春秋时期的会盟制度

春秋以前是三年一朝。至昭公十三年时,改为二年一朝。朝的目的是明上下等级。诸侯六年一会。十二年一盟。以昭信义于神。这是各诸侯朝拜天子的规定。各诸侯的统治区内的小国,也同样要朝拜诸侯,其往来就频繁了。春秋以来,各诸侯之间亦常有一个诸侯带一帮小兄弟去朝拜或会盟另一个有影响的大国,不仅讲礼节,还要讲礼盟誓。《春秋左传·鲁昭十三年》载明朝拜"是故明王之制,使诸侯岁聘以志业,间朝以讲礼(习礼,明等级),再朝而会以示威,再会而盟以显昭明。志业于好,讲礼于等,示威于众,昭明于神。自古以来未之或失也。存亡之道,恒由是兴"。[2]这一原文字说得十分明白,会盟的目的是"志业于好,讲礼于等,示威于众,昭明于神"。认为这是一个国家存亡的根本。有

之则兴，背之则亡。诸侯的王朝如此，各小国对诸侯亦如此。用最简单的一句话来说，朝会的目的是为了维护等级制度。

但会盟是否真的信守了盟约呢？不一定。结盟在古代是十分神圣的，通常称之为歃血为盟。古代的盟先要凿地为坎，搭一个方形的土台子，然后在其上杀牲，以牲血写盟书，然后歃血读盟书进行宣誓。发过誓以后把被杀的牲畜和盟书一同埋在地下以鉴于神明。谁背盟了就会被盟主带着一些大小国家进行征伐，甚至消灭，以作惩罚。看起来结盟是难以违背的。

但事上恰恰相反。由于盟主与盟主之间在土地（势力范围）、财货、地位上常有利益冲突，他们今天与这个结了盟，明天又与另一个结盟，因而背盟十分常见。久而久之，结盟就成了一种独特的外交手段。所以春秋无义战，春秋有利战，各自都为自己的利益而战，盟成了一个拉帮结派的手段。

注

［1］根据吕思勉著，《中国大历史》，中国华侨出版社，第057页转述。
［2］见赵生群注，《春秋左传新注》，陕西人民出版社，第821页。

三、春秋时期的灾害记录

根据《春秋》的记载，春秋时期的日食地震、虫害、水旱灾害是不少的。

（一）日食（25次）

古人认为日食是一种灾害，所以哭日食。为管理日食灾害，设立了专门管理观察天象的日官。"天子有日官，诸侯有日御，日官居卿以底日，礼也。"春秋时期还创造了二十八星宿历纪事。许多日食记录，其准确度都为当今的天文工作者赞叹。如记录：

鲁桓公五年，前707年，鲁正四月，启蛰。龙，黄昏时现于东方。万物始生。

鲁桓公十七年，前695年，冬，十月朔，日有食之。

鲁庄公五年，前687年，夏四月六日，夜，恒星不见。夜中，星陨如雨。

鲁庄公二十六年，前668年，"冬十有二月癸亥，日有食之。"即11月20日的日环食。

鲁庄公二十八年，"大无麦、禾。"麦欠收。

鲁庄公三十年，前664年，"九月庚午朔，日有食之。鼓，用牲于社。"此为前664年8月28日日全食。

鲁庄公三十一年，"冬，不雨。"

鲁庄公十八年，前676年4月15日，日全食。"王三月，日有食之。"此为日全食。

鲁庄王二十五年，前669年。夏，六月辛未，日有食之。用币（注：币：玉帛）于社，伐鼓于朝。

鲁僖公五年，前655年，"九月戊申朔，日有食之。"时为是年8月19日日全食。

鲁僖公十五年，前645年，"夏五月，日有食之。"

鲁僖公十六年，前644年，"春，陨石于宋五，陨星也。六鹢退飞过宋都。

风也。"周内史叔兴聘于宋,答宋襄公问:"今兹鲁多大丧,明年齐有乱,君将得诸侯而不终。""风也,遇大风。""大丧",指公子季友卒,公孙兹卒。鲁僖十七年齐桓公卒。齐内乱。孝公奔宋。

鲁文公时也有很多记载。如记载鲁文公兴元年,即公元前626年3月1日有日食,十四年"秋七月有星孛(彗星)入北斗"。这是世界上最早的有关哈雷彗星的记载。古人认为这是异常天象。彗星俗称扫帚星,是专门清除秽德的。恰巧这时期的宋、齐、晋三国国君无道,故都死于乱世。所以鲁文公十五年六月辛丑朔,特别祭祀了此时的日食。不仅击鼓求日食天神,还特别杀猪宰羊"用牲于社"。准确时间在前612年4月21日。不过击鼓用牲于社这件事引起了争论。《春秋左氏传》就说:"鼓,用牲于社非礼也。"因为"日有食之天子不举(天子都不享用杀牲盛馔),也不伐鼓,怎么祭起土地神来了呢?这和土地爷有什么关系呢?再说用牲于社击鼓朝是诸侯的事,目的是昭示事神、训民、事君是古道,以威天下"。

到鲁宣公时也多次发生日食,如鲁宣公八年秋七月甲子,前601年7月29日;鲁宣公十年,前599年夏四月丙辰;鲁宣公十七年六月癸卯。这三次日全食或日环食,都是按传统祭祀的。

鲁成公时发生过两次日食。一次发生在鲁成公十六年六月丙寅朔,即前575

年 5 月 9 日；一次发生在鲁成公十七年，前 574 年 10 月 22 日的日全食。

鲁襄公时发生过五次日食。一次是鲁襄公十五年，前 558 年 8 月丁巳，实为 5 月 31 日的日偏食。其余 4 次为日环食与日全食。其时间为：

鲁襄公二十年，前 553 年，8 月 31 日。日全食。

鲁襄公二十一年，前 552 年，8 月 20 日。日全食。

鲁襄公二十四年，前 549 年，6 月 19 日。日全食。

鲁襄公二十七年，前 546 年，10 月 13 日。日全食。

鲁昭公当政时先后发生过六次日全食。其时间为：

鲁昭公七年，前 535 年，"夏四月甲辰朔"；

鲁昭公十五年，六月丁巳朔；

鲁昭公十七年，前 525 年，夏六月甲戌朔；

鲁昭公二十二年，前 520 年，十有二月癸酉朔；

鲁昭公二十四年，夏五月乙未朔，前 518 年 4 月 19 日之日全食；

鲁昭公三十一年，前 511 年，"十二月辛亥朔"。

鲁哀公时有几次重要的天象记录。一是鲁哀公十三年，前 482 年冬 11 月，有星孛（bèi）于东方。

鲁哀公十四年，前 481 年，西狩获麟，有星孛。饥。

鲁哀公十六年夏四月己丑孔丘卒，时为前 479 年 5 月 12 日。

前 454 年"三家分晋"。

（二）春秋时期的虫害（蝗灾）8 次

鲁庄公六年，前 688 年，螟。

鲁庄公十八年，前 676 年，"秋，有蜮"，螣。

鲁庄公二十九年，"秋，有蜚，为灾也"。

鲁僖公十五年，八月，螽（zhōng），蝗虫。

鲁文公三年，前 624 年，秋，"雨螽于宋"。

鲁宣公十三年，前 596 年，"秋，螽"。

鲁宣公十五年，前 594 年，"秋，螽"，"初税亩"，"冬，蝝生"。周初实行井田制，一夫耕百亩，其田公田 40 亩。税不过十分之一改为税亩制，按亩抽税。蝝（yuán），飞蝗的幼虫。

鲁襄公七年，八月"螽"。

（三）春秋时期的水旱灾害

大旱 7 次：

鲁桓公五年，前 707 年。龙黄昏时见于东方"龙见而雩"，雩，求雨祭祀。

鲁庄公二十八年，大旱，麦、禾无收。

鲁庄公三十一年，"冬，不雨"。

鲁襄公十七年，"九月，大雩"。

鲁襄公二十八年，"秋八月大雩"。

鲁哀公十四年，饥。

鲁哀公十五年，前 481 年秋 8 月，大雩。

大水成灾 13 次：

鲁隐公九年，前 714 年 3 月，大雨，雷电，庚辰大雨雪。

鲁桓公元年，秋，大水。

鲁桓公八年，冬十月，夏历八月，雨雪，失时。

鲁桓公十三年，大水。

鲁庄公十一年，宋，大水。

鲁庄公二十三年，前671年大水，平地出水。

鲁庄公二十五年，前669年，秋，大水。

鲁僖公十年，"冬大雨雪"，雪平地盈尺。

鲁庄公八年，秋，大水，水淹没了成熟的麦子与其他庄稼。

鲁庄公十一年，秋，宋大水。鲁君往吊，曰："天作淫雨，害于粢盛，若之何不吊？"对曰："天之灾！"

鲁庄公二十五年，秋，大水，鼓用牲于社。水"于门，亦非常也"。

鲁文公二年，前625年，从前624年12月起至625年秋7月（夏历五月），不雨，到鲁昭公三年，前539年冬，大雨雹。

鲁襄公二十四年，前549年7月，大水。

鲁成公五年，秋，大水。

（四）春秋时期的山崩地震（4次）

鲁襄公十六年，前557年5月14日，地震。

鲁昭公十九年，前523年5月16日己卯，地震。

鲁昭公二十三年八月二十七日，地震。

鲁哀公三年，前492年夏4月甲午，地震。

山崩2次：鲁成公五年梁山崩。梁山在今陕西韩城西北。

鲁僖公十四年，前646年，秋八月辛卯，沙鹿崩。沙鹿山在今河北大名县东。

四、春秋时期的天象记录与星历纪时

（一）春秋时期的天象记录

1. 大辰[1]

冬，有星孛于大辰，西及汉。申须曰："彗所以除旧布新也。天事恒象，今除于火，火出必布焉，诸侯其有火灾乎？"

梓慎曰："往年吾见之，是其征也，火出而见。今兹火出而章，必火入而伏。其居火也久矣，其与不然乎？火出，于夏为三月，于商为四月，于周为五月。夏数得天，若火作，其四国当之，在宋、卫、陈、郑乎！宋，大辰之虚也；陈，大皞之虚也；郑，祝融之虚也，皆火房也。星孛（天）（及）天汉，汉，水祥也。卫，颛顼之虚也，故为帝丘。其星为大水。水，火之牡也。其以丙子若壬午作

乎！水火所以合也。若火入而伏，必以壬午，不过其见之月。"

郑裨灶言于子产曰："宋、卫、陈、郑将同日火。若我用瓘、斝、玉瓒，郑必不火。"子产弗与。

这是一个有关大火星的故事。这里涉及几个有关天文历法的问题。

其一，夏正、商正、周正的建正是不同的。这是因为它们的历法建正的指导思想不同。

夏正建寅，以正月为岁首。商正建丑，以十二月为岁首。周正建子，以十一月为岁首。故夏之三月为商之四月，周之五月。夏正以立春之月为正月，一年的开始。

其二，火星与彗星。火星，指东方七宿中的心宿，其为大辰，又称大火星。这是东方民族耕作生活的指示星。彗星，俗称扫帚星，流星。天汉指天河，又称河汉。文中说夏正八月大火星出现在天河的西面。彗星（孛）出现在辰星（大火星）的西边。光芒四照银河。火出孛现，火入孛隐，这本是正常的天象，可古人认为是不吉利的。

其三，大水。指营室星。营室是北方七宿之一。北方七宿位于水。所以营室属水。水为牡，火为牝，水火相配，水少火多，则水不胜火，反之亦然。水过多也不行，过多要成灾。所以水火相配要相宜为好。

其四，孛（bèi），彗星；大辰，大火星，东方七宿之心宿；申须、梓慎均为春秋时周大夫。章，明亮；虚，即墟，指地方。古人以天星与地理相印证。认为宋为大辰星之墟，陈是太暤星之墟，郑是祝融星之墟。这几个地方都是辰星照耀的地方。而卫是颛顼星照临的地方。颛顼星属水。水火相配为详。

注

[1] 见《春秋左传·昭公十七年》，赵生群注，《春秋左传新注》，陕西人民出版社，第845页。

2. 火星[1]

夏五月，火始昏见[2]。丙子，风。梓慎曰："是谓融风[3]，火之始[4]也。七日，其火作乎？"

戊寅，风甚。壬午，大甚。宋、卫、陈、郑，皆火。梓慎登大庭氏之库[5]以望之，曰："宋、卫、陈、郑也。"数日，皆来告火。

裨灶[6]曰："不用吾言，郑又将火。"郑人请用之，子产不可。子大叔曰："宝，以保民也。若有火，国几亡。可以救亡，子何爱焉？"子产曰："天道远，人道迩，非所及也，何以知之？灶焉知天道？是亦多言矣，岂不或信？"遂不与，亦不复火。明日，襄火于玄冥、回禄，祈于四鄘。书焚室而宽其征，与之材三日哭，国不市，使行人告于诸侯。

注

[1] 本文见《春秋左传·昭公十八年》，赵生群注，《春秋左传新注》，陕西人民出版社。
[2] 火始见：见，即现。指大火星（心宿）黄昏时出现于南方。
[3] 融风：东北风。
[4] 火始：指融风为木，木为火之始。
[5] 大庭室之库：鲁库所在地，地势高，可登高望气。
[6] 裨灶：春秋时天文学家。

3. 吊火[1]

陈不救火，许不吊火[2]，君子是以知陈、许之先亡矣。
哀公十七年，前478年楚灭陈。定公六年，前504年郑灭许。
七月，郑子产为火故，大为社，祓襄[3]于四方，振除火灾，礼也。
火之作也，子产授兵登陴（pí），陴城堞。为城墙上的矮墙。

注

[1] 见赵生群注，《春秋左传新注》，陕西人民出版社，第850页。
[2] 吊火：祭吊火。
[3] 祓襄：祓（fú），斋戒沐浴以除灾求福；襄（ráng），祈祷襄灾。
古人将天火与人间的火灾联系在一起，而祭祀，祈求免灾。祓襄，斋戒沐浴以消灾祈福。

4. 彗星[1]

齐有彗星，齐侯使襄之[2]。晏子[3]曰："无益也，祇取诬[4]焉。天道不谄[5]，不贰[6]其命，若之何襄之？且天之有彗星也，以除秽也。君无秽德，又何襄焉？若德之秽，襄之何损！"《诗》曰："惟此文王，小心翼翼[7]。昭事上帝，聿怀多福。厥德不回，以受方国。"君无违德，方国将至，何患于彗？《诗》曰："我无所监，夏后及商，用乱之故，民卒流亡。"若德回乱，民将流亡，祝史之为，无能补也。
公说（悦），乃止。

注

[1] 引自赵生群注，《春秋左传新注》，陕西人民出版社，第909页。
[2] 禳：消灾祈祷。
[3] 晏子：即晏婴。
[4] 诬：欺骗。
[5] 诒：惑，疑。
[6] 不贰：不会改变天命。古人认为彗星是除旧布新之星，禳之无益无补。
[7] 小心翼翼：恭敬。

5. 天火

鲁定公二年，前508年，《经》云"夏五月壬辰，雉门及两观灾"。灾，指天火，天上的流星。雉门观灾。周制天子周城有五城门，诸侯有三门。雉门为天子出入的第二门，诸侯的第一门（正门）。宫门两边有土台（此即观，阙），可观天象。"冬十月，新作雉门及两观"。

6. 火伏[1]

冬十二月，螽，季孙问诸仲尼。仲尼曰："丘闻之，火伏而后蛰伏者毕。今火犹西流[2]，司历[3]过也。"

注

[1] 火伏：指心宿在夏正十月隐没。此时天已冷，昆虫应蛰伏了。
[2] 西流：却未见隐伏。
[3] 司历：掌历法之官。过，失误。当问不问，天象失时。

7. 妖星[1]

鲁昭公十年，前532年传云："十年春，王正月，有星出于婺女[2]。郑裨灶言于子产曰：'七月戊子，晋君将死。今兹[3]岁在颛顼之虚，姜氏[4]、任氏实守其地。居其维首[5]，而有妖星焉[6]，告邑姜[7]也。邑姜，晋之妣也。天以七纪。戊子逢公[8]以登，星斯于是乎出。吾是以讥之。'"

注

[1] 见赵生群注，《春秋左传新注》，陕西人民出版社，第792—793页。

［2］有星出于婺女：指客星侵入婺女星。婺女，即女宿。为北方玄武七宿的第三宿。此宿即婺女，有4颗星。简称女宿。

［3］今兹，今年，现在，"岁在"，岁星在北方七宿的虚宿的位置，即玄武的女、虚、危三宿的位置上。

［4］姜氏，齐姓。

［5］居其维首：婺女为玄武三宿之首。

［6］妖星：非正常之星象。称为妖异之星。

［7］邑姜：齐太公之女，晋始祖唐叔虞之母。言妖星之祸与齐出嫁之女邑姜有关。邑姜距晋平公二十世了。

［8］逢公：殷诸侯。当祸而死。

（二）春秋时期的星历纪时

1. 心为大火 ［1］

《春秋左传新注·襄公九年》，晋侯向于士弱曰："吾闻之，宋灾，于是乎知有天道［2］。何故？"

对曰："古之火正［3］，或食于心［4］，或食于咮，以出内火。是故咮为鹑火，心为大火。陶唐氏之火正阏伯居商丘，祀大火，而火纪时焉。相土因之，故商主大火。商人阅其祸败之衅，必始于火，是以日知其有天道也。"

公曰："可必乎？"

对曰："在道。国乱无象，不可知也。"

注

［1］本文是公元前564年鲁襄公九年，晋侯与其臣士弱的一段对话。这火，不是人间家用火，而是大火星的火。按中国的二十八宿历法，东方苍龙七宿中的心宿，即天上的大火星。这是古代东方人耕种劳作的指示星。由于季节与地域的不同，东方民族与西方民族对火星指示的使用也有很大的差异。

［2］天道：指自然规律。

［3］火正：指古时主持祭祀大火星的官员。

［4］心：指心宿。东方苍龙七宿：角、亢、氐、房、心、尾、箕。"心"指七宿之中的心宿。食，指配食以祭祀心宿。"咮（zhòu）"，是南方七宿之一。南方七宿俗称朱雀。朱雀与咮星相映。南方七宿包括井、鬼、柳、星、张、翼、

轸。其中柳宿有八星，名咮。鸟头有八颗星，鸟口为咮。食于咮，即祭祀配享于咮星。原因是南方因时地不同，指示星到南方地区，即转为鹑火，即咮星了。这火与东方之火的不同之处在于时令至九月黄昏时大火星伏而不见，故古人称为内火。陶唐氏之火正，管火的官员叫阏伯，即益伯，居商丘，在那里搭建了一个观"火"台，人们称之为益（阏）伯台，用以观察大火，台旁有庙，用以祭祀大火。现在阏伯台与庙依旧完好地保存着。

这种观察大火星，依大火星纪时的习俗，尧夏行之，相土因之，商人亦因之，一直保存着，这不仅是以日知天道，而且可以以祀知世代。

可以说这是我国保存得最好的一处古天文纪念地。

从上述可知"火"至少有3种含义。一是指星宿火，如大火星（星宿二），咮火、鹑火，南方火也。上古人以火历纪时。这种火是星宿名称。第二种火是煮饭用的火，如燧人氏钻木取火，这是人间使用的火。火神是这种火的演绎升华。还有一种火，指太阳，如说太阳像一团火球，火鸟火凤凰是神火，西方神话中上天盗火到人间也是这种火的演绎。

2. 阏伯与实沈

《春秋左传新注》下册，赵生群注，陕西人民出版社，第 723—724 页记：

晋侯有疾，郑伯使公孙侨如晋聘，且问疾。叔向[1]问焉，曰："寡君之疾病，卜人曰：'实沈、台骀为祟。'史莫之知，敢问此何神也？"

子产曰："昔高辛氏[2]有二子，伯曰阏伯[3]，季曰实沈，居于旷林，不相能也。日寻干戈，以相征讨。后帝不臧，迁阏伯于商丘，主辰[4]。商人是因，故辰为商星。迁实沈于大夏，主参。唐[5]人是因，以服事夏、商。其季世曰唐叔虞。当武王邑姜方震大叔，梦帝谓己：'余命而子曰虞，将与之唐，属诸参，其蕃育其子孙。'及生，有文在其手曰：'虞'，遂以命之。及成王灭唐，而封大叔焉，故参为晋星。由是观之，则实沈，参神也。昔金天氏[6]有裔子曰昧，为玄冥[7]师，生允格、台骀[8]。台骀能业其官，宣汾、洮，障[9]大泽，以处太原。帝用嘉之，封诸汾川。沈、姒、蓐、黄，实守其祀。今晋主汾而灭之矣。由是观之，则台、骀，汾神也。抑此二者，不及君身。山川之神，则水旱疠疫之灾，于是乎禜之；日月星辰之神，则雪霜风雨之不时，于是乎禜[10]之。若君身，则亦出入饮食哀乐之事也。山川星辰之神，又何为焉？侨闻之，君子有四时：朝以听政，昼以访问，夕以修令，夜以安身。于是乎节宣其气，勿使有所壅闭湫底，以露其体，兹心不爽，而昏乱百度。今无乃壹之，则生疾矣。侨又闻之，内官不及同姓，其生不殖。美先尽矣，则相生疾，君子是以恶之。今君内实有四姬焉，其无乃是也乎？四姬有省犹可，无则必生疾矣。"

晋侯闻子产之言，曰："博物君子也。"重贿之。

注

[1] 叔向：羊舌肸（xī）。子产：公孙侨。

[2] 高辛：帝喾，传为距今4300年前的古帝王。商周之人称之为天帝。据说他娶姜姬、陈丰氏、娵訾氏为妻，生子后稷、尧、伯益。因此后人敬之为神。

[3] 阏伯：商台的观察点在河南商丘，由阏伯主持观察大火星。大火星为东方农业生产的指示星。

[4] 辰：辰星。主辰，指主持祭祀辰星。辰星，即大火星，商人主祭，谓之商星。辰星是二十八宿东方苍龙的第五宿，有三颗星。西方人称之为天蝎星。

[5] 唐：古山西的唐地，在今山西翼城南。唐叔虞，周成王封其叔于唐，称唐叔虞，他是晋人的祖先。

[6] 金天氏：神话中的西方天神，传为古少皋氏的后代。

[7] 玄冥：主持北方七宿的玄冥神，夏时有水官（玄冥）这一职务。昧为水官的另一种称呼。

［8］台骀：在山西太原南有台骀泽（已干涸），有后人祭祀的台骀庙。古时山西境内。沈、姒、蓐（rú）、黄四国皆为台骀之后，主祀实沈星。它是西方农业生产的指示星。

［9］障：河堤。

［10］禜（yíng）：营祭的地点无常。祭山川水泽风霜水雪雨神和日月之神，与使人生病没关系。生病是因妻妾中有同姓（姬）五人造成的。

这个故事出现的时间在鲁昭公元年，公元前541年。说明公元前541年我国已普遍用二十八宿作为农业生产的指示星了。

但在太行山以东的东方民族和太行山以西的西方民族使用的指示星是不同的。

东方民族是根据东方七宿的心宿出现时间为指引进行农业种植。

西方民族是根据北方七宿，即北斗斗柄的出现和转移定季节，进行农业生产。

这种不同种植差异在传说中就变成了两个兄弟之间的不和而被他们的父亲天帝分开来了。

最为令人敬佩与兴奋的是帝喾的出现。帝喾是公元前4300年以前的历史王朝的有名的帝王。商周人均祭祀他为自己的祖先。这说明在公元前2500多年，距今4500年左右我国就有了星历定时了。这个故事证明了这一点。这是中华儿女最为之自豪的远古创造。

五、春秋时期的田争记录

春秋时期的田争，不仅通过战争兼并诸多小国，扩大领土面积，而且在日常生活中也有田界地界之争。残酷的征伐给人民带来极大的痛苦，但同时也使国家逐渐统一，氏族邦国制度逐渐消亡。下面是春秋经里的有关田争的两个故事。它反映的是一个旧时代的即将结束，一个以土地争夺为中心的新时代已经悄悄来临。田争就是预告。而这种情况在春秋以前的夏商周是少见的。

（一）革夕争田[1]

《春秋·左传》昭公十二年记载：楚子狩于州来，次于颍尾……执鞭以出，仆析父从。右尹子革夕[2]，王见之。去冠、被（披），舍鞭，与之语曰："昔我先王熊绎[3]，与吕级（伋）[4]、王孙牟、燮父[5]、禽父[6]并事康王[7]，四国皆有分，我独无有。今吾使人于周，求鼎以为分，王其与我乎？"

对曰："与君王哉！昔我先王熊绎辟在荆山，筚路蓝缕[8]，以处草莽，跋涉山林，以事天子。唯是桃弧、棘矢[9]以共御王事。齐，王舅也。晋及鲁、卫，王母弟也。楚是以无分，而彼皆有。今周与四国服事君王，将唯命是从，岂其爱鼎？"

王曰："昔我皇祖伯父昆吾，旧许是宅。今郑人贪赖其田，而不我与。我若求之，其我与乎？"

对曰："与君王哉！周不爱鼎，郑敢爱田？"

王曰："昔诸侯远我而畏晋，今我大城陈、蔡、不羹，赋皆千乘，子与有劳焉。诸侯其畏我乎？"

对曰："畏君王哉！是四国者，专足畏也，又加之以楚，敢不畏君王哉？"

王曰："是良史也。"

注

[1] 赵生群注，《春秋左传新注》，陕西人民出版社，第809—810页。

［2］子革：郑旦。
［3］熊绎：楚始君。
［4］吕级：吕伋，姜太公之子。又称丁公。
［5］燮父：晋，唐叔之子。
［6］禽父：伯禽，姬旦之子。
［7］康王：成王之子。
［8］筚路蓝缕：驾着竹子编的柴车，穿着破烂衣服。
［9］桃弧、棘矢：桃木弓，酸枣木（棘）矢。

《春秋·左传》和《国语》中记载的春秋田争之事很多。齐懿公当公子时与邴歜之父争田，不胜，当诸侯之后，进行报复，把邴歜之父的足给刖了。事出于公元前600多年；后又记鲁以济田赂齐；前589年，2月（鲁成公二年）鲁取汶阳田，晋使齐以济西田还鲁，鲁成公十一年，晋郤至与周争鄇田；前574年晋郤犨与长鱼矫争田，执而梏之。晋厉公争田，先杀，后与其妇人饮酒。鲁宣公十四、十五年，楚庄王围郑，子重取申、吕之田。

这些田争肥了公侯，苦了百姓，谓之"民三其力，二入于公，而衣食其一"。不仅如此，各国都在争田，争田之事已成普遍的事实。见于记载的最有名的是阎田之争。

（二）周晋阎田之争［1］

周甘人与晋阎嘉争阎田［2］，晋梁丙、张趯率阴戎伐颖。王使詹桓伯辞（讼）于晋，曰："我自夏以后稷，魏、骀、芮、岐、毕，吾西土也［3］。及武王克商，蒲姑，商奄（今曲阜市），吾东土也［4］；巴、濮、楚、邓，吾南土也［5］；肃慎、燕、亳，吾北土也［6］。吾何迩（ěr）封之有？文、武、成、康之建母弟［7］，以蕃屏周，亦其废队是为。岂如弁髦［8］，而因以敝之！先王居梼杌于四裔，以御螭魅［9］，故允姓之奸居于瓜州。伯父惠公归自秦，而诱以来，使逼我诸姬，入我郊甸，则戎焉取之。戎有中国，谁之咎也？后稷封殖天下，今戎制之，不亦难乎？伯父图之！我在伯父，犹衣服之有冠冕，木水之有本原，民人之有谋主也。伯父若裂冠毁冕，拔本塞源，专弃谋主，虽戎狄，其何有余一人。"

叔向谓宣子曰："文之伯也。岂能改物？翼戴天子，而加之以共。自文以来，世有衰德，而暴灭宗周，以宣示其侈，诸侯之贰，不亦宜乎。且王辞直，子其图之！"宣子说。［10］

王有姻丧，使赵成如周吊，且致阎田与襫[11]，反颖俘。王亦使宾滑执甘大夫襄以说于晋。

注

[1] 这是一篇周大夫与晋大夫争田的诉讼案。晋派兵伐颖，王使大夫詹桓伯讼于晋，而有这篇讼辞。

[2] 周甘人与晋阎嘉：均为大夫，他们因阎地之田发生了争执。阎地当在今洛阳西南部，具体地址不详。颖，为周邑。

[3] 西土：言周自夏时凭后稷之功即拥有西方五国，为西方五国人之长。其地包括魏，今山西芮城至万荣县一带。骀，在今山西武功县西南。芮，在今山西芮城县。岐，在今陕西岐山县。毕，在今陕西咸阳市北。

[4] 蒲姑：在今山东博兴县东南。商奄：在今山东曲阜市。

[5] 巴、濮、楚、邓：巴在今四川东北部；濮：在今湖北石首一带；楚：在今湖北江陵县一带；邓：在今河南邓州一带地区。

[6] 肃、慎：在今黑龙江、松花江一带地区；燕：在今河北省北京市一带地区；亳：分东亳和西亳。东亳：在今安徽亳州；西亳：在今河南偃师一带地区。

[7] 文、武、成、康之建母弟：文指周文王，武指周武王，成指周成王，康指周康王。均周初之王者。建母弟，指封立同母兄弟。虢仲、虢叔为文王母弟；管叔鲜、周公旦、蔡叔度、曹叔振铎、李叔武、霍叔处、康叔等均为武王的母弟；唐叔虞为成王的母弟。这就是周初分封制度的开始。周借用分封为拱卫（蕃屏）首都打下了基础，同时亦为后世的动乱创造了条件，使周室的"废坠"成为必然。

[8] 弁髦（máo）：古成人礼，即不用缁布冠，剪去垂髦，挽上发髻即可。

[9] 梼杌（táo wù）：梼杌，古人、古神、古地名、古史书名。南方信仰的神灵。川北地区多有梼杌祠、梼杌庙。泛称梼杌。《春秋左传》文公十八年传有："舜臣尧，宾于四门，流四凶族浑敦、穷奇、梼杌、饕餮，投诸四裔，以御魑魅。"可见在春秋时即将梼杌作四凶之一。而在传说中梼杌是南方人民心目中的一位敢于反抗的英雄人物。所以都把祠堂叫梼杌。本文中梼杌，指地名。

[10] 共：恭。侈：骄纵。说：悦，高兴。

[11] 襫：指衣物类的东西。

春秋时代的田争并不是只有这几起。《国语·卷十四·晋语八》，就记载了范宣子与鲧大夫争田的事。争田之疆界久而无成，范宣子颛派军队去攻打鲧大夫，受到很多人的批评。祁奚说:"大夫之贪是吾罪也,若以君官从子之私,惧子之应且憎也。"祁午见,斥责道:"晋为诸侯盟主,子为正卿,若能靖端诸侯,使服听命于晋,晋国其谁不为子从,何必穌?"这说明上层官员为争地界,想动用国家军队,田争之激烈可想而知。

六、春秋时期的争霸战争

春秋时期，诸侯称霸，战争不断，烽火连年，国君弃逃，庶人亡命，百姓痛苦不堪。这里，我们举几个例子。

（一）乾时之战

乾时之战发生在春秋时期鲁庄公十年，公元前 684 年，秋天。

地点在鲁地的乾时。

战争的起因是齐无知弑君自立，齐人不接受，杀了无知，引起了内乱。公子小白由鲍叔牙护送入齐，立为齐君；与此同时，在鲁避难的公子纠由管仲与召忽护送入齐，也立为齐君。

这两支护送两个齐君的队伍在鲁国的乾时相遇，互不相让而打了起来。这就叫乾时之战。战争的结果是齐军胜，鲁军败。

以前小白由鲍叔牙陪护着来鲁寻衅，被管仲护着公子纠挡了回去，双方发生冲突，管仲一箭射过去，要不是鲍叔牙眼疾手快，把小白按倒在车里，还有后来的齐桓公么？即使是被鲍叔牙挡着，有一支箭还是射中了小白的带钩，使小白惊出了一身冷汗，怒气难消，因此耿耿于怀。

乾时之战结束，小白在鲍叔牙护送下回到齐都临淄，立为齐君，号称齐桓公。

管仲、召忽是著名贤人，是公子纠的师傅。小白为君后派人来到鲁国对鲁君说："公子纠是我的兄弟，我不忍杀他，请你们讨伐吧！管仲与召忽是我们的仇人，我欲杀而快其心，你们不忍杀，就交由我处理。"齐强鲁弱，鲁向来怕齐国，便接受了齐国的条件，把公子纠弄到菏泽以北一个叫窦的地方杀了。召忽因公子纠被杀而自杀了。管仲被俘，"请囚"。鲍叔牙得管仲，归而告之曰："管夷吾治于高溪。"意思是他比高溪还高明，因此，齐桓公命管仲为相。齐得管仲，如鱼得水，不只是赢得了一场战争的胜利，而是获得一把使齐称霸于世的"梯子"。

（二）长勺之战

长勺，鲁地。在今曲阜市北。

由于齐认为鲁支持公子纠，与小白争王位，所以齐予以惩罚。鲁庄公十年，在乾时之战中，鲁败。十年（公元前684年）齐鲁战于长勺。

在战场上，鲁庄公与曹刿同乘一辆战车，指挥作战。战争的结果，鲁胜齐败。鲁庄公欲追，曹刿阻止他说："未可。"齐人三鼓，曹刿下车察看车辙，然后登上车，扶着车轼向前望了一望说："可矣！"遂逐齐师。得胜之后，庄公问曹刿，为什么要作那样的决定？曹刿回答说："夫战，勇气也。一鼓作气，再而衰，三而竭，彼竭我盈，故克之。夫大国难测也，惧有伏焉，吾视其辙乱，望其旗靡，故逐之。"听了曹刿的话，鲁庄公不断点头称赞，翘着一双拇指相视而笑。

（三）乘丘之战

在长勺之战中，齐国失败了，但齐国不甘心。鲁庄公十年夏，齐宋会师于郎。鲁大夫公子偃建议伐宋。理由是宋师不整，必败。鲁公不允。他亲自带领大臣到南城门外视察，看了以后，认为打击宋师的方案可行，便击宋于乘丘。战争的结果，宋败。宋败之后，齐师乃还。

（四）夺妇之战

鲁庄公十年。蔡哀侯想娶陈女为妇，息侯也想娶陈女为妇。当陈女路过蔡境时，蔡侯说此陈女是他的小姨子，就违礼相见。闻听此事，息侯十分恼怒，便向楚国请兵伐蔡。楚先假装发息，息求救于蔡，结果由于息楚联合，里应外合，为息夺回陈女为妇。

（五）繻葛之战

繻葛之战发生在公元前707年秋天。战争的起因是周王夺郑伯之政，因此郑伯不朝，乱由是起。早在鲁隐公八年，前715年时，王命虢公为卿士，郑庄公为左卿士。郑伯因为周桓王夺了郑伯的政而任虢公为政，所以不朝。秋天周王以郑不朝为由带领诸侯伐郑。在这场战争中，周王冲在前头，充任中军，虢公林父为右军，周墨肩任左军，蔡、卫、陈为从属。郑子元为左拒，蔡、卫、陈为右拒。正在此时，陈国发生了内乱，陈桓公死。其弟佗杀太子自立。陈国内民心乱，政局不稳，因此在战争开始后，蔡、卫、陈军先奔逃，王师大乱，郑乘势攻击，王师大败。祝聃射中了王肩，郑伯下令不准再追周王，晚上并派使者祭仲劳王，且问左右，才平息了这次纷争。

（六）韩原之战

晋夷吾重赂秦穆公及晋大夫，齐桓公使隰朋会秦师纳之，是为惠公。惠公入而背内外之赂，使秦伯十分恼火。再加上晋夷吾当政后，晋闹饥荒，向秦借粮，秦穆公给了晋以粮食，后来秦国闹饥荒，向晋借粮，晋却拒绝给予帮助，因而秦穆公恼怒，便发兵于韩原即今陕西韩城一带打起来。战争的结果是晋败秦胜。秦擒获了晋夷吾。由于秦穆公是晋夷吾的姐夫，姐姐从中说合，秦穆公才放了晋夷吾让他逃亡。秦穆公十分厌恶夷吾，便另扶植重耳入秦，使重耳结束了十九年的流亡生活，成了新的晋君，称为晋文公。晋文公上台后，追杀了其兄长夷吾。在狐偃、赵衰、贾佗、魏犨等人扶持下成了春秋一霸。

（七）崤之战

崤，在今河南崤山地区。

崤之战发生在鲁僖公三十三年，公元前627年。

战争在晋文公当政之时。晋夷吾（惠公）、晋公子重耳当政，都是由秦穆公派兵扶持才登上君位的。不仅如此，秦穆公选送了许多美女给他，包括自己的女儿在内，给他作家室，故史称这种婚姻联系的相好方式为"秦晋之好"。这也是现代婚姻仪式中最常见的祝福语。可是秦晋之间也常常因利益的冲突而发生战争。崤之战即是一例。这场战争的结果是晋文公胜，秦穆公败。秦穆公并不把晋文公放在眼里，认为他年轻，未想到他手下的臣僚如舅犯、赵奢和介子推等人绝非等闲之辈。他们能文能武，明大义，懂战法，又熟悉崤之地形，一经接触，小施计谋，就让秦军走也走不了，战又战不得，三个赫赫有名的大将一起被抓了。还是由秦穆公的夫人出面说情，才把三位将军放了回去，给秦国留了一点颜面。

战争结束后，秦大夫们纷纷检讨说："是败也，孟明之罪也，必杀之。"秦穆公说：不，"是寡人之罪也。周芮良夫之诗曰：'大风有隧，贪人败类，听言则对，诵言如醉？'是贪故也，孤之谓矣。孤实贪以祸夫子，夫子何罪？"复使孟明为政。前 625 年秦晋在秦邑彭衙又打了一仗，想捞回颜面，依然大败而归。接着于公元前 624 年秦伯又伐晋，济河焚舟，发动了王官之役，夺取了王官之郊（今山西闻喜南），似乎也未取得什么重大效果，只是出出气而已。

（八）菟圃之役

鲁僖公十八年，公元前 642 年。齐桓公死，他的五个儿子忙着争立，无人为他收尸。桓公子无亏，字武孟。大臣易牙、竖貂，立无亏为君。齐人不满意，杀无亏，立孝公为君。齐人将立孝公，不胜四公子齐昭公潘、懿公商人、惠公元、公子雍之徒搅扰，遂与宋人战于菟（tú）。宋襄公率诸侯之师送太子昭回国聚众伐齐。因此于前 642 年 5 月齐师宋师于甗（yǎn），立孝公而还。秋八月葬桓公。有记载说到冬天才下葬。

菟，在今河南长垣县，当时属卫地，与齐相邻。"冬，邢人、狄人围菟圃。"卫侯以国让父兄子弟及朝众，曰："苟能治之，毁请从焉。"从而享有盛名。由于卫国人不同意他让国而师于卫訾娄以作抗击。虽有这许多干扰，战火并未烧到齐国。而齐国人立了孝公后，才为齐桓公收尸入殓。据说纵横不可一世的霸主齐桓公的尸体都生蛆了，蛆虫都爬出门外了，也没人管。他的儿子们正忙着争大位呢，要不是齐孝公立为君后，为他收了尸，还不知怎么收场呢。

（九）鄢陵之战

鄢陵之战发生在鲁成公十六年，公元前 575 年。《春秋·左传》在记载这一事件时说，是年"六月，晋、楚遇于鄢陵，范文子不欲战。晋郤至曰：'韩之战，惠公不振旅；箕之役（僖公三十三年狄伐晋，晋败，主帅先轸战死，晋溃），先轸不反命；邲之师（鲁宣公十二年，晋楚战于邲），晋败，主帅荀伯、荀林父败，皆晋之耻也'。文子曰："秦、狄、齐、楚皆强，不尽力，子孙皆弱。今三强服矣，敌楚而已。唯圣人外内无患。"[1]

关于这场战争，具体情况是这样的。甲午这一天，楚军于清晨迫近晋军营垒，并列好阵式。晋军范匄（士燮之子）进言曰：请"塞井夷灶，陈于军中"。文子执戈逐之，曰："国之存亡，天也，童子何知焉？"楚子登巢车以望晋军，只见晋伯宗之子伯州犁待于王后。王曰："骋而左右，何也？"

曰："召军吏也。""皆聚于中军矣。"曰："合谋也。""张幕矣。""撤幕矣。""将发命也。""甚嚣，且尘上矣。""将塞井夷灶而为行也。""皆乘矣，左右执兵而下矣。"

片刻，见公车隐于泥潭。众人推公车出泥潭。紧接着是正面交锋。楚有养由基者，其箭可穿七层铠甲，却难抵晋人一击，射中楚共王目，囚楚公子筏，战事戛然而止。

注

［1］赵生群注，《春秋左传新注》，陕西人民出版社，第476页。

（十）城濮之战

城濮之战发生在今河南濮阳与山东范县之间这一地区。事情的起因是晋文公立，周王子带攻击周襄王。周襄王告急于晋。周王室东迁之后一直依附于晋国的保护才得以苟延残喘。晋大夫狐偃建议文公"求诸侯莫如勤王"。重耳便打着勤王的旗号，纳周王，杀子带，内外得利。这时楚围宋，宋又跑来求援，晋合齐、宋、秦之师于践土，即河南荥泽，与楚人战于城濮。城濮，是卫地，离晋、齐、宋很近，离楚很远。周王命晋文公为侯伯，着令伐楚。战事以有利于晋、齐、宋、秦三强并肩战于城濮，楚知难而退，结束了这场战争。

（十一）新筑之战

鲁成公二年，公元前589年。卫侯使孙良夫、石稷、宁相、向禽帅兵侵齐，与齐师遇于卫地新筑。新筑人仲叔于奚救孙桓子，孙桓子才免得一死。卫人为感谢他不仅赏之以地，还赏给他一套悬挂的编钟。孔子听到这消息不高兴，认为赏地可以，赏编钟不合于礼，因为这是神器，是敬神用的。

（十二）楚庄王欲纳夏姬

楚庄王奉命出兵讨陈夏氏，见夏姬漂亮欲纳夏姬为妃。申公巫进谏曰："不可，君召诸侯，以讨罪也，今纳夏姬，贪其色也，贪色为淫，淫为大罚。"

楚庄王本是个色迷，平时在大堂上，总是左手抱一个美女，右手抱一个美女。听了这话如锤击背，猛然醒悟，乃止。庄王的儿子听了这消息很高兴，亦欲取之。巫臣说："是不祥人也，夏姬使初夫死，昭公二十八年夏姬杀三夫，陈大夫亦夏姬之夫，夏征纾亡父。夏姬之夫陈灵公，杀之。"听了这些消息楚庄王吓了一跳，叫人赶紧把夏姬送回陈国，从而避免了一场战争，一次内乱。

（十三）吴越樵李之战

鲁定公十四年，公元前496年，吴王阖庐与越王勾践战于樵李。勾践先派敢死队两次冲锋，吴阵势均未有任何变化。后来越王又派罪人三人一排集体冲锋，并把剑架到脖子上，一同自刎。这一招把吴军吓呆了。勾践在这一刻发起进攻，一举击败吴军。越大夫用灵姑浮以戈击伤骑在马上的吴王阖庐的大脚拇指，并抢走了他的一只鞋子，吴王不得不退兵。在离樵李七里的地方就一命呜呼了。其子夫差做了吴王。为了替父报仇，经过三年努力终于将越国打败了。[1]

注

[1] 根据《四库全书·经部》第589页改写。

（十四）夫椒之战

夫差报了樵李之仇，于鲁哀公元年，公元前494年入越，越以甲盾五千保于会稽。越使大夫文种以丰厚的礼品见吴太宰嚭。盼他从中斡旋，表示越愿投降服侍吴王。夫差许之。伍员却反对说："不可。"他举夏时少康复国中兴等例子，夫差不听。伍子胥退而告诉人曰："越十年生聚，而十年教训，二十年之外，吴其为沼乎？"三月，吴许越平。从此以后，越王勾践在范蠡、文种的帮助下，恭身敬奉吴王夫差。为吴王养马尝粪，妻子尽数为奴，同时又对自己的老百姓百般亲近，以求有一个翻身的日子。真的，正如伍子胥说的，经过十年生聚，十年教训，越王一举消灭了吴国，成了东南一霸。越王成就了霸业后，妄自尊大，为所欲为，认为一切都是他一人所为。别人奈何他不得。他随便杀了有功之臣文种。范蠡早就看出苗头，泛舟湖上，出了国境，到了齐鲁大地经商，成了富可敌国的陶朱公。越国在傲慢自大中不用他人派一兵一卒，就自行消亡了。

（十五）吴楚之战

1. 吴人入郢

《春秋·左传》记载鲁定公四年，公元前506年4月25日，"庚辰，吴人入郢"。郢，楚都，在今湖北江陵县东北。说明吴人打到楚国的郢都了。这件事可能与伍员有关。

定公四年《传》在提到这件事时说："沈人不会于召陵，晋人使蔡伐之。夏，蔡灭沈。秋，楚为沈故，围蔡。伍员为吴行人以谋楚。"冬，蔡侯、吴子、唐侯伐楚。舍舟于淮汭，自豫章与楚夹汉。楚左司马戌时令尹正常（囊瓦）说："子沿汉而与之上下，我悉方城外以毁吴所舍之舟，还塞江东险要之地，豫鄂三关：九里关大隧、武胜关直辕、平靖关冥厄。你济汉伐之，我自后击之，吴必大败之。"计定而行。楚大夫武城黑子对子常将军说："楚人用革舟，吴人用木船，不可久战，要速决。"

楚大夫史皇对子常说："楚人讨厌你好用大司马。若司马毁吴舟于淮，塞城口而入，名犯吴也。子常必速战！不然，不免遭失败。"

子常乃沿汉水陈兵、自小别山至于大别山。三战，子常知不可。欲奔。史皇说你为令尹，难以脱，必死。

十一月庚午，楚师、吴师陈于柏举。阖庐之弟夫概王，晨请于阖庐曰："楚瓦子常不仁，其臣莫不有死志。先伐之，其卒必奔，而后大师继之，必克。"弗许。

夫概王曰："所谓臣义而行，不待命者，其此之谓也。今日我死，楚可入也。"以其卒五千击子常之卒。子常之卒奔，楚师乱。吴大败之。子常奔郑。史皇率乘广战死。

吴人从楚师至安陆，清水边，将击之。夫概王曰："困兽犹斗，况人乎？不如等他渡江将半时击之。"大家听从了他的这一安排。果然，又败楚军。

楚人为食，吴人及之。楚人奔逃，吴人食而从之，败其师于雍澨，五战及郢。

己卯那一天，楚子和他的妹妹季芈畀我逃出，至于睢水，乘舟涉睢水（沮水）而过，命令在大象尾巴上绑上火把，让大象向吴师冲去。庚辰这一天，吴人入郢。进入楚王宫。吴王子住楚令尹之宫，夫概王不允，由夫概王自己去住。这时，左司马戌及息而来。败吴师于雍澨，伤。初，司马臣阖庐耻为禽。曰："谁能免吾首？"

吴句卑曰："臣贱，可乎？"

司马曰："吾实失子，可哉！"三战皆伤。曰："吾不用也已。"句卑布裳，刭而裹之，藏其身，而以其首免。

2. 楚子涉睢奔随

楚子涉睢，济江，入于云中（云梦泽）。王寝，攻之，以戈击王。王孙由于以背受之，中肩。王奔郧。钟建负季芈以从。

郧公辛之弟怀将弑王，曰："平王杀吾父，我杀其子，不亦可乎？"

辛曰："君讨臣，谁敢仇之？君命，天也。若死天命，将谁仇？《诗》曰：'柔亦不茹，刚亦不吐，不侮矜寡，不畏强御。'唯仁者能之。恃强凌弱，非勇也。乘人之约，非仁也。灭宗废祀，非孝也。动无令名，非知也。必犯是，余将杀汝。"斗辛与其弟巢以王奔随。

吴人从之，楚子谓随人曰："周之子孙在汉川者，楚实尽之。天诱其衷，致罚于楚，而君又窜之。周室何罪？君若顾报周室，施及寡人，以奖天衷，君之惠也。汉阳之田君实有之。"

楚子在公宫之北，吴人在其南。子期楚昭王之兄，公子结似王，将楚王藏了起来，而己为王，曰："以我与之，王必免。"

随人卜与之，不吉。乃辞吴曰："我们随人偏僻国小又靠近楚国，楚实存之。世有盟誓，至于今未改。若难而弃之，何以事君？执事之患不唯一人。若一定要平定楚国，敢不听命？"

吴人乃退。王随人盟。

3. 申包胥乞师

初，伍员与申包胥友。伍员逃亡时对申包胥说："我必复楚国！"

申包胥曰:"勉之！子能复之，吾必能兴之。"

及楚昭王在随，申包胥如秦乞师，曰:"吴为封豕长蛇，以荐食上国，虐始于楚。寡君失守社稷，越在草莽，使下臣告急，曰:'夷德无厌，若邻于君，疆场之患也。逮吴之未定，君其取分焉。若楚之遂亡，君之土也。若以君灵抚之，世以事君。'"秦伯使辞焉，曰:"寡人闻命矣！子姑就馆，将图而告。"

申包胥依立于庭墙而哭，日夜不绝声，勺饮不入口，七日，秦哀公为之赋《无衣》，九顿首而坐，秦师乃出。

4. 夫概自立

鲁定五年春，越入吴。借吴人主力在楚，乘虚入吴。

申包胥以秦师至。秦王子蒲、子虎帅车五百乘以救楚。

子蒲曰:"吾未知吴道。"使楚人先与吴人战，而自稷（桐柏）会之，大败夫概王于沂（今河南正阳县）。吴人获薳射于柏举。其子帅奔徒以从子西（公子申），败吴师于军祥（湖北随地）。

秋七月，子期、子蒲灭唐。

九月，夫概王归，自立为吴王。与吴王夫差战，败，奔楚，为堂溪氏。堂溪（亦曰棠溪），地在今河南遂平县。以地为氏。吴师败楚师于雍澨。秦师又败吴师。吴师居麇，子期将焚之，子西曰:"父兄亲暴骨焉，不能收，又焚之，不可。"

子期曰:"国亡矣！死者若有知也，可以歆旧祀，岂惮焚之？"

楚与吴又战，吴师败。

又战于公婿之溪。吴师大败。吴子乃归。囚闉舆罢请先，遂逃归。叶公诸梁之弟后臧从其母于吴，不待而归。叶公终不正视。

楚子入于郢。斗辛闻吴人之争宫，说:"吾闻之不让，则不和，不和，不可远征，吴争于楚，必有乱。有乱则必归，焉能定楚？"楚王奔随时，将涉曰河，楚大夫兰尹亹不先给王舟，而将舟先渡其妻子，因此王恨在心，欲杀之。子西劝说道唯思旧怨以败，王曰:"善"，遂复其所，赏斗辛、王孙由于、王孙圉、钟建、斗巢、申包胥、王孙贾、宋木、斗怀。子西建议斥责的人之中除去斗怀。王曰:"大德灭小怨，道也。"申包胥曰:"吾为君也，非为身也。"遂逃赏。

鲁定公六年，公元前504年4月16日，吴王阖闾的长子夫差之兄败楚舟师、获潘子臣、小惟子及大夫七人。楚人大惧。亡。子期又以陵师败于繁扬（今河南新蔡北）。楚令尹子西喜曰:"乃今可为矣！"于是迁郢都于鄀（ruò），今湖北宜城东南90里。后改纪元，定楚国。至昭王时才将国都从鄀迁回郢。

七、春秋时期的弑君之例

春秋时代，是一个通过弑杀进行夺权的时代。子弑父，弟弑兄，已成惯例。因弑杀而引起的报复和战乱也十分频繁。从鲁桓公元年前711年起，到鲁哀公元年前494年止，前后217年，就先后发生了弑杀之例，达数十起之多。弑杀之频繁是中外历史所少见的。

《春秋·左传》记载：

鲁桓公二年，公元前710年，宋华督弑其君殇公，其子孙华耦辞立；鲁桓公十七年，前695年10月22日郑昭公被杀，其弟立。

鲁庄公十二年，前682年秋8月，宋万弑其君捷及其大夫仇牧；立宋公子子游，引发戴、武、宣、穆、庄等族伐宋的战争，杀南宫牛于师，杀子游于宋。

鲁庄公十四年，前680年6月，傅瑕杀郑子及其二子，纳厉公。厉公入，杀傅瑕。

鲁庄公十二年秋，宋万弑闵公于蒙泽。

晋献公伐骊戎，获骊姬，生了两个儿子，一个叫卓子，一个叫奚齐。为了夺权，将太子申生逼得自"缢于新城"，鲁僖公五年，前655年春，"晋侯杀其太子申生"。

鲁僖公十年，前650年，晋臣里克弑其二君奚齐、卓子及大夫荀息。

公元前636年，晋文公返晋，入晋境，正月十八日即令人杀其兄惠公之子怀公。

鲁僖公二十五年，前635年春，卫人伐邢，礼至杀国子，还铭曰："余掖杀国子，莫余敢止。"传礼至与其弟从国子巡城，掖其臂赴外杀之。

鲁文公元年，前626年，冬，十月廿六日，楚世子商臣弑其君頵（jūn），即楚成王。

鲁文公九年，前618年3月，晋人杀其大夫士縠及箕郑父及蒯得（非卿士）。

鲁文公十年，前617年，楚王使为工尹，又与子家谋弑穆王，穆王闻之，五月杀斗宜申及仲归。

鲁文公十四年，齐公子商人弑其君舍，而立元。

鲁文公十六年，十有一月，宋人弑其君杵臼。

鲁文公十八年，前609年夏五月戊戌（十六日），齐人弑其君商人。

莒弑其君庶其。

鲁宣公二年，前607年9月26日，赵盾"弑其君"夷皋。

鲁宣公四年，前605年6月26日，郑公子归生弑其君郑灵公夷。

楚庄王十六年，前598年10月11日，楚庄王杀夏征舒、公孙宁、仪行父于陈。

鲁宣公十八年，前591年，秋七月，邾人戕鄫子于鄫。

襄公二十九年，"阍（守门人）弑吴子余祭。"

鲁成公十八年，前573年，"庚申，晋弑其君州蒲，齐杀其大夫国佐，国佐杀庆克，为庆氏之乱。"

上述事实说明：

（1）在春秋时代，弑君事件，并不是个别的，是比较普遍。许多国家都有。

（2）弑君的目的各不相同，有的为了夺权，有的为了报复，有的为了兼并。

（3）大量的弑杀、战争等野蛮行为与先进的天文、数学、哲学、冶炼等科学技术发展并存，斗争之激烈表明一种旧的社会制度即将结束，一种新的社会制度即将来临。

八、春秋时期的科技发展

春秋时期是中国历史的大转折时期。这一时期最显著的特征是王室衰微，诸侯称霸，民族融合，科学发展，技术进步。

李学勤主编、王美凤等著，《春秋史与春秋文明》，上海科学技术文献出版社，第281页，载有春秋时科学与技术发展的情况，兹摘录如下。

1. 天文历法

从鲁隐公元年到鲁哀公十四年的242年中，仅《春秋》一书就记录了37次日食。鲁文公十四年（公元前613年）秋七月记"有星孛入于北斗"，这是哈雷彗星在世界上最早的记录，比欧洲早了670多年。公元前687年9月16日记载"夏四月辛卯，夜，恒星不见，夜中星陨如雨"，僖公十六年（公元前644年）"陨石于宋五"。这些都是世界上最早的天文记录。春秋时期形成了二十八宿天文体系，《左传》《诗经》《夏小正》等史书都有明确的记载。当时已能立圭表测日影的方法，精确测定冬至时刻，前655年，前522年都有"日常至"的记录。推定一个日回归年的长度为365.25日，一个朔望月为29.5308日。19年有7个闰月，此世称的"四分历"。

把一年平均分为二十四分，平均每15天一个节令，一年二十四节气。实行岁星（木星）纪年法。把一年分为十二等份，即星纪、玄枵、娵訾、降娄、大梁、实沈、鹑首、鹑火、鹑尾、寿星、大火、析木十二次。

2. 科学技术

春秋时期开始出现铁制农具和牛耕，加上水利工程的兴修，有力地促进了农业的发展。

我国从春秋开始使用铁制农具，不仅有书载，也有大量的考古事实证明。《左传》鲁昭公二十九年（前513年）记载："冬，晋赵鞅、荀寅帅师城汝滨，遂赋晋国一鼓铁，以铸刑鼎，著范宣子所为《刑书》焉。"《国语·齐语》管仲曾向齐桓公建议："美金以铸剑戟，试诸狗马，恶金以铸锄、夷、斤、斸，试诸壤土。"美金指青铜，恶金指铁。说明其时已能用铁铸农具了。传说中的干将、莫邪、欧冶子"金铁刀濡""以铁为兵"，制造了犁耙等农具。

春秋的制铁技术已被大量的考古事实所证明：

1990年，河南三门峡虢国贵族墓出土一把铜柄铁剑；

1976年，湖南长沙杨家山墓出土一柄铁剑，一只铁鼎形器（白铁）；

1978年，河南淅川下寺楚墓出土玉柄铁剑；

1974年，江苏六合1、2号墓出土铁条、铁丸。

我国考古工作者先后在陕西、河北、河南、湖北、湖南、江苏等地出土了大量的春秋时期的铁䦆、铁铲、铁镰、铁锄、铁锛，多达二十六七件。春秋时牛耕农业已很盛行，连人名也多兴时牛耕，孔子的一个弟子叫冉耕，字伯牛，司马氏名耕，字子牛。

由于社会生产力的发展，人们已能比较熟练地运用数学知识于生产和生活领域。其时已实行十进制和万进制。即谓"合十数以训百体，出千品，具万方，记亿事，材兆物"，已有十百千万兆的数字概念。会以十万百万千万计数。会四则运算，已有了乘法口诀，如"二二如四""三三得九""九九八十一"之类。会进行分数运算，以"三分损益法"计乐律，会运用数学计算土石方。这些都说明春秋时人们已会运用数学几何学计算工程量了。

不仅如此，春秋时期手工业已很发达，《考工记》记述了30多项手工业生产的计算规范。《轮人》制轮，要求"朴属而微至"，朴属即牢固，微至指车轮和地面接触要微小，因为"不微至，无以为戚（疾）速也"；《矢人》制箭，讲究"参（三）分其长，而杀其一；五分其长，而羽其一"，即先把箭杆前部三分之一削好，准备装箭头，再把后五分之一削好准备装羽毛。这些要求并不是随意确定的，而是经验的累积与运用。

春秋时期，我国已有十分著名的医生扁鹊。《史记》为他立了传。他是齐国人，他以"切脉、望色、听声、写形、言病之后"再会治各种疑难杂症，兼通内科、外科、五官、小儿、妇科各种疾病的治疗，精通砭石、针灸、按摩、汤液、熨帖、手术、引导等疗法。

综合上述，可见我国春秋时代科学技术已相当发达，并不亚于同一时期世界先进的诸国。

春秋时代的光学理论已研究得很深入了。《墨子》（第十卷经说下）（上海古籍出版社）第82页有一段话说："宇，徙而处，宇南北在旦莫。宇徙久，无坚得白，必相盈也。尧善治，在诸古也。在之今，则尧不能治也。景，光至景亡[1]，若在，尽古息。

景，二光夹一光，一光者景也。景光之人煦若射。下者之人也高，高者之人也下。

足敝下光，故成景于上。首敝上光，故成景于下。

在远近，有端与于光，故景库内也。

景，日之光反烛人[2]，则景在日与人之间。

景，木柂[3]，景短大，木正，景长小，光小于木。则景大于木，非独小也。

远近临正鉴，景寡，貌能白黑。远近柂正。异于光鉴。景当俱就，去亦[4]当俱……鉴中之内[5]，鉴者近中，则所鉴大，景亦大。远中，则所鉴小，景亦小，而必正。起于中缘正而长其直也。中之外，鉴者近中，则所鉴大，景亦大，远中，则所鉴小，景亦小，而必易。合于中而长其直也。鉴鉴者近，则所鉴大。景亦大，其远，所鉴小，景亦小，而必正。景过正故招。"

注

[1]景：影。光照影亡。人在光下所以有影子，光来影亡，所以叫二光夹一光。

[2]烛，照见。烛人，照见人。日光照见人，所以人的影子在日与人之间。

[3]木柂，柂音斜，木斜则影大，木正，则影长而小。

[4]亦：亦为亦字。

[5]鉴中之内：鉴，鑑，镜，如照镜子。中指在一个确定的适中的范围的适中点上。靠近这个适中点，照出来的影子就大，远于这个适中点照出来的影子就小。在这个适中点的范围之外，靠近它，远离它的情形同样。在这适中点范围内的情形也同样。

墨子这一光学理论，正是今日的照相理论。在春秋时代就出现这种理论，是超前的。它不仅对古人有启发，对当代的照相技术、通信技术、投影技术、外太空技术的发展，也同样具有积极意义。我国墨子卫星光电子通信技术的发展就受到过墨子理论的影响。有人说中国偷他们国家的先进技术，看了这个故事即明白中国先进技术的来龙去脉。小人总是无知的。

九、春秋问鼎的传说

《墨子·耕柱》[1]第十一卷记载:"昔者夏后开,使蜚廉采金于山川,而陶铸之于昆吾[2],是使翁难乙卜于白若之龟,曰:鼎成三足而方,不炊而自烹,不举而自臧[3],不迁而自行[4],以祭于昆吾之墟,上乡。乙又言兆之由,曰:飨矣,逢逢白云,一南一北,一西一东。九鼎既成,迁于三国。夏后氏失之,殷人受之。殷人失之,周人受之。夏后殷周之相受也,数百岁矣。"

注

[1]见《墨子》,上海古籍出版社,第92—93页。
[2]昆吾:据地志说古昆吾故城在河南濮阳县西三十里。翁难乙,巫人。
[3]臧:藏。
[4]自行:九鼎成后,成了神物,它"不炊而自烹,不举而自臧,不迁而自行",说明它是一个神器,有神性。

禹铸鼎之事,《史记》《竹书纪年》未见记载,这里记载的最为详细。文中谈到了铸鼎有几件事:

第一,不是禹铸鼎,也不是启铸鼎,而是启的臣蜚廉使人铸的。
第二,蜚廉其人,缺少记载,不很清楚。铸鼎的地点在昆吾之山,即今河南濮阳县西。
第三,鼎的形状为三足,方形。
第四,鼎的特性,具有神性。它可以"不炊而自烹,不举而自臧,不迁而自行"。由于是神器,它可以自己跑掉。也就是说作为神的九鼎并不存在,它只是一种令人振奋的传说。

春秋问鼎解说

鼎是祭器、礼器、神器,是国家社稷的象征,也是国家兴亡等重大事件的最重要的记录和最高仪典器物。神圣，不可随意探听其虚实。因此，"鼎之轻重，未可问也"。

传说周武王克商，迁九鼎于雒（洛）邑，楚王攻打陆浑戎人，到了洛水，在周国边境上炫耀武力，周定王反而派人慰问楚王，这件事发生在鲁宣公三年，公元前606年。周定王使王孙满劳楚子。楚子问鼎之大小轻重。王孙满告诉他说："在德不在鼎。昔夏之方有德焉，远方图物，贡金九牧，铸鼎象物，百物而为之备，使民知神奸（指魑魅魍魉大精怪），故民入川泽山林，不逢不若。魑魅魍魉，莫能逢之。用能协于上下，以承天休。桀有昏德，鼎迁于商，载祀六百。商纣暴虐，鼎迁于周。德之休明，虽小，重也。其奸回昏乱，虽大，轻也。天祚明德，有所厎止。成王定鼎于郏鄏，卜世三十，卜年七百，天所命也。周德虽衰，天命未改，鼎之轻重，未可问也。"在这里，鼎成了国家命运的象征。而国家的命运是由上天主宰的，所以不能"问鼎"。问鼎代表着要夺国家权力。

传说禹铸九鼎。这九鼎一直传到了周。后来到哪儿去了，不清楚。

由于上述原因，到春秋时代许多国家都铸鼎，以铭记自己的功德，企盼它传至千秋万代。

在《左传》中我们看到了以下几种鼎的记载。

1. 郜鼎

鲁桓公二年，前710年夏四月九日鲁桓公取郜大鼎于宋。戊申，纳于大庙。郜（gào），国名，姬姓，都北郜城，在今山东成武县东南。鼎为郜所铸，故称郜鼎。太庙，指周公庙。

2. 大盂鼎

大盂鼎详情不知。据介绍现存大盂鼎于清道光初年在陕西岐山礼村出土。为岐山商绅宋金鉴购得，后转到左宗棠手里。咸丰九年（公元1859年）左氏被谗言伤害，议罪。侍读学士潘祖荫上书咸丰，力保左宗棠，才得脱。潘祖荫是金石收藏家，左宗棠以大盂鼎相赠。这大盂鼎的铸造年代、方国、重量、形态，不清楚。

3. 大克鼎

大克鼎出土于陕西扶风法门寺任村，出土后被天津商人柯劭忞买下。潘祖荫从柯氏手中购得，成为大克鼎主人。

潘祖荫，咸丰二年，公元1852年，壬子殿试探花。时年23岁。后任清工部尚书，军机大臣，精于金石、书画，购得两鼎，藏于苏州家里。日本侵华时逼他交出，7次抄家未得，一直保存到新中国成立后交给国家。

4. 寿梦鼎

鲁襄公十九年，公元前554年。"晋侯使人贿荀偃束锦加璧、乘马、先吴寿梦之鼎"。寿梦之鼎为吴王寿梦所铸之鼎。束锦即今十端锦，每端两丈，二端一匹，共五匹。

5. 谗鼎

《春秋左传新注》第776页记载："晋侯有间（病愈），鲁昭公赐莒之二方鼎，即莒贡之四足鼎。"

6. 晋刑鼎

《春秋左传·昭公二十九年》记载："冬，晋赵鞅、荀寅帅师汝滨（陆浑），遂赋晋国一鼓铁，以铸刑鼎，著范宣子所为刑书焉。"鼓，古时480个字为一鼓。范宣子即范匄。刑书，即把法律条文铸在鼎上。

7. 遂公盨

遂公盨是西周中期用来盛黍稷的礼器。现保存于北京保利艺术博物馆。传说得自于河南窖藏。盨上有10行字，前9行每行10字，末一行8字。共98字。内容是记载大禹治水的故事。其文字为：

　　天命禹敷土，随山浚川，乃差
　　地设征，降民监德，乃自作配乡（享）
　　民，成父母。生我王作臣，厥沬（贵）
　　唯德，民好明德，寡（顾）在天下。用
　　厥邵（绍）好，益干（?）懿德，康亡不
　　懋。孝友，訏明经齐，好祀无（废）。
　　心好德，婚媾亦唯协。无厘用考，神
　　复用祓禄，永御于宁。遂公曰：民
　　唯克用兹德，亡诲（侮）。

遂同燧，遂国，在今山东宁阳西北。传为虞舜之后。鲁庄公十三年，公元前

681年,为齐所灭。作盨者是遂君。大禹治水的内容和《尚书·禹贡》意思相同。这也是大禹治水见于记载的最早文字。

综合上述可见:铸造青铜鼎,在春秋时候已很普遍;特别值得注意的是从盨公鼎的锈迹看,可能是春秋时代的大铁鼎。这说明在春秋时代冶铁已出现。除上述记载外,还有很多,如卫文公之舒鼎、毛公鼎,楚鼎等,研究专家们将鼎分为装牲用的牢鼎(即升鼎),调羹用的羹鼎,煮牲用的镬鼎三大类型。在我们日常生活中除了祭祀外,大量的是生活用鼎,即老百姓说的鼎锅。从形态上,大体上可分以下几类:一种是无盖鼎,一种是平底大鼎(列鼎),一种是矮足鼎,一种是高足鼎,一种是有盖鼎。在乡下用得最多的是烧水煮饭用的小铁鼎。敞口大鼎多为庙里烧香焚纸用鼎。换一句话说,鼎除了记功德、祀天地鬼神、述民族历史、铸刑法条文外,还有许多实用价值,如储物、烹饪之类。禹鼎今未见,春秋宝鼎屡见不鲜。应当说铸鼎铭刑是春秋时代的一大发明创造。

十、春秋时期的厚葬之风

《墨子·节用第二十一》记载：王公大人有丧者，曰棺椁必重，葬埋必厚，衣衾必多，文绣必繁，丘陇必巨，存乎匹夫贱人死者，殆竭家室。乎诸侯死者，虚车府，金玉珠玑比乎身，纶组节约，车马藏乎圹。又必多为屋幕，齿革，寝而埋之。天子杀殉，众者数百，寡者数十。将军大夫杀殉，众者数十，寡者数人。处丧之法将奈何哉？以此共三年。

注

春秋厚葬之风盛行，已是一种习俗，非某一人而兴而亡。其特点是：

（一）厚葬。不仅有考究的棺椁、衣衾、车马金玉、鼎鼓、壶滥（冰水）戈剑、齿革，而且还殉狗殉人，其数量可以多至数百。这是很惊人的。

（二）久丧。在丧祭仪式方面也有明确的规定。如果说厚葬求富，那么久丧则显哀。春秋对君死丧期3年，父母死丧3年，妻与后子死丧3年，伯叔兄弟姑姊甥舅死，丧期至少数月半年一年。人活不成，又死不起，久丧必穷。

厚葬者为政，国必贫，政必乱，人必寡。所以墨子十分反对厚葬，他认为"今国家百姓之不治也，自古及今，未尝之有也"，原因之一，正在于厚葬之风盛行。这一点也为当今的考古发掘的大量事实所证明。

（三）从春秋至今已有二千六七百年了，厚葬遗俗仍存。政府一禁再禁，也禁不绝，止不了，可见其贻害之深。一方面除厚葬与显富求富的心理有关外，另一方面也与厚葬求荣有关。认为厚葬显孝道，有面子。2000多年来历朝历代的帝王死了，很少不厚葬的。儿子厚葬老子，觉得对得起他，在思想上感情上，还了债，自己再穷也安心了。由于上述种种思想作祟，所以才出现了厚葬难禁，千古难改。

十一、春秋时期的邮亭传令与火攻得失

邮，指传邮，即信息的传递。这种信息传递，由专门机构完成。现代社会有邮局，春秋时代有邮亭。若干邮亭之间，举烽火，击鼓为号将敌情和攻守情况传递出去。这一点《墨子》中有记载。《墨子·襍守第七十一》，讲御知敌之道。其中一法即邮亭传令。前面一章"号令"，要求所有人要"从麾所指"，夜以火攻。在"离城廓百步之内，墙垣、树木，大小尽伐尽除"，"木不能尽内，既烧之，无令客得而用之"。在《襍守第七十一》里，要求筑邮亭进行防守。规定"邮亭圌之，高三丈以上，令侍杀，为辟梯"。亭上有鼓，便于传火以应之。用火五举，以报敌情。用火一举，五鼓传之的方式进行敌情传递。举一烽，告知敌人已入境；举二烽，射妻（女墙）。防守者都要站在位于城垣的女墙（矮墙）旁边；举三烽，传蓝（南）郭令，说明敌人更近了；举四烽，为二蓝城令，告诉敌已至面前；举五烽，举火攻杀。

注

烽（fēng）：烽火，古时边防报警点的烟火。敌人夜里来犯的远近，人数多寡，均以火显示，并配以鼓声示缓急。这个传令点即称邮亭。它的任务是传令，报警，不同于火攻。火攻的方式通常是：

（一）缚柱施火。即在一个长竹竿或长柱上缚上火把烧城。

（二）穿丌冗：丌（jī），表示高竿突出上面平整的地方；冗（rǒng），长，冗杂。为防止敌人来侵，将城门附近的小丘或高出地面的地方铲平，将上面的树木砍光。并布下柴草，准备柴搏。即在柴堆里安装弩箭、筒格、转射机、辒等器械以准备迎敌。

（三）城上攒火。根据城的高低，把火绑在长竿上攒在士兵的手里，等着敌人的到来。

（四）以鼓与牛皮囊，藏于内外。听令以柴为燔。

（五）施火人，三丈一火，十步一人，持弩居柴内。

（六）二十步一宊，宊高十尺。宊中如与敌人遇，打了起来，敌败勿逐，敌胜勿忧，引敌助炉火之燃。

（七）城上有悬火，可以扔出去。规定四尺一椅，五步一灶。

（八）进攻时，可用车火。两车之间一火，士兵皆立而待之，听鼓燃火。鼓响用车火烧，门，悬火同下，使敌大哭而去。

（九）鼓无休，火无休。

（十）施火时，前后左右要相传保火，攻时以火指鼓听，败时以火自燔。

以上就是春秋时以火攻守的大略轮廓。实行火攻，在尧舜禹夏商周时未见有类似的火攻记录。在《墨子》"备突"第二十一"备穴"第六十二等篇章中记述得很清楚。可以说用"火攻"是春秋的一大发明。

同时，也使我们看到火攻的恶果是大量砍伐树木，严重破坏了生态，黄河水由白变黄，不能说和春秋的火攻无关。

第三章
春秋故事辑录

序

大漢和辭典

汇集到这里的故事有130余例。它们各自独立，互不相连，难以列类。

这些故事大多是从《春秋·左传》中摘出来的。有许多故事是我们很熟悉的，它已融入了民间习俗，诸如"介子推与端午节的习俗""庆父不死，鲁难未已""哭穷""师旷""投壶""哭日食"等。有的反映的是古代的历史，如"城濮之战""楚涉五难""专诸刺王僚""吴楚之争""堕三都"；有的故事主角是中国人家喻户晓的传说中的历史人物，如太皞、烛之武、周公、孙叔敖、鲧、禹、赵鞅、孔子、伍举、伍员、晏子、傅说等；有些故事已成为广为流传的成语，如唇亡齿寒、退避三舍、结草为报、酬酢八反、日食三从、吹籥而舞、雄鸡断尾、尚贤使能、投桃报李等；有不少是反映春秋时期的田争和土地兼并的；还有不少反映了社会和科学的进步，如字入北斗、龙尾伏辰、驿站传邮、春秋乐制、天火、藏冰、竹刑等。大多反映古人生活和历史的故事，不仅有故事性和思想性，还具有一定的史料价值和科学价值。

1. 以泰山之祊易许田

隐公八年，郑伯请释（放弃）泰山之祀，而祀周公。以泰山之祊[1]易许田。三月，郑伯使宛来归祊，不祀泰山也。鲁桓公[2]许之。易田事成，而与鲁盟于越。

注

[1] 泰山之祊（bēng）：指山东中南部的祊河，它是沂河支流。

[2] 鲁桓公于公元前711—前694年为桓公。他是鲁惠公之子。因辟土服远有功谥曰桓，称桓公。桓公是周宣王母弟，周赐以祊，以感谢他助天子祀泰山提供的帮助。

解说

这是迄今见到的比较早有关土地争夺的记载。说明土地兼并之争在春秋时期就已存在了。

2. 楚郧之战

楚司马莫敖屈瑕（xiá）将与贰国、轸国结盟，郧国人不高兴，军于蒲骚，合谋伐楚。莫敖听了后有些害怕。这时有个叫斗廉的人站出来说："别怕，郧人军于城郊，少戒心，他们一天到晚都在等待随、绞、州、蓼四国军队的到来。我们不如先打郧，打败了郧，其他人就不敢来了。"

莫敖说："那我们请师于周王，请他们支援。"

斗廉说："师克在和，不在众。武王伐纣革车三百，虎贲三千，而纣有亿兆夷人。何必要多呢？"

莫敖曰："卜之。"

斗廉说："卜是用来决疑的。不疑何卜？"

于是就决定先打郧。师于郊，郧师败于蒲骚，打败郧以后与贰、轸等小国结盟而还。

3. 郑厉公之立

鲁桓公六年，郑公子忽（昭公）败北戎。齐人妻之，郑昭公辞。祭公对昭公说："你就娶了吧，别献给郑君庄公了，他的妻妾很多，生了很多儿子，子突、子亹、子仪将来他们都有可能为君。而你又没有外援，不立，恐不利。昭公不听。"

夏天，郑庄公卒。祭仲因有宠于庄公，被任命为卿，为庄公娶了邓曼，生了郑昭公。故祭仲立他为君。而郑庄公的另一个妃子是宋雍氏之女，名雍姞，她生了郑厉公。雍氏有宠于宋庄公，诱祭仲而执之曰："不立突，将死。"同时亦执厉公而求赂焉。因此祭仲与宋人盟，以厉公归而立之。

4. 楚将莫敖

莫敖是楚国的名将。鲁桓公十三年春，楚屈瑕（莫敖）伐罗，临行时斗伯为莫敖送行，回转时斗伯对御车者说："此去，莫敖必败。因他举趾高，心不固。"因此斗伯见到了楚王，要求一定要增派军队支援他。楚武王不听。他回家时对妻子邓曼说了这事。邓曼是邓国君之女，为楚武王妻。邓曼听了之后说："那些大夫不是一般的群氓之议，非言之多寡，而是讲君臣之德威。"

莫敖因桓公十一年蒲骚之役的胜利而自以为是，轻视小国罗。楚王召集大臣们，告诫他们要以德为先。见莫敖告之以天命。楚子使赖国人至随州追莫敖，不及。莫敖令人宣布说："有敢谏阻者，刑！"

在渡鄢水时，部队秩序混乱，"乱次以济，且不设防"，到了小国罗地后遭罗国和南蛮小国卢戎的夹击，大败莫敖之师。莫敖逃于荒谷自缢而死。其余人到冶父听候楚王处理。楚王自责说："孤之罪也！"遂免众人之罪。

5. 文姜

鲁桓公娶齐女文姜为妻，文姜却与齐君私通。文姜嫁于鲁桓公后生了一个儿子，即鲁庄公。鲁庄公元年，公元前693年，鲁人责备她。她就躲到了齐国去了。她的儿子鲁庄公即位。她回来了一下，又跑了。鲁庄公因父死，母不在，不忍行即位之礼。所以《春秋经》不载鲁庄公即位之事。文姜再度奔齐，也不称其为鲁夫人，而称之为齐女。鲁桓公死了，她来奔丧，鲁国人不愿让她进城，把她关在城外。

6. 齐乱无君

鲁庄公八年，公元前686年，齐襄公指使连称和管至父二位齐大夫守卫葵丘。葵丘在古临淄西边。齐襄公和二位将军约定，让他们在那里驻守一年。今年瓜熟时去，明年瓜熟时还。可是到了明年瓜熟时未见襄公派人来换岗。故二位守戍之将谋作乱。连称有个妹妹在宫里无宠，便问齐襄公。十二月齐侯游于姑棼，在贝丘田猎，见大野猪，从者大呼"这是公子彭生"。襄公听了很恼火，要彭生现，命射之。大野猪人立而呼。襄公惧，坠于车下，伤了脚，丢了鞋，归后生气而打侍者费，打得他遍体鳞伤，逃奔出走，出城门又遇强盗，劫而束之，费问：

"为什么要绑我?"他示之背,见伤方信,让其入城伏于其床下,杀孟阳于床,死于门中,见公之足于户下,遂弑之,遂立无知为君。所以襄公无知不肯称君。故齐内乱无君。

7. 周惠王夺田

庄王之妾,姓姚,名王姚。生子颓。有宠。周大夫芮(ruì)国,庄王之孙,僖王之子,即惠王阆。惠王即位,取蔿国之圃为囿。王取旁边的边伯之宫,又夺子禽、祝跪、詹父之田。"又改膳夫之秩",故蔿国、边伯、石速、詹父、子禽、祝跪因苏氏作乱(隐公十一年桓王夺苏氏十二邑与郑)。秋,五大夫奉子颓令伐王,不克,出奔温[1]。苏子奉颓奔卫,卫师燕[2]师伐周。冬,立子颓[3]。

注

[1] 温:苏氏邑,地在今河南温县西南。
[2] 燕:指南燕,其地在今河南卫辉县。
[3] 立子颓:周庄王子,周惠王之叔。

解说

其时王城：王都城，在今河南洛阳西。成王时建洛邑。谓之王城。为周之东都。周平王时自镐迁都洛阳，称王城。周朝后期之事大多发生在这里。本文中的周庄王名佗，于公元前696—前682年在位。先后在位15年。继其位的是周釐王胡齐（公元前681—前677年），然后才是其孙周惠王阆（公元前676—前652年）。

8. 哀姜

哀姜是庄公的夫人。鲁庄公二十四年，公元前670年，夏，鲁庄公至齐迎夫人。秋，哀姜至鲁。哀公使宗妇觌[1]，用币[2]，男女同贽[3]，非礼也。

注

[1] 觌（dí）：见面。春秋时，男女之礼是国之大节，由"宗妇觌"乱之，所以整个都乱了起来。

[2] 币：指礼物，如玉帛之类。

[3] 贽（zhì）：古时初次见面时所送的礼物。春秋时男女礼物有别，无

别，所以违礼。不仅男女有别，公侯伯子男也有很大的差别。公侯伯子男执玉，太保执帛，卿执羔，士大夫执雁，等级不同，送礼的对象、礼物也有差别。

9. 晋乱

晋献公诡诸是晋武公的儿子。他娶了贾国的女子为妻，没生儿子。后与晋武公之妾通奸，生了秦穆公的夫人（太子申生的姐姐）和太子申生。后来又娶戎二女为妾。大戎狐姬生重耳，小戎生晋惠公夷吾。晋伐骊戎，骊戎以女妻之，生奚齐，其妹生卓子。骊姬欲立其子，赂外嬖梁五与东关嬖五，使言于献公，曰："曲沃，君之宗也；蒲与二屈，君之疆也，不可以无主。宗邑无主，则民不威，疆场无主，则启戎心。戎之生心，民慢其政，国之患也。若使太子主曲沃，而重耳、夷吾主蒲与屈，则可以威民而惧戎，以彰君伐之功。晋献悦之。"夏，使太子居曲沃，重耳居蒲城，夷吾居屈。群公子皆鄙，发于边鄙。唯骊姬与其妹所生的儿子留在都城绛。梁五与东关嬖五与骊姬谮群公子而立奚齐，从而引发了晋国的大乱。申生、夷吾、奚齐、卓子均先后在动乱中死去。

10. 有神降于莘

鲁庄三十二年，公元前 662 年，秋，七月，传说有神降于河南三门峡虢境莘地。不知何故？周内史在回答周惠王问时说："这是因为国之将兴，所以有明神降之，以监视其德。如果将亡，神又降之，以观其恶。故得神以兴，亦或降神以亡。"

王曰："若之何？"

对曰："以其物享焉。其至之日，亦其物也。"

王从之。

内史过往，闻虢请命，反曰："虢必亡矣，虐而听于神。"

神居莘六月。

韦昭注曰：物，数也。指神所降之日，亦指祭祀数量。听于神，即求福于神。

虢公使祝应、宗区、史嚚享焉。神赐之土田。史嚚曰："虢其亡乎！吾闻之：国将兴，听于民，国将亡，听于神。神，聪明正直而壹者也（壹，专一）。依人而行。虢多凉德（恶德），其何土之能得？"

11. 鲁乱[1]

起初，鲁庄公筑台，大夫临党氏从之，拒绝为之筑台。但鲁庄公许之，仍十分信任他，并与之歃血为盟。鲁庄公有3个兄弟。一个叫庆父，一个叫叔牙，一个叫季友。庄公的儿子叫子般，子般还有一个妹妹。

有一天祭天求雨，春秋时常有天旱，老百姓都跟从祭天求雨，那时称这种求雨仪式为雩祭，场面凄惨，哀号不绝于耳。庄公之女观之。有牧马人名荦（luò，明显），在墙外偷看而戏之。这事被子般发现，把他鞭打了一顿。

庄公知道后说："这样打，还不如把他杀了。"那牧人荦力气很大，能把鲁城稷下的一扇城门拎起来扔到门外头去，打也没用。

没多久鲁庄公生病了，问叔牙这个人的情况。叔牙告诉他"这个人有庆父之才"，又问季友，这个人的情况，季友告诉他"臣以死奉般"。庄公说："叔牙讲他有庆父之才，我是问你这个……"话没说完就说不出来了。季友使以君命命僖叔待鲁大夫鍼（zhēn 针）巫氏，使鍼巫氏鸩之曰："饮此，则有后于鲁国。不然死且无后。"鍼氏饮之，归之，至逵泉而亡。其后叔孙氏继立。

八月，鲁庄公薨于路寝，子般即王位于党氏。

冬十月己未，庆父使牧马人荦杀子般于党氏。季友奔陈。庆父立庄公庶子启方（只有8岁）为君。[1]

> 注

[1] 见赵生群注，《春秋左传新注》，陕西人民出版社，第 137—138 页。

12. 庆父不死，鲁难未已

庆父名共仲，是鲁庄公的庶兄。他与哀姜私通。庄公死后，其子般继位。庆父派人杀死子般，图谋自立为君。闵公元年子般被杀，闵公继位。管敬仲言于齐侯曰："戎狄豺狼，不可厌也。诸夏亲暱（nì，亲密），不可弃也。宴安鸩毒，不可怀也。"秋，仲孙归，对闵公曰："不去庆父，鲁难未已。"

闵公曰："若之何而去之？"

对曰："难不已，将自毙，君其待之！"

公曰："鲁可取乎？"

对曰："不可。犹秉周礼。周礼所以本也。不弃周礼未可动也。君其务宁鲁难而亲之。亲有礼，因重固，间携贰，覆昏乱，霸王之器也。"

公元前 660 年 8 月（鲁闵公二年），庆父使卜齮杀闵公于庙门。庆父奔莒，乃入，立之。以赂求庆父于莒，莒人归之。及密，使公子鱼请，不许。哭而往，庆父曰："奚斯之声也。"乃缢。

叔姜是哀姜之妹，闵公是其子，庆父是其叔。庆父与哀姜通，哀姜欲立之，闵公死，哀姜是知道的。

13. 宣姜淫乱

卫宣公的儿子有两个系统。一个系统是卫惠公，惠公子卫懿公；一个系统是齐子、戴公申、文公燬、宋襄公之母宋桓夫人、许穆夫人等。所以，《左传·闵公二年》记载："初，惠公之即位也少，齐人使昭伯烝于宣姜。不可。强之。"

惠公，指卫惠公。卫惠公名朔，卫宣公之子，懿公之父。惠公即位时年少，约十五六岁，即位时齐国派了公子颓前来祝贺。颓即昭伯，他是卫宣公之子，惠公的兄弟。宣姜，齐女，惠公之母，卫宣公的夫人。昭伯与之私通。由于昭伯不愿意，宣姜强迫他（自己的儿子）与她发生性关系，生齐子、戴公申、文公燬和宋桓公夫人许穆公夫人等。文公担心卫内乱，逃到了齐国。卫乱之后，宋桓公派人到黄河边接宋桓公夫人，随行男女有 730 多人。跟随的卫国男女有 5000 多人。他们拥立戴公申为申公。申在今河南滑县的白马故城安家立国。不久申公死了。他死后许穆公夫人为之赋《载驰》（《诗·风》），齐桓公亦派公子无亏帅车 300 乘、甲士 3000 为之吊唁，卫馈送桓公乘马、祭服 5 套和牛、羊、猪、鸡、狗 300 只，还有一些建筑材料，齐桓公的夫人送了鱼皮装饰的车子和 30 匹重锦。

14. 唇亡齿寒

鲁僖公二年，公元前658年。晋荀息请以屈产之乘，垂棘之璧假道于虞，以伐虢[1]。伐鄍三门。这时虢公败戎于桑田。虞君不听谏，贪财假道。晋卜偃知道后说“虢必亡矣”，人们说虢亡虞亦必亡。晋僖公十年冬十二月丙子朔，晋灭虢。虢公丑奔京师。晋师还，馆于虞。遂袭虞。灭之。执虞公及其大夫井伯，从媵秦穆姬。其时鹑火[2]晨见于南中天，诗云：“均服（戎服）振振，取虢之旂。鹑火贲贲，天策焞焞，火中成军，虢公其奔。”说的就是这件事。这就是唇亡齿寒这个故事的本原。

注

[1] 虢（guó），位于今河南三门峡市，在三门峡之南岸。虢国分为北虢与西虢。周文王封其弟仲于西虢。西虢在今宝鸡附近。北虢，或称东虢，在今三门峡市东北。

[2] 鹑火：虢公败戎于桑田。诗云：“均服振振，取虢之旂。鹑火贲贲，天策焞焞。火中成军，虢公其奔。”鹑，指南七宿，故称鸟星的贲贲（bēn）如鹑鸟飞奔。天策，指天策星，是箕尾之间的小星。焞焞（tūn），星光暗淡。火中，指鹑火晨见于南中天，军事就取得胜利。

晋借道于虞之后，先消灭东虢（北虢），后又回头消灭了借道于它的虞国。虞虢关系被人们喻为唇齿关系。唇亡而齿寒。

15. 苞茅之贡

楚成王时忘了向周室进贡苞茅受到了齐人的批评。齐人讲，周文王曾对吕太公说：“五侯九伯汝实征之，以辅周室。”这是赐给吕尚的一方尚方宝剑，无论五侯，还是九伯，只要危害周室的，为辅佐周室，皆有权征伐之。吕尚这么做了。所以到西周时，周室的领土面积扩大了很多。东至于海，西至于河，南至于稜陵，北至于无棣。闲话中，话锋一转就批出：“尔贡苞茅不入，王祭不共，无以缩酒，寡人是征。昭王南征而不复，寡人是问。”

楚王对曰：“贡之不入，寡君之罪也，敢不共给。昭王南征而不复，君其问诸水滨。”师进，次于陉。楚王即令进贡苞茅之赋。

16. 视朔观台

古时候，天子诸侯每月朔日都要祭告祖先，祀于祖庙，受朔政，然后再理政

事。天子每年冬季末日，以明年朔政之名封赐诸侯。诸侯受之藏于祖庙。这种听政方式谓视朔。

祖庙的背后都有一个高台，高台上筑屋，可以望远，借以瞭望气象。王者"祭台而书，礼也"。凡分至启闭，即春分、秋分、夏至、冬至，立春立夏为启，立秋立冬为闭，合称二分二至。它们都是古时历数之始，用以观云物，察灾变，备吉凶，不用说，它是时代的一大进步的标志。可是鲁君却不能常修此礼，故《春秋》加以抨击。

17. 龙尾伏辰，斗穀於菟

龙指二十八宿中的东方七宿。尾指东方七宿中的尾宿。辰也是七宿之一。龙尾伏辰的意思指的是太阳运行至尾宿时，尾宿的光芒为太阳的光芒所掩盖，而隐没不见。

斗穀於菟，为平王时楚令尹子文名。斗是氏。斗伯比之妾生子文。斗夫人弃子于云梦。云梦的老虎没有吃这个孩子，反而以乳哺育之。乳即穀（gǔ），虎名於菟（wū tú），所以名之为斗穀於菟。斗穀於菟成人后果有出息，成为楚国平王时的令尹。斗穀於菟是楚将军的名字，它与天文或传说并无直接关系。

18. 皮之不存，毛将焉附

鲁僖公十三年，公元前647年。秋。晋大旱。雩祭，求雨，不得。冬，晋饥荒，使乞籴于秦。秦伯谓子桑："与诸乎？"

对曰："重施而报，君将何求？重施而不报，其民必携（离）。携而讨焉，无众必败。"

秦伯又对百里奚说："与诸乎？"

百里奚说："天灾流行，国家代有（大家都会有）。救灾恤邻，道也。行道有福。"

邳郑之子邳豹在秦，建议秦伯伐晋。秦伯说："其君是恶，其民何罪？"秦于是乎输粟于晋。秦自首都雍（今陕西凤翔县），至晋国首都绛（今山西翼城县）秦国的运粮船队沿黄河至汾水奔流东进，泛舟千里，络绎不绝，史称"泛舟之役"。

第二年，鲁僖公十四年，公元前646年。冬，秦旱，饥荒，秦遣使乞籴于晋。晋人弗与。庆郑曰："背施何以守国？"虢虎曰："皮之不存，毛将焉附。"

庆郑曰："弃信背邻，患孰恤之？无信，患作；失授，必毙。是则然矣。"

庆郑曰："背施，幸灾（幸灾乐祸），民所弃也。近犹仇之，况怨敌乎？"弗听。退曰："君其悔是哉！"晋夷吾是一个不守信的人。僖公九年时在秦流亡，穆公以贾君为申生次妃。且答应尽纳群公子，即纳为晋武公，晋侯许赂中大夫里克、丕郑，又许秦伯以河外，即黄河自龙门至华阴一段列城五，内及山西的解梁城。可是晋却屡屡食言不仅不给城，不给粮，还与贾君通奸。秦伯忍无可忍，不得不举兵伐晋。行前，卜卦问吉。于是涉河进三败晋君及韩原。

九月十三日战于韩原。晋戎马匹陷泥泞而止，虢虎迎秦师奔秦伯，将获，这时丕豹奔来相助，擒获负心的晋侯而归，为自己出了一口恶气。秦获晋侯将杀之，穆姬闻之，与太子罃（yīng，长颈瓶），女儿简璧登灵台履新丧服相迎，且告秦伯曰："上天降灾，使我两君匪以玉帛相见，而以兴戎。若晋君朝以入，则婢子夕以死；夕以入，则早以死。唯君裁之！"在这样的胁迫下，秦穆公不得不舍诸灵台。秦大夫闻之，入，怕事情闹大，建议将晋侯放了，条件是晋许以平，两国相好。秦穆公不得已将晋夷吾放了。派兵押回晋国。在失望之余，他再把希望寄托在公子重耳身上，竭力扶重耳入国，逼夷吾出走而杀之。

19. 齐乱

齐侯有夫人三，曰王姬、徐嬴、蔡姬。皆无子。因齐侯好内，有内嬖如夫人者六人。他们都生了一大堆儿子，桓公死，争立，乱由是而起。

长卫姬　生武孟，即公子无亏。
少卫姬　生惠公，即公子元。
郑姬　生孝公，即公子昭。
葛嬴　生昭公，即公子潘。
密姬　生懿公，即公子商人。
宋子华　生公子雍，即宋华氏女，子姓。

无亏、子元、子昭、子潘、商人兄弟争立，把好端端的齐国搞得天下大乱，鸡犬不宁。

开始时，齐侯与管仲嘱孝公于宋襄公，许以为太子。雍巫易牙有宠于卫共姬，以进献珍宝于齐桓公的手段，许桓公立武孟。

冬，十月乙亥日齐桓公死，管仲也先死，易牙入与寺人貂杀群吏，立公子无亏，孝公奔宋。鲁僖公十八年，公元前642年春，宋、曹、卫、邾伐齐，立孝公为齐君，五月，宋齐大战。这时狄人收兵救齐。本定于秋八月丁亥葬齐桓公的。因战乱，无法下葬，一直拖到十一月才落葬。据传落葬时桓公的尸体已腐烂，蛆虫都爬到门外了。虽然如此，战事依旧如火如荼地进行着。

鲁僖公十八年春，宋襄公率诸侯伐齐，三月，齐人杀无亏，立孝公。因不胜四公子之徒的干扰，齐遂与宋人战，夏五月，宋败齐师于甗，立孝公而还。

20. 人祭

传说睢水有妖神，东夷人信之，立祠祭祀。宋襄公让邾文公杀掉鄫国的国君祭祀土地神。司马子鱼反对说："古者六畜不相为用，小事不用大牲，而况敢用人乎？祭祀以为人也。民，神之主也。用人，其谁飨之？"

僖公二十一年，公元前639年，夏大旱，公欲焚巫，尪（wāng）、畸胸人以祭。臧文仲反对说："非旱备矣，修城郭、贬食、省用、务穑、劝分，此其务也。巫、尪何为？天欲杀之，则如勿生。若能为旱，焚之益甚。"公从之，遂止。是岁也，饥而不伤民。这是一则反映民生思想的故事，阻止了人祭的旧俗。

21. 太皞的传说

鲁僖公二十一年有一则关于太皞的传说。任、宿、须句、颛臾，风姓也，实司太皞与有济之祀，以服事诸夏。邾人灭须句。须句子来奔，因成风也。成风为之言于公曰："崇明祀，保小寡，周礼也。"

22. 泓水之战[1]

时间：鲁僖公二十二年，公元前638年。冬，十有一月己巳朔。

地点：泓水边。

对象：宋、楚。

事因：楚人伐宋以救郑。

宋公将战，大司马固谏曰："天之弃商久矣，君将兴之，弗可赦也已。"弗听。

冬十一月己巳朔，宋公及楚人战于泓。宋人既成列，楚人未既济。司马曰："彼众我寡，及其未既济也，请击之。"公曰："不可。"

既济而未成列，又以告。公曰："未可。"

既陈而后击之，宋师败绩[2]。公伤股，门官歼焉。

国人皆咎公[3]。公曰："君子不重伤，不禽（擒）二毛。古之为军也，不以阻隘也。寡人虽亡国之余，不鼓不成列。"[4]

注

[1]泓水之战的背景。宋是商的后代，所以大司马说："天之弃商久矣。"意思是别打，打必败。不听。打仗的地点在泓水边上。泓水在何处，不清楚。应在楚东北与宋交界之处如济水、泗水一带。济，渡。既渡，已渡河。

[2]败绩：大败。

[3]咎公：怪罪宋公。

[4]不鼓不成列：战争是残酷的，不讲仁义的，以"仁义"为战，必败。这是宋败于楚的根本原因。

23. 退避三舍

鲁僖公二十三年，公元前637年。晋献公之子因晋献妻骊姬之乱，奔蒲。蒲在今山西蒲城县。重耳因母亲是晋献公在对狄战争中掳掠的狄女，故奔狄。晋献公听骊姬之言，派人伐蒲城，蒲城欲抵抗，重耳不允。从此，便开始了长时间的流亡生活。跟从他流浪的，是一批有为的贤大夫，如狐偃、赵衰、颠颉、魏武子、司空季子和介子推等人。

在狄时，狄人送重耳二女。重耳娶季隗生伯儵、叔刘二人。赵衰娶叔刘生赵盾。他们都是日后不可一世的英雄人物。重耳带着一帮人马离开蒲城。临行前，他对妻子说："等我25年，我不来，你就嫁人。"他的妻子说："我等你25年早就死了，骨头都烂了，还改嫁呀，算了吧，还是等你吧。"重耳这才离开了他蹲了12年的故土向东走去。

过卫，卫文公不以礼相待。

出于五鹿，乞食于野人，野人给予一把土，气得公子重耳举鞭要打野人。还是舅犯出来打圆场说:"把土块收起来,真是天赐也,表示你一定会拥有土地。"说完忙跪下向天磕头。重耳一下明白,稽首而受之。

及齐,齐桓公十分同情他,见他身边的才俊皆为不凡之士,以为他一定会有天下,便借此拉关系,也"妻之",赐了几个美女,乘马20匹,招待十分热情,生活十分舒适,弄得重耳只想住下来,在这儿过安逸日子。从者以为不可,便谋于桑下。有桑妾采桑其上,归以告重耳妻齐姜氏。姜氏怕事泄露,坏了大事,把告密的桑妾杀了。姜氏劝重耳行,以图大志,不可苟安。重耳以为不可。姜氏便与舅犯等重谋,他们借宴请之际把重耳灌醉了抬上车,离开了齐国。重耳在马车上受颠簸酒醒,问明原故,气得拎起戈向舅犯戳来,经过舅犯励精图治的一番解说才消了气。

到了曹国,曹国君又不礼貌,听人说重耳有骈胁,肋骨重迭在一起,便趁重耳洗澡,侍女为其挠臂时,在墙外偷看,因暗自发笑,被重耳察觉。

及宋,宋襄公以礼相待,送了他20匹马。

至郑,郑君亦不以礼相待。

过楚,楚子飨之,盛情款待。问重耳:"我现在隆重热情款待你,你将来如何报答我呀?"重耳说:"如我们晋楚两国交战,遇于中原,我一定退避三舍。"(一舍为30里)鲁僖公二十四年正月重耳等人至秦,秦伯纳女五人,并派兵送他回晋国。

十一日与狐偃等晋大夫沉碧于黄河盟誓。

十二日重耳入于晋师。

十六日重耳到了晋国首都曲沃。

十七日重耳朝祖父曲沃武公庙。

十八日重耳杀惠公夷吾子怀公圉于临汾北之高梁。从此登上晋君之宝座。重耳为君之后首先发兵消灭的就是卫、曹、郑这几个无礼而又自大之国。

24. 介子推与端午节

重耳当政之后头一件事就是奖赏从亡者,即跟他一起流亡的有功之臣。介子推不言禄,禄亦弗及。推曰:"献公之子九人,唯君在矣。惠、怀无亲,外内弃之。天未绝晋,必将有主。"关于介子推的事,《春秋·左传》记载的就这么几句话。可在民间却不是这么传的。民间说重耳把介子推忘了。介子推没说话,回到家里对母亲说他要离开她。母亲不明白何故?他把重耳赏功臣一事说了,母亲也很生气,说:"好,好,走吧!走吧!你走我也跟你走!"于是娘俩就一同躲进深山里。重耳因人提起,才想起了介子推,便使人上山找他,满山找遍了,也没找着人。

就下令放火烧山，心想，一烧山他就会如野兽一样跑了出来，谁知山烧过了，也不见人。经过好长时间终于在山上找着了。介子推和他的母亲抱着大树被烧死了。晋文公知道后，伤心不已，下令将发现介子推被烧死的这一天定为介子推纪念日。这一天是五月五日。因五日是五月之端，午为五的谐音，故名之曰端午节。

25. 荡妇之名的来历

鲁僖公二十五年，公元前635年记载了两条材料。一条材料说是年正月，丙午卫侯燬[1]灭邢。夏四月，癸酉，卫侯燬卒。这是有违周朝的礼制的。因为周时的传统是诸侯不灭同姓。有人谴责了这一不礼之事。礼至为铭曰："余掖杀国子，莫余敢止。"故春秋点名谴责卫侯燬。

另一条材料说宋荡国君想娶新妇，派伯姬迎妇。其妇为鲁女，已嫁与宋大夫荡氏为妻，荡伯姬为其子，况使者为女，又越境迎妇，不合于礼。春秋载其事，讥其妇为荡妇，意合淫荡之妇。

注

[1] 燬：huǐ，人名。卫侯名"燬"。

26. 城濮之战

城濮之战的时间发生在鲁僖公二十八年，公元前 632 年。夏四月己巳。

地点：城濮。在今河南省濮阳市与山东省范县交界的地方。四月二日晋侯率宋齐晋秦战于城濮。重耳登上君位后想报复曹卫之时不礼。先假道于卫。卫不肯借道，故绕至卫南向东，以攻击城濮。行军途中听舆人歌之，"原田每每，舍其旧而新是谋"，重耳不知何意，犹豫不决，子犯对他说："这是弃旧图新之意，不碍事，战之必捷，若不捷，外有黄河，内有太行，表里河山，为屏障，无害处。"副帅将军栾贞子也赞成此说。

在楚国这一边有斗勃请战。双方严阵以待，莫敢冒进。因为这是大国之战，性命交关，非同小可。临战时双方都很紧张。晋侯在军中做了一个梦，梦与楚子搏斗，楚子伏己，是以惧。求子犯解梦，子犯说："吉，我得天，楚伏其罪，吾且柔之矣。"听这话晋文公才以车七百乘、兼辎、靷、鞦、鞅齐备之众前行。晋侯登有莘之墟以观晋师，曰："少长有礼，其可用也。"遂伐其木，以益其兵陈于有莘之北。楚国这边也不弱，楚王子已以若敖之卒将中军，曰："今日必无晋矣！"子西将左，子上将右。晋军胥臣蒙马披着虎皮上阵，突然冲陈蔡。陈蔡奔逃，楚右师溃。狐毛设二旆将其击退。这时晋帅栾枝之使舆车曳柴伪作逃遁，楚人追之。原轸、郤溱突然横击，狐毛、狐偃反戈以上军夹攻子西，楚左师又败。楚师因而大败，子玉不得不收其卒而止。

城濮之战结束。四月十二日晋献楚俘于周王，驷介百乘，士兵千人。

城濮之战中写到了伐木交战。这一作战方式破坏了生态，可能是黄河水变黄的原因之一。

27. 烛之武退秦师

鲁僖公二十九晋宋齐陈蔡等谋伐郑。僖公三十年，公元前 630 年 9 月 13 日晋、秦围郑。因以其无礼于晋。晋文公重耳过郑时，郑文公对重耳无礼。重耳即位，郑文公惧，背晋从楚。又二心于楚。晋伐函陵（今河南新郑北）。秦军犯郑地。郑请烛之武见秦君退秦师。夜，烛之武怕人看见，从城墙上吊了一根绳子缒而出，见到了秦伯。烛之武对秦伯说："秦、晋围郑，郑既知亡矣，若亡郑而有益于君，敢以烦执事，越国以鄙远，君知其难也，焉用亡郑以陪邻？邻之厚，君之薄也。若舍郑以为东道主，行李之往来，共其乏困，君亦无所害，且君尝为晋君赐矣，许君焦、瑕，朝济而夕设之，君知之，夫晋，何厌之有？……阙秦以利晋，唯君图之。"秦伯说，乃与郑人盟。郑亦通过在晋之郑人子兰求成于晋，晋许之。

28. 灵柩有声如牛

鲁僖公三十二年，公元前 628 年。冬。晋侯重耳卒。庚辰，十一日，将其灵柩放至曲沃晋宗室所在地。今山西闻喜县东。其灵柩有声如牛。卜偃使大夫拜，曰："君命大事（戎事），将有西师[1]过轶我[2]，击之，必大捷焉。"

注

[1] 西师：指秦师。

[2] 过轶我：过，越过。轶（yì），超过。轶我，指越过我驻地。所以击之必大胜。

29. 置闰的来历

中国农历，古时就有置闰之法。

鲁文公元年，公元前 626 年记载闰三月。传中批评说"闰三月，非礼也"。因为闰月一般都放岁终，不放于岁首。

闰之设是为了正时。要求"履端于始，举正于中，归余于终"。履端于始，序则不愆。举正于中，民则不惑。归余于终，事则不悖。这是自古以来历法的规矩。为什么要有这个规矩呢？这是因为中国古代历法的推算是以冬至为起点的。地球绕太阳一周为一年，共366天。月球绕地球一周为29.25天，为一月。月有大月小月之分。大月30天，小月29天。共354天，比366天少了12天。所以要用闰月（即多一个月）的办法来解决"余"的问题。故农历年为三年一闰，五年二闰。十七年五闰。闰月的时间大多在岁末。所以叫做"归余于终"。这种历法制度，在公元前600多年就有了。

"举正于中"是星历的计算方法。我国古代曾实行星历历法，即二十八宿历法。按中国古代的历法原理，是将北极星附近的星群分成四大块，谓之东方苍龙七宿，西方白虎七宿，北方玄武七宿，南方朱雀七宿。共二十八宿，3000多颗星。在晴朗的夜晚，坐北朝南望去，南方半天空有一颗最明亮的星星悬挂着，那就是古人所称的南中天。出现在那里的星称为中星。现于东方七宿最明亮的星为大火星，现于北方的七星称为北斗星。它们都是古人判断岁时的依据。

30．臧文仲三不仁三不知

仲尼曰："臧文仲，其不仁者三，不知者三。下展禽，废六关，妾织蒲，三不仁也。作虚器，纵逆祀，祀爰居，三不知也。"

注

臧文仲：鲁大夫孙良。

展禽：柳下惠，贤人。下展禽，贬斥柳下惠。所以谓不仁。

六关，关名。本无此关。臧文仲虚造此关以收税，所以称其为不仁；他有官饩，却令妾织蒲席拿到市场上去卖了赚钱，与民争利，不仁；又私藏大龟，并雕画大龟住的屋子。诸侯以龟为宝，大夫不藏龟，以龟为虚器，为一不知；纵容夏公弗忌升僖公之位于闵公之上，为二不知；爰居是一种海鸟，臧文仲使国人祭之，闹出了大笑话，为三不知。就是这样一个不仁不知的无耻之徒却成了诸侯。孔子给予了辛辣的讥刺。

31．秦穆公之死

秦伯任卒，以秦大夫子车氏之三子奄息、仲行、鍼虎[1]殉葬。他们三人皆秦之良也，秦人哀之，赋《黄鸟》云：

黄鸟黄鸟，无集于榖，无啄我粟。此邦之人，不我肯榖。言旋言归，复我邦族。

黄鸟黄鸟，无集于桑，无啄我粱。此邦之人，莫可与明。言旋言归，复我诸兄。

黄鸟黄鸟，无集于栩（xǔ，柞树），无啄我黍。此邦之人，不可与处。言旋言归，复我诸父。

文中充满了思乡思归之情。

鲁文公三年，公元前624年秦伯伐晋，济河焚舟，取王官，及郊，晋人不出，遂从茅津渡渡河，封崤尸而还。事发于僖公三十三年的崤之战，秦人扔下许多士兵的尸骨而还，迄今犹在崤野，无人过问，秦人至此，见状心寒，无心再战，乃收尸骨掩埋而去。实在令人伤感。

注

[1] 鍼（zhēn）：缝衣服时穿针用的引线工具，俗称引线。此处鍼虎为人名。

32. 周公庙

鲁文公十三年，公元前614年。

是年从正月至七月不雨。七月指周历的七月，夏历五月。春旱达半年之久。

春天无法播种,意味着秋天颗粒无收。周公庙正室的屋顶倒塌了,也无财力维修。正室即大室。一般有两层,名叫重屋。通常下层正中放灵位,便于祭祀。上层用于瞭望与气象观察。大室很神圣,被称为祭祀重地。古人亦称这种大室为明堂。

33. 有星孛入北斗

据记载鲁文公十四年,"秋,七月,有星孛入于北斗"。

孛(bèi),彗星,俗称扫把星,孛入,即指此星移入北斗星位置。古人认为北斗星是他们的指示星,定时,定位都靠北斗。因此移入北斗,被视为异常事件。故《春秋》予以记载。这是世界上最早记载的哈雷彗星。

周内史叔服说,不好,"不出七年,宋齐晋之君,皆将死乱"。如所料,鲁文公十六年,宋弑召公,十八年弑齐懿公,鲁宣公二年,弑晋灵公。此三国君皆无道。

34. 楚乱

楚庄王,楚穆王之子。即位后以子孔成嘉为令尹,以公子燮、子仪为师,以潘崇为太师。其时楚境内有群舒散居于安徽巢湖、舒城、庐江一带,由偃姓诸侯扼守。子孔与潘崇准备突袭群舒。庄王的二将帅兵伐舒蓼。正在这时二公子（子燮、子仪）作乱，并打到了楚都郢。由于守城者坚拒，才未攻入郢都。

庄王派人杀去刺叛乱的子燮、子仪，未克潘崇而还。正在这时公子燮与子仪挟持了楚庄王离开郢都，到楚地商密（今河南内弓县）。楚大夫庐戢梨与叔麇采用诱敌之计，杀死了子仪（斗克）和子燮，才结束了这场叛乱。

35. 桓公多子，争位亡父

齐懿公为公子的时候，与邴歜[1]之父争田，弗胜。即位之后进行报复。他将邴歜之父的尸体拖出刖其足[2]，又让他为仆。与此同时他还纳阎职之妻为妻，并使职与之同乘一辆三匹马的马车，谓之骖乘[3]。

到鲁文公十八年，公元前609年，夏五月，齐懿公游于申池。邴歜与阎职二人忍无可忍，借陪游之机，把懿公杀了。开始时，邴歜以朴[4]抶[5]职。职怒骂歜："不要脸，人夺汝妻而不怒，现在却大怒了，是否是丢了一个女人没关系呀！"

阎职曰："与刖其父足而不能怪罪者相比怎么样？"

他们二人因切齿之恨，弑懿公，把他装在一个竹篓子里扔了。归，弃爵而行。懿公死后，齐人立其子元为君。元为齐桓公之子，懿公之兄。

注

[1] 邴歜：邴歜（bǐng chù），春秋时期齐国人。

[2] 刖其足：刖（yuè），古代的一种酷刑，把脚砍掉。

[3] 骖乘：陪乘，骖通参（三）。

[4] 朴：扑。

[5] 抶（chì）：同笞，击打。

齐懿公品行极差，他做公子时无恶不作。与邴歜之父争田不胜，即位后将邴歜之父的尸体从墓中挖出来，断其足。占了阎职之妻，又让他当仆人为其御车。这些事都让人恨之入骨。到公元前609年5月齐懿公到齐国西门外，今山东临淄镇西的申池游泳，阎职与邴歜以竹片打闹，怒气相通，洗了澡，上了车，过祖庙，饮好酒，便将懿公杀了丢进竹林走了。并散布说是懿公无道，齐人把他杀了。齐桓公有好多儿子，他死了后，儿子们忙于争王位，并不关心桓公是怎么死的。桓公死数月无人收尸，蛆都从屋里爬到门外了，也没人管。懿公在位也没有什么作为。

36．鲁以田赂齐

鲁宣公侒于公元前608年，正月即位为鲁君。正月公子遂赴齐为宣公娶妇。由于宣公是篡位的，名不正则言不顺，尚未获诸侯从可。所以派季文子季孙行父纳赂诸侯以请会。

六月，鲁以济西之田赂齐，齐人来取田，未参加鲁宣公即位之礼，也未用师而取鲁田。

37．梦兰

鲁宣公三年，公元前606年。郑文公有妾，名燕姞。她做了一个梦，梦见天使与己兰花，曰："余为伯鯈（南燕之祖），余，祖也，以是为而子。以兰有国香，人服媚之如是。"既而郑文公见之，与之兰而御之。辞曰："妾不才，幸而有子，将不信，敢征兰乎。"

公曰："诺。"生穆公，名之曰兰。

38．孙叔敖

楚庄王的令尹孙叔敖，芳（wěi）氏名敖。其下有左尹右尹为辅佐官员。令尹

下有庄王的弟弟公子婴齐。

孙叔敖城于楚邑沂，是个很小的地方官。地点在今河南正阳县。官名封人。他是那里专管社稷疆界之坛垣的建筑的指挥者，相当于一个技术员。他的官职主要是"虑事"，即筹划工程施工之事。封人的上司是司徒。任务是：计算这个工程需用工多少；工程规定的工期；财资的分担；平分工程的配额；分配筑的工具；巡视检查基址；筹备干粮；选用工程主管人等。这些事必须在30天内完成。这就是孙叔敖的工作。

39. 哭穷

鲁宣公十二年，公元前597年。楚庄王围郑。正月七日入郑。郑人求和。找人卜，说不吉。到太庙向祖宗哭诉。陈车于街巷示欲迁徙。到太庙卜的结果又说吉。这时全城人都一齐哭了起来。其状凄惨万分。全城人见了楚人就哭穷困，连守城的士兵也哭。楚庄王哀其穷困，乃退师。楚退师后郑人连夜加紧修城墙工事。楚人发现有诈，便返了回来，从皇门入城，历时三个月方克之。这时郑伯肉袒牵羊迎接说："我不顺承天意，不能事君，使君怀怒"。"以劳楚军至敝邑。这都是我的罪呀"，我们不敢有异，愿"唯命是从"，并表示"郑人愿男为臣，女为妾。若能惠顾前好，不泯其社稷，使改事君，夷于九县，也是君之惠也，孤之愿也"。楚庄王说："郑君能下人，必能信用其民矣，便后退三十里，而许之平。楚大夫潘尪入盟，郑伯之弟子良出质。"六月，晋出兵救郑。至河闻郑楚平，乃止。楚见晋兵至，郑有二心，叛而伐之。这时芳敖为宰，择楚国之令典，军政不戒而备，举不失德，赏不失劳；老有加惠，旅有施舍，贵有常尊，贱有等威，礼不逆矣。可谓德立，刑行，政成。在军事上见可而进，知难而退，军之善政也，武之善经也。闻晋师至，饮马于河，欲还，孙叔敖不欲，曰："昔岁入陈，今兹入郑，不无事矣。伍参言于楚王，认为晋为政者新，未能行令，刚愎不仁，不肯用命，必败。"晋师在敖、鄗之间。郑使人如晋师，言："楚师骤胜而骄，其师老矣，不设备，可击之，郑击之，楚必败。这时楚庄王求成于晋，晋人许之，晋楚成平。"

40. 结草为报

初，魏武子[1]有嬖妾，无子。武子疾，命颗曰："必嫁是！"疾病[2]，则曰："必以为殉"[3]。及卒，颗嫁嬖妾，曰："疾病则乱，吾从其治也。"及辅氏之役，颗见老人结草以亢杜回。杜回踬而颠，故获之。夜梦之曰："余，而所嫁妇人之父也。尔用先人之治命，余是以报。"

注

[1] 魏武子：魏犨，魏颗之父。

[2] 疾病：疾，病。疾病，病重。

[3] 殉：陪葬。

此故事的大意是：魏武子犨，有一小妾，无子。他生病后对他的儿子魏颗说："让小妾改嫁吧，把她嫁出去。"后病重了又说："我死后让小妾陪葬。"魏武子死后，魏颗让小妾氏嫁了人。人们问他为什么让小妾出嫁不陪葬。魏颗说父亲清醒时说让小妾嫁人，不清醒时说让小妾陪葬。所以我从其清醒时的嘱咐。后来魏颗与杜回打起仗来。杜回被一团野草缠住，让魏颗活捉了。夜里他做了一个梦，梦中一个老人说我是你舍命保护的那女子的父亲，为报答你，所以在辅氏之役中结草为报。

41．鞭长不及马腹

"虽鞭之长，不及马腹"，这是一句老话，它告诉人们：天方授楚，未可与争。所以宋人不与楚争。楚师至宋，无事可做，只得离去。将离宋，楚大夫申叔

时对人说:"你们看,这里男耕女织,他们必定听命于宋。"楚人心里怕宋。而宋人也怕楚人打乱了他们的生活。所以便派了华元夜入楚师,登子反之床,把他从床上拉起来说:"我国君病了派我来告诉你,我们宋国实在太穷了,敝邑易子而食,析骸以爨。"我国穷而弱无力与你们打仗,愿与你们和平相处,请你们兵退三十里。楚人听了答应与宋盟,盟曰:"我无尔诈,尔无我虞。"盟后宋以华元为质,楚宋遂平。

42. 曲悬假人

鲁成公二年,公元前589年。八月。鲁取汝阳田。晋使齐以济西田归还鲁国。既[1],卫人赏之以邑,辞,请曲县[2],繁缨[3]以朝,许之。

仲尼闻之曰:"惜也,不如多与之邑。唯器与名,不可以假人,君之所司也。名以出信,信以守器,器以藏礼,礼以行义,义以生利,利以平民,政之大节也。若以假人,与人政也。政亡,则国家从之,弗可止也。"

注

[1]既:既而,卫人赏邑之后又贵以曲县、繁缨以朝。县,即悬;悬挂乐器钟镈的架子和乐器。

[2]曲县:指悬挂制度。天子四面悬,诸侯三面悬。三面悬即曲悬。

[3]繁缨:繁,马颈上的革带套环及之下的缨饰。

孔子认为这是礼器,是不可以送人的。它代表了主人的身份、信用、礼义,财利和政德是大节,关乎国家的存亡,是不可以受人的。

43. 驿站传邮

鲁成公五年,公元前586年,梁山崩。晋侯以传召伯宗。伯宗辟重,曰:"辟传!"

重人曰:"待我,不如捷之速也。"问其所,曰:"绛人也。"问绛事焉,曰:"梁山崩,将召伯宗谋之。"

问:"将若之何?"

曰:"山有朽壤而崩,可若何?国主山川。故山崩川竭,君为之不举,降服,乘缦,彻乐,出次,祝币,史辞,以礼焉。其如此而已,虽伯宗若之何?"伯宗请见之,不可。遂以告,而从之。

这是梁山崩后晋侯传召大夫伯宗了解情况的一段文字。由此可知春秋时我国已有驿站传邮了。

44. 晋迁都新田

鲁成公六年，前585年，晋人谋去绛，诸大夫皆曰："必居郇[1]、瑕氏之地，那里沃饶而近盐，国利君乐，不可失也。"

晋侯听韩献子的意见。韩献子说："不可。"因为那一带地方土薄水浅，民愁，不如新田。新田[2]，土厚水深，居之不疾。有汾、浍以流其恶，且民从教，十世之利也。夫山泽林盐国之宝也。国饶，则民骄佚[3]，近宝，公室乃贫。不可谓乐。公说，从之。夏四月丁丑（14日），晋迁于新田。又，鲁成公十一年，晋郤至与周争鄇田[4]。鲁成公十七年，前574年记载，晋厉公侈，多外嬖，大夫郤锜夺夷阳五国。郤犨（chōu），与长鱼矫争田，执而梏之，与其父母妻子同一辕。既而，矫亦嬖于厉公。厉公田，先杀，后与妇人饮酒，然后再将人杀之。郤至射杀夺田寺人。

注

[1] 郇（xún）：周朝国名。在今山西临猗南。

[2] 新田：在今山西猴马市，离新绛50里。

[3] 佚（yì）：同逸。

[4]郈（hóu）：在今河南武陟县西南十五田。五亦嬖于厉公。

45. 争田

鲁成公八年，公元前583年春，晋侯使韩穿来言汶阳之田归齐之事。汶阳之田在泰安以西肥城以东。田本是鲁国的，为齐占有。成公二年鞌之战[1]，齐败，被晋人夺走，现在晋使人令齐将汶阳之田还给鲁国。

春秋时夺田之事比较普遍。鲁宣公十四五年时，楚庄王围宋，子重请求取申、吕（皆在南阳）之田。王许之，被申公阻止说："不可"，庄王乃止。为什么不可呢？并不是说不可以取，而是取之不利。因为取之，即无申、吕，一是无以为赋，二是无以为屏，晋、郑与楚冲突必至于汉。庄王觉得这一分析有道理，所以才不取申、吕之田。

注

[1]鞌（ān）：同鞍，鞌，古地名，鞌之战。

46. 赵庄姬私通

晋赵朔之妻是晋景公的妹妹，赵朔的侄子赵婴与赵庄姬私通。因此赵同、赵括把他放逐到了齐国（时为鲁成公五年）。由于赵婴说晋，所以六月赵同、赵括允许其回来，让赵武从赵庄姬养于景公的内宫。先将赵婴之田给了奚齐，后晋立赵武，又将田夺回来交给赵武。

47. 晋景公做梦

晋景公做梦，梦见大厉鬼，坏大门及寝门，披头散发至其住地，架着他的臂膀说："你杀余孙[1]，不义，我经天帝的同意前来捉拿你！"景公吓坏了，想逃又逃不掉，吓出了一身冷汗，不觉惊醒，原来是一场噩梦。怎么办呢？急得晋景公吃不下，睡不着，一下子病了。请了秦国的医生来为他看病。秦伯派了两个年轻人，都说他们是最好的医生，一个问："他的病在膏肓之上，还是在膏肓之下？"一个说："这病治不好了。"他们马上取针，"攻之不可[2]，达之不及，药不至焉，不可为也"。

六月，晋侯想吃面食，使甸人献麦，厨人为他烧了片汤。景公急召桑田，示意把巫人桑田杀了。将食，他感到肚子张[3]，如厕，跌入粪池而卒。有小臣梦见负公升天。及日中，命其负晋侯出厕，遂以为殉。

注

[1]杀余孙：指景公杀赵同、赵括等良臣，赵氏祖先。

[2]攻之，不可：指有针灸不行。春秋时已用针灸治病。

[3]张：即胀，胀肚子。

48. 穆姜

穆姜是鲁宣公的夫人。宣公与叔肸是同母兄弟。穆姜生了儿子声伯后被休弃了，后嫁于齐国管于奚，生了两个孩子，一男一女，后守寡。声伯当了大夫，其妹嫁于施孝叔，鲁惠公的五世孙。郤犫来聘，求妇于声伯。声伯夺施氏妇以与之。妇不肯。妇人行。生二子于郤氏。郤氏亡，晋人将她还给施氏。施氏迎于河，沉其二子。妇人怒，与施氏绝。

49. 子重伐吴

鲁襄公三年，公元前570年。楚子重[1]伐吴，克鸠兹[2]，至于衡山[3]。使邓廖帅组甲三百、被练三千以侵吴。吴人要而击之。楚，子重归。既饮，至三日，吴人伐楚，取驾。所获不如所亡。楚人以是咎子重。子重病，遂遇心[4]而卒。

注

[1] 子重：公子婴齐，楚令尹。
[2] 鸠兹：吴邑，今芜湖东南25里鸠兹港。
[3] 衡山：指安徽境内横卧之山，如霍山。
[4] 遇心：心脏病发作而死。

50. 魏绛戮仆

魏绛是晋中军司马。晋侯将会诸侯之际，其弟杨干乱行于曲梁，魏绛戮其驾车的仆人。

晋侯知道这事后，大发脾气，对羊舌赤说：杨干是为了我们会诸侯而行的，这是一件光荣的事。为什么戮杨干呢？这太无理了，必杀魏绛而后快。

一个大臣对他说："绛对你无二心，事君不避难，有罪不逃刑。不信，你看，他一会儿就会来认罪的，何辱命焉？"

话刚说完，魏绛进门来了，将他杀掉仆人的罪己书递给了晋侯，拔出剑就要自刎谢罪。在场的大夫士鲂、张老忙上前阻止。魏绛当即宣读罪己书，曰："臣闻师众以顺为武，军事有死无犯为敬。君合诸侯，臣敢不敬？君师不武，执事不敬，罪莫大焉。臣惧其死，以及杨干，无所逃罪，不能致训，至于用钺。臣之罪重，敢有不从，以怒君心，请归死于司寇。"

晋侯跣足而出，曰："寡人之言亲爱也。吾子之讨，军礼也。寡人有弟，弗能教训，使干大命，寡人之过也。子无重寡人之过，敢以为请。"请魏绛千万别自杀。

51. 穆叔三拜

穆叔[1]如晋，报知武子[2]之聘也，晋侯享之。金奏《肆夏》之三[3]，不拜。工歌《文王》之三[4]，又不拜。歌《鹿鸣》之三，三拜。

韩献子使行人子员问之，曰："子以君命，辱于敝邑，先君之礼，藉之以乐，以辱吾子。吾子舍其大，而重拜其细，敢问何礼也？"

对曰："《三夏》天子所以享元侯也，使臣弗敢与闻。《文王》两君相见之乐也，臣不敢及。《鹿鸣》君所以嘉寡君也，敢不拜嘉。《四牡》君所以劳使臣也，敢不重拜[5]？《皇皇者华》，君教使臣曰：必咨[6]于周。臣闻之，访问于善为咨，咨亲为询，咨礼为度，咨事为诹，咨难为谋。臣获五善，敢不重拜？"

注

[1] 穆叔：叔孙豹。

[2] 知武子：荀䓨。

[3] 金奏：周时的钟镈演奏。《肆夏》之三：《肆夏》有三段乐曲：《樊》(《四夏》)、《遏》(《韶夏》)、《渠》(《纳夏》)。

九夏：《王夏》《肆夏》《昭夏》《纳夏》《章夏》《齐夏》《族夏》《祴夏》《骜夏》。

[4] 工歌：唱《文王》的前三篇，返王之三；小《雅》的前三篇：《鹿鸣》《四牡》《皇皇者华》。

[5] 重拜：再三拜。

[6] 咨：问。咨亲，咨礼，咨事。咨难。

52. 东吴会盟

鲁襄公五年，公元前568年。吴子[1]使寿越[2]如晋，辞[3]不会于鸡泽之故。且请听诸侯之好。晋人将为之合诸侯，使鲁、卫先会吴，且告会期，故孟献子[4]、孙文子[5]会吴于善道。

注

[1] 吴子：吴开国之君，吴王寿梦。

［2］寿越：吴大夫。

［3］辞：说明。前568年9月24日，鲁、晋、宋、陈、卫、郑、曹、莒、邾、陈、薛、齐、吴、鄫于鸡泽会盟。吴缺席鸡泽之会。因此派人说明缺席的原因。

［4］孟献子：仲孙蔑。

［5］孙文子：卫卿孙林父。

53. 子驷为田洫

子驷，即郑公子騑，郑执政大夫。于鲁襄公八年，公元前565年，夏四月十三日辟杀子狐、子熙、子侯、子丁。初，子驷为田洫，司氏、堵氏、侯氏、子师氏皆丧田焉。故五族人聚不逞之人作乱。田洫，田间的沟洫。子驷以整理沟洫为名侵占了司氏、堵氏、侯氏、子师氏、尉止氏的土地。所以他们率众造反。"晨攻执政于西宫之朝，杀子驷、子国、子耳，劫郑伯以如北宫。"

54. 季武子将三军

周朝的兵制是：凡制军12500人。王六军12500×6；大国三军12000×3；次国二军12500×2；小国一军12500。鲁襄公十一年，公元前562年春，正月季武子作三军，规定季孙、孟孙、叔孙三人三分公室之军而各有其一。

55. 春秋乐制

魏绛"八年之中九合诸侯，晋侯赐以乐之半。如乐之和，无所不谐。请与子乐之。"魏绛辞曰："夫和戎狄，国之福也。八年之中，九合诸侯，诸侯无慝（邪恶），君之灵也。"

郑人赂晋侯以师悝、师触、师蠲［1］、广车、𩨳车淳［2］十五乘，甲兵备。凡兵车百乘、歌钟二肆［3］，及其镈、磬、女乐二八［4］。

注

［1］师悝（kuī）、师触、师蠲（juān）：均是乐师。

［2］𩨳（tún）：兵车，用于屯守。淳，为配对。指广车、𩨳车配对。

［3］歌钟二肆：即歌钟两架，32枚。肆为两排，两列。有悬挂的钟镈两组。每组16枚。

［4］女乐二八：即舞者16人，8人一列，两列16人。

上述情形，考古发掘的编钟可证。

56. 庸浦之战

公元前560年，楚共王卒。吴侵楚，养由基受命赴敌，曰："吴乘我丧，谓我不能师也，必易我而不戒。子为三覆以待我，我请诱之。"子庚从之。战于庸浦[1]。大败吴师，获公子党。

注

[1]庸浦：在今安徽无为县南。

57. 师旷

师旷，字子野，晋大夫，乐工之长。师旷侍于晋侯。晋侯曰："卫人出其君，不亦甚乎？"对曰："或者其君实甚。良君将赏善而刑淫，养民如子，盖之如天，容之如地。民奉其君，爱之如父母，仰之如日月，敬之如神明，畏之如雷电，其可出乎？夫君，神之主而民之望也。"

这里提出"君为神主"，值得关注。其一，说明君为神之主，离开君（人），神即无主，神要依人而存在。没有人，神就难以存在；其二，表明神权君授，而不是君权神授。在这里并无"天命"之说。

58. 华臣弱皋比

宋卿华阅死，其子皋比年幼，其弟华臣侵之，使贼杀其宰华吴。并以铍剑杀死了他一家六口人于守城门口。其左师对他的孩子们说："老夫无罪，杀人者是皋比私想华吴之妻。因此囚华吴之妻，向其讨要大璧，才被华吴杀死。"宋公闻之叹曰："华臣是卿，大臣不顺和，不仅是一家之祸，而且是国人之不幸和耻辱。"

59. 宋公筑台

宋公国父为太宰，为平公筑台，妨碍农功。子罕建议等农事忙完了再筑台。公不许。坚持要筑台。因此筑台人讴之曰：

泽门之皙，实兴我役。
邑中之黔，实尉我心。

意思是住在泽门里不劳的白皮肤，让我们筑台子。住在城门内的黑小子，安慰我心。

子罕听到此歌谣，亲执刑杖，挟（chì）打筑台的人，说："我们这里的卿大夫都有几处避暑的居室（阖庐），我现在只建一个台子，还不赶快完成，还怪我？"讴者乃止。

问其故。

子罕曰："宋国区区，有毁有誉，祸之本也。"

60. 晏婴吊孝

齐晏婴的父晏弱死了，晏婴穿着粗糙不缉边的麻布衣服，拴着黑带，拄着黑色的苴杖，穿着茅草鞋子，喝稀粥，住在墙边新搭的木屋里，睡着草席，枕着乱草守孝。这是士之大礼，而非大夫之礼。所以其老母批评晏婴是大夫，不懂礼，此"非大夫之礼也"。晏婴说诸侯之卿非天子之大夫。

61. 用音乐打仗

楚师伐郑，次于鱼陵，其右师城于郔地。将涉颍水，次于荥阳东南禹州的索河。芳子冯、公子格率领精锐之师侵占河南费滑、胥靡、献于、雍梁之地，其右师环绕梅山周围侵占郑东北，至于封丘之地。子庚率师一直打到郑国城门的纯门

之下，住了两天才离去。他经鱼齿山下的潍水（沙河）时下起了大雨。楚师涉水过河，天已冷了，冻死了好多人，"役徒几尽"。晋人听到楚师过河，师旷曰："别害怕，待我骤歌北风，又歌南风。南风不竞，多死声。楚必无功。"

董叔曰："天道多在西北，南师不时，必无功。"

叔向曰："在其君之德也。"岁星在豕韦[1]，月又建斗亥，楚之败，与天时[2]相违。

注

[1]豕韦：豕韦有多义，一指氏族，豕韦氏；一指豕韦氏住地；一指岁时。这里指岁时。即岁在营室，时值西北，冷，与天时相违。

[2]天时：即天道，天象。时间。天时地利人和。

62. 使纥诘盗

鲁多盗。季孙谓臧武仲曰："子盍诘盗？"

武仲曰："不可诘也，纥[1]又不能。"

季孙曰："我有四封，而诘其盗，子为司寇，将盗是务去。若之何不能？"

武仲曰："……使纥去之将何以能？"

注

[1]纥：为孔子的父亲。是捉施盗的武官。

63. 鲧殛而禹兴

晋侯问叔向之罪于乐王鲋，对曰："不弃其亲，其有焉。"于是祁奚老矣（致仕），闻之，乘驲[1]而见宣子，曰："《诗》曰：'惠我无疆，子孙保之。'《书》曰：'圣有谟勋[2]，明征定保。'夫谋而鲜过，惠训不倦者，叔向有焉，社稷之固也。……鲧殛而禹兴；伊尹放大甲而相之，卒无怨色；管蔡为戮，周公右王。若之何其以虎也弃社稷？子为善，谁敢不勉，多杀何为？"

宣子说（悦），与之乘，以言诸公而免之。不见叔向而归。叔向亦不告免焉而朝。

注

[1]乘驲（rì）：传车，乘驲即乘传邮之车去见宣子。

[2]谟勋：谟，同谋，谟勋，指有谋划之功。

64. 范鞅与栾氏争锋

晋平公的舅父杞悼公死了,王鲋让宣子穿上黑色的丧服,戴上黑帽子,缠上黑腰带,与二妇人同车前往如因宫。

范鞅在那里迎魏舒,曰:"则成列既乘,将迎栾氏矣。"趋进,曰:"栾氏率贼以入,鞅之父与二三子在君所矣。"使鞅迎吾子。鞅请骖乘。持带,遂超乘[1],右抚剑,左援带,命驱之出。赂之以曲沃[2]。

范氏之徒在台后,栾氏乘公门。宣子谓鞅曰:"矢及君屋,死之!"鞅用剑以帅卒,栾氏退,摄车从之,遇栾乐[3],曰:"乐勉之[4]。死,将讼女于天。"乐射之,不中。注之(扑射)[5]车撞槐本[6]而覆。以戟钩之,断肘而死。栾鲂伤,栾盈奔曲沃,晋人围之。

注

[1] 超乘:跳乘魏献子之车,右抚剑,左援带,命驱之出。

[2] 曲沃:晋都。栾氏邑于魏舒。

[3] 栾乐:栾盈之族。

[4] 勉之:勉力事主。

[5] 注之扑射:扣箭于弦,补射。

[6] 槐本:槐树之干,触槐树而车覆。

65. 立羯秩之争

孟孙[1]恶臧孙[2],季孙[3]爱之。孟氏之御驺丰点好羯[4]也,曰:"从余言,必为孟孙。"再三云,羯从之。孟庄子疾,丰点谓公鉏:"苟立羯,请仇臧氏。"

公鉏谓季孙曰:"孺子秩,固其所也。若羯立,则季氏信有力于臧氏矣。"弗应。

己卯,孟孙卒,公鉏奉羯立于户侧。季孙至,入,哭而出,曰:"秩焉在?"

公鉏曰:"羯在此矣!"

季孙曰:"孺子长。"

公鉏曰:"何长之有?唯其才也,且夫子之命也。"遂立羯,秩奔邾。

注

[1] 孟孙:孟叔孙,孟庄子。

[2] 臧孙：臧纥。

[3] 季孙：季武子，季孙氏。

[4] 羯（jié）：古北方民族。羯人。

66. 崔杼弑其君

这是一个真实的事件。事情发生鲁襄公二十五年，公元前548年的齐国。

齐国有个将军叫崔杼。齐棠公的妻子是东郭偃的姐姐，长得很漂亮。东郭偃的家臣是崔武子（杼）。棠公死，武子往吊，见棠妻美，欲取之。而齐庄公与棠姜私通。骤如崔氏，见崔氏之冠，欲以崔子之冠赐人，被侍者止。

夏五月，乙亥，公问崔子，遂从姜氏，姜入于室，闭门，称病不出，不能听命。近于公宫，崔杼令士甲抓淫者，公逾墙走，崔杼射之，中股，堕落墙下，遂弑之。其臣贾举、州绰、邴师、公孙敖、封具、铎父等皆死。

晏子立于崔氏之门外，其人曰："死乎？"曰："独吾君也乎哉？吾死也。"

曰："行乎？"

曰："吾罪也乎哉，吾亡也。"

曰："归乎？"

曰："君死安归？""人有君而弑之，吾焉得死之？"三踊而出。人谓崔子必杀之。崔子曰："民之望也！舍之得民。"

67. 弃儿

初，宋芮司徒[1]生女子，赤而毛，弃诸堤下，共姬[2]之妾取以入，名之曰弃。长而美，平公[3]入夕，共姬与之食。公见弃也，而视之，尤[4]。姬纳诸御[5]，嬖，生佐[6]，恶而婉[7]，大子痤美而狠，合左师畏而恶之。寺人惠墙伊戾[8]为太子内师[9]而无宠。

注

[1] 芮司徒：宋大夫。

[2] 共姬：鲁宣公女，嫁与宋共公为夫人。

[3] 平公：共姬之子。

[4] 尤：异。

[5] 姬纳诸御：共姬纳此女为平公御妾。

[6] 佐：元公。

[7] 恶而婉：长得丑，但温柔。

[8] 惠墙伊戾：人名。

[9] 内师：监管太子内事之官。

68. 伍举

初，楚伍参与蔡太师子朝友，其子伍举与声子相善也。伍举娶于王子牟。王子牟为申公而亡，楚人曰："伍举实送之。"伍举奔郑，将遂奔晋。声子将奔晋。遇之于郑郊，班荆相与食，而言复故。声子曰："子行也！吾必复子。"

时为公元前 547 年。

69. 崔尸示众

鲁襄公十九年。齐灵公卒。崔杼、庆封拥立庄公，执公子牙，杀高原，其余公子出奔于外。鲁襄公二十一年，崔杼之党庆佐，复讨公子牙之党，执公子买于句渎之丘。至二十八年崔杼死，其民以崔杼之尸示众。将戮之，不得，叔孙穆子曰："必得之，武王有乱臣十人，崔杼其有乎？不十人，不足以葬。"崔臣乃献其柩，于是得之。十二月乙亥朔，以其棺尸崔杼于市，即陈尸示众。

70. 观周乐[1]

鲁襄公二十九年，公元前544年。吴公子札来聘，见叔孙穆子，说（悦）之。请观于周乐。鲁君使乐工为之歌《周南》《召南》，曰："美哉！始基之矣，犹未也，然则勤而不怨矣。"

为之歌《邶》《鄘》《卫》，曰："美哉，渊乎！忧而不困者也。吾闻卫康叔、武公之德如是，是其《卫风》乎？"

为之歌《郑》，曰："美哉！其细已甚，民弗堪也。是其先亡乎！"

为之歌《齐》，曰："美哉，泱泱乎！大风也哉！表东海者[2]，其大公乎？国未可量也。"

为之歌《豳》，曰："美哉，荡乎！乐而不淫，其周公之东乎？"

为之歌《秦》，曰："此之谓夏声[3]。夫能夏则大，大之至也，其周之旧乎！"

为之歌《魏》，曰："美哉，渢渢乎！大而婉，险而易行，以德辅此，则明主也！"

为之歌《唐》，曰："思深哉！其有陶唐氏之遗民（风）乎！不然何忧之远也？非令德之后，谁能若是？"

为之歌《陈》，曰："国无主，其能久乎！"自《郐》以下，无讥焉！

为之歌《小雅》，曰。"美哉！思而不贰，怨而不言，其周德之衰乎？犹有先王之遗民焉。"

为之歌《大雅》，曰："广哉！熙熙乎！曲而有直体，其文王之德乎？"

为之歌《颂》，曰："至矣哉！直而不倨，曲而不屈，迩而不逼，远而不携，迁而不淫，复而不厌，哀而不愁，乐而不荒，用而不匮，广而不宣，施而不费，取而不贪，处而不底，行而不流。五声和，八风平，节有度，守有序。盛德之所同也。"

见舞《大夏》者[4]，曰："美哉！勤而不德。非禹，其谁能修之！"

见舞《韶箾》者，曰："德至矣哉！大矣，如天之无不帱也，如地之无不载也！虽甚盛德，其蔑以加于此矣。观止矣！若有他乐，吾不敢请已！"

注

[1]赵生群注，《春秋左传新注》，陕西人民出版社，第680—681页。

这是吴王寿梦第四子公子季札至周访问叔孙豹，所见周乐的记实，及其观感、评价。

周武王灭商分朝歌为三。北部为邶，封于纣王子武康禄父；南为鄘，由管叔治理；东为卫，由蔡叔治理。合称三监。武庚作乱后，周公将其地封与康叔。而迁邶鄘之民于雒邑。

［2］表东海：为东海诸国之表率。

［3］夏声：夏朝音乐之声。秦仲时有车马礼乐，别于戎狄之声，有夏声的特点。

［4］大夏：禹乐；韶箾：舜乐；大濩：汤乐；象箾：象舞，执箾而舞。箾，执篪而舞。即吹笛子跳舞。

南籥：文王舞；大武：武王舞乐。

71. 天火

鲁襄公三十年，公元前543年5月5日，宋，天灾。注明为"天火"[1]。为此晋、齐、宋、卫、郑、曹、莒、邾、滕、薛、杞、小邾会于澶渊[2]。

注

［1］天火：可能指的是"陨石于宋五"，古人不知陨石之故，所以惊恐相会。

［2］澶渊：地在今河南濮阳市西。

72. 楚公子围娶于公孙段

鲁昭公元年春，楚公子围聘于郑，娶于公孙段氏，伍举为介（副使）。将入馆，郑人恶之。使行人子羽与之言，乃馆于外。将当众迎亲，郑子产公孙侨又患之，使子羽说："以敝邑褊小，不足以容从者，请墠（shàn）听命。"令尹使大宰伯州犁对曰："君辱贶寡大夫围，谓围将使丰氏抚有而室。围布几筵，告于庄、共之庙而来……唯大夫图之！"郑子羽曰："小国无罪，恃实其罪。将恃大国之安靖己，馆人之属也，其敢爱丰氏之祧？"伍举知其有备也，请垂櫜而入。许之。

73. 女用兵焉

子产曰："国之大节有五，女皆奸之，畏君之威，听其政，尊其贵，事其长，养其亲，五者所以为国也。今君在国，女用兵焉，不畏威也。"这里有两方面的问题，一方面是首先提出女用兵，在我国也是首次见到，应于肯定。另一方面又提出夫夫妇妇。即丈夫应像大丈夫，妻子应像妻子。妻子不应做丈夫的事。用兵是丈夫的事，妻子不应操弄兵术。

74. 酬酢八反

后子享晋侯，造舟[1]于河，十里舍车[2]，归取酬币[3]。往返八次，谓之终事八反。

注

[1] 造舟：搭浮桥。
[2] 十里舍车：车八为舍，每十里车八乘。
[3] 酬币：古飨礼。其规矩是：
主人先酌酒酌宾，称为献酒；
来宾还敬酒，称之为酢；
再由主人自饮；
再饮宾，称之为酬；
主人送礼物于宾，谓之酬币。
往返八次，谓之八反。或谓之酬酢八反。

75. 阵法

晋中行穆子败无终及群狄于太原的阵法有几种：五乘三五，毁舍以为行，五阵相离，右角一伍，参为左角，偏为前拒，还要依六气六疾而定。

这些阵法，现代人看不懂，一说就明白了。

五乘三五：古战车的编制，一乘（一辆车）规定为三个人，五乘十五人。

毁舍以为行：舍车，即舍弃乘车，将乘卒编成步兵。毁，舍。传苟昊之嬖人不肯即卒，编入步兵行，斩以徇（示众）。

五阵相离：两于前，伍于后。两，辆。每辆十人。伍于后，即五人为一队在车后，五队，共二十五人。

右角一伍：指挥车右边一伍，即五个人。

参为左角：参伍，共十五人在指挥车的左角。

偏为前拒：拒，矩，偏师五十人，以诱敌。

瞿人见阵，以为可笑，未阵而薄（鄙薄）之，大败之。可能这是我们迄今为止见到的最古老的兵法。可谓之春秋兵法。在古兵法中，不仅讲究阵式变化，而且十分注意依六气六疾用兵。六气即天气的阴、阳、风、雨、晦、明变化，和寒、热、末（四肢）、腹、惑、心的六种病痛感知。也就是以人为中心，以人的健康感知决定战法。应当说这在其时中外历史上是罕见的。

76．齐改计量

公弃其民而归于陈氏之后，计量也改变了。"齐旧四量，豆、区、釜、钟。四升为豆，各自其四，以登于釜。釜十则钟。"

陈氏三量，皆登一焉，钟乃大矣。以家量贷，而以公量收之。山木如市，弗加于山；鱼、盐、蜃、蛤，弗加于海。民参其力，二人于公，而衣食其一。公聚朽蠹，而三老冻馁。国之诸市，屦贱踊贵[1]，民人痛疾，而或燠休[2]之，其爱之如父母，而归之如流水，欲无获民，将焉辟之？箕伯、直柄、虞遂、伯戏为相[3]，胡公大姬[4]已在齐矣。

注

上述是晏子治世时的情景。

[1]屦贱踊贵：屦，鞋子。踊，刖足者找足之屦。

[2]燠（yù）休：抚慰病者之声。

[3]箕伯、直柄、虞遂、伯戏为相：传他们为舜之后人，陈之祖先。

[4]胡公大姬：胡公是陈氏祖先。大姬之神灵在齐。

上述为春秋时齐侯通过修改增大计量具而又占其三分之二，种田人只占三分之一，可见其盘剥之重。

77. 藏冰之道

　　古时没有冰箱，保存食物，要先到深山挖大块冰，藏于冰窖，以防腐败。据传：鲁昭公四年，公元前538年，春，壬正月，"大雨雹。季武子问于申丰曰：'雹可御乎？'对曰：'圣人在上，无雹。虽有，不为灾。'古者日行北陆[1]而藏冰，西陆[2]朝觌而出之。其藏冰也，深山穷谷，固阴沍寒[3]，于是乎取之。其出之也，朝之禄位，宾食丧祭，于是乎用之。其藏之也，黑牡、秬黍以享司寒。其出之也，桃弧、棘矢[4]以除其灾。其出入也时，食肉之禄，冰皆与焉。大夫、命妇丧浴用冰。祭寒而藏之，献羔而启之。自命夫命妇至于老、疾，无不受冰。山人取之，县人传之。舆人纳之，隶人藏之。"

注

　　[1]北陆：指十二次中的玄枵。
　　[2]西陆：指十二次中的大梁。酉，二十八宿中的昴毕。其时日行西陆，相当于现在的清明谷雨时节，夏正三月。这时是取冰的最佳时节。
　　[3]固阴沍寒：固、沍为凝结为冰。
　　[4]桃弧：桃木弓，枣木（棘矢）做的箭，用以辟邪。

78. 霸与会

有会而霸，无会难霸。

公元前538年6月17日，楚子合诸侯于申。楚、陈、蔡、郑、徐、滕、顿、胡、沈、小邾、宋世子、淮夷都到了。可鲁、卫、曹、邾却辞不与会。有的说行程很难，有的说要祭祖，有的说有毛病。伍举对楚王说这会很重要，"霸之济否，在此会也"。夏启有钧台之享，商汤有景亳之命，周武有孟津之誓，成有岐阳之蒐，康有酆宫之朝，穆有涂山之会，齐桓有召陵之师，晋文有践土之盟，君其何用？这就是为什么春秋时的"会"那么多的原因。根本原因就是都想称霸。想称霸，必有会，没有会各国不承认，不服从，不听命，就难以称霸于世。

79. 十日与日十

鲁昭公五年，公元前537年记载关于十日的传说。文中说《明夷》日也。日之数十，故有十时，亦当十位。自王已下，其二为公，其三为卿，日上其中，食日为二，旦日为三。

注

这是解卦《明夷☷》《离》下《坤》上产生的故事。《离》为日，日之数十，从甲至癸，十位。用十数以计时。时分为十时（即甲乙丙丁戊己庚辛壬癸），日上其中，日中盛明，故以王位，食日为二，当公位。旦为三为卿位。数字的10个数，与人间的不同地位是不同的概念。后羿射十日并非指天有10个太阳。而是由《明夷》演生出的日，进而演生为十时，十日十位，再由十日演生为天上的10个太阳。从而演绎为后羿射日。从这个故事里可见春秋时十进位的运用已十分成熟。

80. 郑人铸刑书

鲁昭公六年，公元前536年。秋，九月，大雩。旱也。传曰："三月，郑人铸刑书"[1]。叔向使诒子产书[2]，曰："始吾有虞于子，今则已矣。昔先王议事以制[3]，不为刑辟[4]，惧民之有争心也。犹不可禁御[5]，是故闲之以义，纠之以政，行之以礼，守之以信，教之以务，使之以和，临之以敬，莅之以强，断之以刚。犹求圣哲之上，明察之官，忠信之长，慈惠之师，民于是乎可任使也，而不生祸乱。"

注

[1] 铸刑书：即将法律条文铸于鼎。上述的事讲的是铸鼎的目的、效果。

[2] 叔向使诒子产书：指传递书信。这说明春秋时我国已通行书信传递了。

[3] 先王议事以制：夏有乱政，作《禹刑》，商乱政，作《汤刑》，周乱政，作《九刑》，三刑书皆在乱世生。鲁襄公三十年，为解决楚郑相争，作封洫，划田界。所以说先王议事以制。

[4] 辟，即法。刑辟，刑法。

[5] 禁御：禁止。

81. 日食三从

鲁昭公七年，公元前535年，夏，四月甲辰朔（3月18日），日有食之。晋侯问于士文伯曰："谁将当日食？"意思是哪些国家会遭日食。

对曰："鲁、卫恶之。"

公曰："何故？"

对曰："卫大鲁小。去卫地，如鲁地，于是有灾，而鲁实受之。其大咎。"

公曰："《诗》云彼日而食，于何不臧者，何也？"

对曰："不善政之谓也。国无政，不用善，则自取谪于日月之灾。故政不可不慎也。务三而已，一曰择人，二曰因民，三曰从时。"

注

以上是鲁昭公七年晋侯和臣僚士匄关于日食的一段对话。这次日蚀的时间是周历夏四月，夏历二月。日食始于十二星次的娵訾月份，其地在卫之分野至降娄与鲁之分野交接的地方。也就是灾害会殃及卫与鲁两国。恰巧过了几个月，这年的八月卫侯卒，鲁上卿季孙宿卒。所以古人认为不能不当心点。要行善政，一是用人祭。二是因民，顺民意。三是从时，顺四时之务，不可随意乱来。在其时人心里，日食是上天对执政者的一种提示。

82. 伯有与厉鬼[1]

郑人怕伯有。一听说"伯有至矣！"都要跑。原因是去年（昭公六年）二月，有人梦见伯有穿着铠甲在大街上走，碰到人便说今年三月二日我要杀死驷带（助子晳杀伯有的人），明年正月二十八我要杀死公孙段（段也是助驷带杀伯有的人）。结果昭公六年三月二日那天驷带真的死了。昭公七年正月二十八日公孙段也死了。所以郑国人都怕伯有，认为他是厉鬼。在公孙段死的第二个月，郑子产立子孔之子公孙泄为君,伯有之子良止为臣抚之,从此后再也没有伯有为祟的传闻。

子大叔问其故。子产说:"鬼有所归,乃不为厉。吾为之归也。"

子大叔问:"公孙叔何为?"即问为什么要立其后公孙泄呢?子产说:"这只是传说。让人们高兴高兴而已。从政就不能这样为了取悦于人取媚于人而行政。如果这样,就会失信于民。无信,民就不从。"

后来子产到晋国去访问,晋大夫赵景子问他:"伯有还能为鬼么?"

子产说:"能。"人死后他的精神化生为魄,魄生之后魂为阳气,魄为阴神,匹夫匹妇强死,不得寿终,其魂魄无所依托,就变成了厉鬼。所以厉鬼进行报复也是合理的。

注

[1]赵生群注,《春秋左传新注》,陕西人民出版社,第777页。

83. 孔子的身世[1]

九月,公至自楚,孟僖子病不能相礼,乃讲学之,苟能礼者从之。及其将死也,召其大夫曰:"礼,人之干也。无礼,无以立。吾闻将有达者曰孔丘,圣人之后也,而灭于宋。其祖弗父何,以有宋而授厉公。及正考父佐戴、武、宣[2],三命兹益共。"故其鼎铭云:"一命而偻,再命而伛,三命[3]而俯。循墙而走,亦莫余敢侮。饘[4]于是,鬻[5]于是,以糊余口。"其共[6]也如是。臧孙纥[7]有言曰:"圣人有明德者,若不当世,其后必有达人,今其将在孔丘乎?我若获没[8],必属说与何忌于夫子,使事之,而学礼焉,以定其位。"仲尼曰:"能补过者,君子也。《诗》曰:'君子是则是效。'孟僖子可则效已矣。"

注

[1]赵生群注,《春秋左传新注》,陕西人民出版社,第780页。

[2]戴、武、宣:皆宋君。

[3]三命:公侯伯皆三命为卿。即一命受职,二命受服,三命受位。

[4]饘:糜。

[5]鬻:粥。

[6]共:恭。偻、伛、俯为恭。

[7]臧孙纥:臧武仲。

[8]获没:寿终。

综合上述：孔子，宋人。六世祖孔父嘉。为华督所杀。其子奔鲁。弗父何，孔父嘉的高祖。为宋闵公子，宋厉公之兄。弗父何本应继位，而让与宋厉公。

84．天干与地支

　　天干地支相配以纪岁时，早在春秋之前就实行了。鲁昭公七年，公元前535年有一则记载说明了这一点。这一年十一月，季武子卒。晋侯谓伯瑕曰："吾所问日食，从矣，可常乎？"

　　对曰："不可。六物不同，民心不一，事序不类，官职不则，同始异终，胡可常也？"

　　曰："何谓六物？"

　　对曰：即六气。"岁、时、日、月、星、辰是谓辰，故以配日。"

注

　　配日：指天干地支相配，用以纪时、日。古人认为一年之中日月交会十二次，为十二个月。古先民以十干纪一年十个月。将这两种纪时方法统一就是天干地支纪时。即甲乙丙丁戊己庚辛壬癸十干，子丑寅卯辰巳午未申酉戌亥为十二支。将这两者相配即为甲子、乙丑、丙寅、丁卯……从而形成六十甲子。六十甲子是古人记岁时的主要方式。这则故事中的配，让人看到了这一点。

85．陈国之灭亡

　　晋侯问于史赵曰："陈，颛顼之族也，岁在鹑火，是以卒灭。今在析木之津，犹将复由。且陈氏得政于齐，而后陈卒亡。自幕至于瞽瞍无违命，舜重之以明德，置德于遂，遂世守之，及胡公不淫，故周赐之姓，使祀虞帝。"

　　这一记载说明陈是颛顼之族，是舜的后裔，立男之侯专于政务，那么怎么会一下就被灭亡呢？这事《春秋·左传》里有记载。

　　陈国到陈哀公时，他的元妃生了个儿子叫偃师，二妃生了个儿子叫留，下妃生了个儿子叫胜。陈哀公宠爱留。

　　陈哀公有两个弟弟，一个叫招，是司徒；一个叫过，做什么官不清楚。鲁昭公八年，公元前534年3月16日，鲁昭公的两个弟弟合谋杀了偃师立留为君，4月14日陈哀公气得没法，上吊死了。陈国太师干征师到楚国去告诉楚王说陈有了嗣君了。这时，胜早已到了楚国告诉楚王说招与过两个合谋杀死了偃师，楚人却杀了干征师。其实他是无罪的。罪在招与过身上。楚君知过，于是年9月由楚

公子弃疾帅师围陈,冬 11 月壬午灭陈。可见,陈国的灭亡与招和过合谋杀死太子偃师是有很大关系的。

86. 授田、益田与争田

楚灭陈以后,叔弓、宋华亥、郑游吉、卫赵黡会楚子弃疾于陈。2 月 27 日楚公子弃疾迁许于陈之城父(夷),取州来淮北之田以益之。将原城父之人迁入陈。鲁成公十五年,伍举授许男田。然后迁城父之人于陈县,并以濮西之田授之。地在濮水、党州之西。周甘人[1]曾与晋阎嘉[2]争阎田,晋梁丙、张趯率阴戎[3]伐颍。

鲁昭公十四年,公元前 528 年,冬十二月,齐大夫、隰党、公子锄有赂田,莒赂齐以田,晋邢侯与雍子争赂田,久而无成。争田之事十分频繁。鲁昭公十五年,公元前 527 年 12 月"文公受之,以有南阳之田",文公指晋文公接受了晋山之南黄河以北那片土地的馈赠。在那时候凡是有功有绩有门道的人,可以"奉之以木田,抚之以葬器"。

注

[1] 甘人:甘大夫襄,居濮水西南。

[2]阎嘉：晋大夫，名嘉，阎为地方名，嘉居其地，故名阎嘉。

[3]阴戎：陆浑之戎。

解说

春秋末以田作交易是很普遍的事。但方式是多样的。

一是益田，以送田给人，作为利益交换。

二是授田，即赐授、奖励他人以田。

三是赂田，以田贿赂他人，以换取好处。

四是争田，土地已成了争夺的中心，最重要的财产。土地私有化已达十分尖锐的程度。

87. 客星侵婺女

昭公十年传记载"十年春，有星出于婺女[1]。郑裨灶言于子产曰：'七月戊子，晋君将死。今兹岁在颛顼之虚[2]，姜氏、任氏实守其地。居其维首，而有妖星[3]焉，告邑姜[4]也。邑姜，晋之妣也。天以七纪[5]，戊子[6]逢公以登，星斯于是乎出。吾是以讥之[7]。'"

注

[1]婺（wù）女：即女宿，二十八宿中北方玄武七宿的第三宿。有四星。

[2]今兹岁在颛顼之虚：今兹，今年。岁，岁星，即木星。颛顼之虚，指二十八宿中的女宿、星宿、危宿的位置，此位置是十二星次中的玄枵位置。婺女是玄枵三宿之首，故云"居其维首"。

[3]妖星：指侵入之客星，因是非正常天象，故称为妖星。

[4]邑姜：齐太公之女，晋始祖唐叔虞之母。

[5]天以七纪：天空的星宿分于四方，共二十八宿，每方七宿。用以纪时。

[6]戊子：上一回妖星婺女，时在戊子，岁星不在齐之分野，而居于齐地的逢公，因此逢公当祸而死。

[7]讥：不是讥讽，通几，观察。

88. 投壶

投壶，是古时的一种选择方式。春秋末变成为一种战争游戏。其方法是在正前方置一空壶，以箭投入，投中者胜。这种方式在鲁昭公十二年，公元前530年即有记载。云："晋侯以齐侯宴。中行穆子[1]相。宴会过程中玩投壶。"晋侯先

投，中行穆子说："有酒如淮，有肉如坻[2]。寡君中此，为诸侯师。"中之。

齐侯举矢曰："有酒如渑[3]，有肉如陵。寡人中此，与君代兴。"亦中之。

伯瑕[4]对穆子说："子失辞，吾固师诸侯矣！"穆子曰："吾军帅强御，卒乘竞劝，今犹古也，齐将何事？"

公孙傁[5]趋进曰："日旰君勤[6]，可以出矣！"以齐侯出。

注

[1] 中行穆子：荀吴。

[2] 坻（dǐ）：山。

[3] 渑（shéng）：山东省淄博市临淄西北有渑水。

[4] 伯瑕：士文伯。

[5] 公孙傁：齐大夫。

[6] 旰（gàn）：晚。日旰君勤，天黑了，君还在劳作。

89. 桃弧棘矢御王事

右尹子革[1]夕，王见之，去冠被（披风），与之语曰："昔我先王熊绎[2]与吕伋[3]、王孙牟、燮父[4]、禽父[5]并事康王[6]，四国皆有分，我独无有。今吾使人于周，求鼎以为分，王其与我乎？"

对曰："与君王哉！昔我先王熊绎辟在荆山，筚路蓝缕[7]，以处草莽，跋涉山林，以事天子。唯桃弧、棘矢[8]，以共御王事。齐，王舅也，晋及鲁、卫，王母弟也。楚是以无分，而彼皆有。今周与四国服事君王，将唯命是从，岂其爱鼎？"

对曰："与君王哉！周不爱鼎，郑敢爱田？"

王曰："昔诸侯远我而畏晋，今我大城陈、蔡、不羹，赋皆千乘，子与有劳焉，诸侯其畏我乎？"

对曰："畏君王哉！是四国者，专足畏也，又加之以楚，敢不畏君王哉！"

注

[1] 子革：郑旦。

[2] 熊绎：楚始君。

[3] 吕伋：书中有的地方为吕级。

[4] 燮父：晋，唐叔子。

[5] 禽父：伯禽，姬旦子。

[6] 康王：成王子。

[7] 筚路蓝缕：驾柴车，穿破烂衣服，乘着竹子编制的车子（筚路）。

[8] 桃弧、棘矢：指桃木弓，棘木矢。棘木，酸枣木。

90. 楚涉五难[1]

楚君子干[2]涉五[3]难以弑旧君，"谁能济之？"

对曰："齐桓[4]、卫姬之子也，有宠于僖，有鲍叔牙、宾须无、隰朋以为辅佐，有莒、卫以为外主，有国、高以为内主；从善如流，下善齐肃[5]，不藏贿，不从欲，施舍不倦，求善不厌，是以有国，不亦宜乎？"

晋侯对曰："我先君文公，狐季姬之子也，有宠于献（晋献公）。好学而不贰，生十七年，有士五人[6]。有先大夫子余、子犯以为腹心，有魏犨[7]、贾佗以为股肱，有齐、宋、秦、楚以为外主，有栾、郤[8]、狐、先以为内主；亡十九年[9]，守志弥笃。惠怀[10]弃民，民从而与之。献无异亲[11]，民无异望，天方相晋，将何以代文？"

注

[1] 这篇文章讲的是齐楚晋史。

［2］子干：公子比，楚灵王弟，元年奔晋。

［3］五难：指子干无人、无主、无谋、无民、无德。

［4］齐桓：齐桓公小白。小白母卫氏，有宠于僖公，小白奔莒，因此得二国相助。

［5］齐（zhāi）：斋。

［6］五人：指辅佐晋文公的五人，即狐偃、赵衰、颠颉、魏犨、胥臣。子余即赵衰。子犯即狐偃。

［7］犨（chōu）：人名。

［8］郤（xì）：古地名，在今中国山西省沁水下游一带。

［9］十九年：文公从僖公五年奔狄，至僖公二十四年返回晋国，共流亡在外19年。

［10］惠怀：惠，夷吾；怀，其子圉，名怀公。弃民而亡。

［11］献无异亲：献公有子九人，唯重耳存，故谓之无异亲。

91. 吹籥而舞

鲁昭公十五年，前527年传云："二月癸酉，叔弓莅事，籥入而卒，去乐，卒事，礼也。"这一记载指的是公元前527年2月15日鲁武公庙（伯禽玄孙庙）里正在举行祭祀。祭祀以前都是奏乐跳舞，所以乐队进入了公庙。乐队有文舞与武舞两种。文舞执籥（短笛3孔，长籥6孔），武队执干戚。祭祀开始了。先奏文乐后奏武乐。祭祀刚开始不久，主持祭祀的人突然死了。吹籥与舞籥齐鸣，羽籥与干戚同舞，急命停止，撤去音乐，祎而祭之。

92. 斩桑祈雨，夺之官邑

鲁昭公十六年，前526年。"郑大旱，使屠击、祝款、竖柎祭祀于桑山。斩其木，不雨。"子产曰："有事于山，蓺［1］山林也；而斩其木，其罪大矣。"夺之官邑，剥夺其官爵与封邑。

注

［1］蓺（yì）：种植。

93. 日有食之，发鼓于社

鲁昭公十七年，前525年，夏六月甲戌朔，日有食之。祝史请所用币［1］。冬，有星孛于大辰。昭子曰："日有食之，天子不举［2］，伐鼓于社［3］，诸侯用币于社[4]，伐鼓于朝[5]，礼也。"

平子御之曰："止也。唯正月[6]朔，慝[7]未作，日有食之，于是乎有伐鼓用币，礼也。其余则否。"

大史曰："在此月也。日过[8]分而未至，三辰[9]有灾，于是乎百官降物[10]，君不举，辟移时[11]，乐奏鼓[12]，祝用币，史用辞。故《夏书》曰：'辰不集于房[13]，瞽奏鼓，啬夫驰，庶人走。'此月朔之谓也。当夏四月，是谓孟夏。"

注

[1] 请所用币：问用什么东西进行祭祀。

[2] 天子不举：天子不杀牲，用很丰盛的佳馔进行祭祀。

[3] 伐鼓于社：伐鼓责阴。社，土神，阴神。

[4] 用币于社：用币请用社。

[5] 伐鼓于朝：伐鼓自责。

[6] 唯正月：唯有正月朔日，一岁方始，恶邪之事未见，而有日食。伐鼓用币乃合于礼。不知正月指建巳之月，（夏四月建巳之月，纯阳用事阳气盛）。

[7] 慝：指阴气。四月阴气未作。此时日食，古人认为反常。

[8] 日过：过春分未至夏至。

[9] 三辰：日、月、星。

[10] 降物：穿素服。

[11] 辟移时：避正寝，待日食过去。

[12] 乐奏鼓：伐鼓。

[13] 房：房宿，集，交。辰不集于房。指三辰不交汇于舍房宿。

解说

古人认为阴侵阳的天象，象征臣侵君。救日食，可助君抑臣。将天象与社会治理联系在一起，是非科学的。

94. 告火

鲁昭公十八年，公元前524年。夏五月，丙子，风。梓慎曰："是谓融风，火[1]之始也。七日，其火作乎！"戊寅，风甚。壬午，大甚。宋、卫、陈、郑皆火。梓慎登大庭氏之库以望之，曰："宋、卫、陈、郑也。"数日，皆来告火。

裨灶曰："不用吾言，郑又将火。"郑人请用之。子产不可。子大叔曰："宝以保民也。若有火，国几亡。可以救亡，子何爱焉？"

子产曰："天道远，人道迩，非所及也，何以知之？灶焉知天道？是亦多言矣，岂不或信？"遂不与，亦不复火。

注

[1] 火：指大火星。东方七宿的第三宿。它与人间烧饭用火不是一个概念。

95. 伍举为太子建师

楚子之在蔡也，郹[1]阳封人之女奔之，生太子建。太子建即位，使伍奢为之师。费无极为少师，无宠焉，欲谮之于王，曰："建可室矣。"王为之聘于秦，无极与迎，劝王取之，正月，楚夫人嬴氏至自秦。

注

[1] 郹（jú）：古地名，郹阳，其姓氏称郹氏。地址在今山东巨野西南部。此郹阳为春秋蔡地。地址在今河南新蔡县境内。

96. 和而心平

齐景公问："和与同异乎？"

对曰："异。和如羹焉，水、火、醯[1]、醢[2]、盐、梅以烹鱼肉，燀[3]之以薪。宰夫和之，齐之以味，济[4]其不及，以泄[5]其过。君子食之，以平其心。故《诗》曰：'亦有和羹，既戒且平。鬷嘏无言[6]，时靡有争。'先王之济五味，和五声也，以平其心，成其政也。声亦如味，一气，二体，三类，四物，五声，六律，七音，八风，九歌[7]，以相成也。清浊，小大，短长，疾徐，哀乐，刚柔，迟速，高下，出入，周疏[8]，以相济也。君子听之，以平其心。心平德和。故《诗》曰：'德音不瑕。'"

注

[1] 醯：醋。
[2] 醢：肉酱。
[3] 燀：炊。
[4] 济：益。
[5] 泄：减。

［6］嘏（zōng）：通"奏"，进献。嘏（jiǎ）：通"假"，神灵。

［7］一气：言作乐顺气而动。

二体：指文舞、武舞。

三类：风、雅、颂。

四物：四方之物以成器。

五声：1、2、3、4、5

六律：黄钟、太簇、姑洗、蕤宾、夷则、无射。六律分阴阳，变成十二律。

七音：宫、商、角、徵、羽、变宫、变徵。

八风：八方之风。

九歌：九功之事可歌者。六府三事为九功。

［8］周疏：周，密；疏，疏松。

97. 天王铸无射[1]

公元前521年，鲁昭公二十一年春，天王将铸无射。是年周景王铸无射（yì）之钟，无射为十二律阳声第六。景王铸钟律中无射故命名此乐为无射。

泠州鸠曰："王其以心疾死乎！夫乐，天子之职也。夫音，乐之舆也。而钟，音之器也。天子省风[2]以作乐，器以钟之，舆以行之[3]，小者不窕[4]，大者不槬[5]，则和于物，物和则嘉成。故和声入于耳而藏于心，心亿[6]则乐。窕则不咸，槬则不容，心是以感[7]，感实生疾。今钟瓠矣，王心弗堪，其能久乎？"

注

［1］本文摘自《春秋左传新注》鲁昭公二十一年。

［2］省风：观风俗。

［3］舆以行之：乐须音以行。

［4］小者不窕：窕（tiǎo），细小。指小乐器声音不能过细。

［5］大者不槬：槬（huà），大乐器声音不能过大。

［6］亿：安。窕则不咸，不充于心。

［7］心是以感：心应于外而动曰感。

98. 哭日食

鲁昭公二十一年，秋七月壬午朔，日有食之。公问于梓慎[1]曰："是何物也，祸福何为？"

对曰："二至二分[2]，日有食之[3]，不为灾。日月之行也，分，同道也；至，相过也。其他月则为灾，阳不克也，故常为水。"

于是叔辄哭日食。昭子曰："子叔将死，非所哭也。"八月，叔辄卒。

注

[1] 梓慎：著名日官。

[2] 二至二分：二分，春分秋分。二至，夏至冬至。分，日月同道，昼夜长短相同。至，相过也。冬至昼短夜长，夏至日长夜短。

[3] 日有食之：日食指日光为月光所蔽。阴侵阳为阳不克，多阴，多水，成水灾故哭。日为阳为火，阴侵阳故称阳不克。

99. 雄鸡断尾

周景王的庶长子为王子朝。王子朝[1]的传人叫宾孟，亦名宾起，有宠于景王。景王很喜欢他，欲立以为君。刘献公[2]的庶子伯蚠[3]事单穆公[4]，十分讨厌宾孟的为人，想杀掉他。但又怕王子朝说话。所以为乱，想除去他们。这时宾孟到郊区去，听到雄鸡鸣，跑去一看见其自断其尾。就问侍者，这是怎么回事。侍者曰："自惮其牺[5]也。"怕人见它那毛美丽把他抓来杀了。宾孟自郊外归来把这事告诉了王，说："鸡断其尾，是否是怕人拔它的羽毛呀？人是否也一样呢？"王不应。

注

[1] 王子朝：景王的庶出长子，宾孟，王子朝的嫡传长子。

[2] 刘献公：刘挚。

[3] 伯蚠（fén）：刘狄。

[4] 单穆公：单旗。

[5] 自惮其牺：害怕牺牲而自残形秽。鸡选中为牺，人选中为升。

100. 庚舆好剑

莒子庚舆[1]虐而好剑。苟铸剑，必试诸人。国人患之，又将叛齐。乌存[2]帅国人以逐之。

庚舆将出，闻乌存执殳而立于道左，惧将止死[3]。苑羊牧之[4]曰："君过之！乌存以力闻可矣，何必以弑君成名？"遂来奔。齐人纳郊公[5]。

注

[1] 莒子庚舆：犁比公子。
[2] 乌存：莒大夫。
[3] 惧将止死：惧被拘止而死。
[4] 苑羊牧之：莒大夫。
[5] 郊公：著丘公子。十四年出奔齐。

101. 季郈斗鸡

季[1]郈[2]之鸡斗。季氏介其鸡，郈氏为之金距。平子怒，益宫于郈氏，且让之。故郈昭伯亦怨平子。

注

[1] 季：指季平子。在鸡头上装铁甲。
[2] 郈（hòu）：姓氏如郈昭伯。他给鸡足包上铁爪子。

102. 专诸刺王僚

鲁昭公二十七年，公元前515年。楚平王卒。吴公子掩馀和烛庸同为吴王僚母弟。吴子欲因楚丧而伐之，使公子掩馀和烛庸帅师围潜。使延州来季子聘于上国，遂聘于晋，以观诸侯。楚莠尹然，工尹麇帅师救潜。左司马沈尹戌帅都君子与王马之属以济师，与吴师遇于穷。令尹子常以舟师及沙汭而还。左尹郤宛工尹寿帅师至于潜，吴师不能退。

吴公子光曰："此时也，弗可失矣。"告鱄设诸曰："上国有言曰：'不索，何获？'我，王嗣也，吾欲求之。事若克，季子虽至，不吾废也。"

鱄设诸曰："王可弑也。毋老子弱，是无若我何。"

光曰："我，尔身也。"

夏四月，光伏甲于堀室而享王。王使甲坐于道，及其门。门阶户席，皆王亲也，夹之以铍。馈者献体改服于门外。执羞者坐行而入，执铍者夹承之，及体以相授也。光伪足疾，入于堀室。鱄设诸置剑于鱼中以进，抽剑刺王，铍交于胸，遂弑王。阖庐以其子为卿。

103. 焚田

鲁定公名宋，鲁襄公子，公元前509年至前495年在位。定公元年，魏献子属役于韩简子[1]及原寿过[2]，而田[3]于大陆[4]，焚焉[5]。还，卒于宁[6]。范献子去其柏椁[7]，以其未复命而田也。

注

[1] 韩简子：韩不信，韩起之孙。

[2] 原寿过：周大夫。

[3] 田：田猎。

[4] 大陆：在今河南获嘉县。

[5] 焚焉：打猎，不是寻找猎物，而是焚树林而猎，这可能是破坏植被，使黄河水变黄的重要原因。一人作恶，遗害千秋万代。

[6] 宁：河南获嘉县。

[7] 柏椁：柏木棺材。

104. 邾子

鲁定公三年。邾子在门台。临廷，阍以瓶水沃廷。邾子望见之，怒。问其故。

阍人曰："夷射姑旋焉。"在这儿小便了。

邾子命执之。弗得。邾子甚怒，从坐椅上跳了下来。却不当心踩到火盆里，把皮肤烧烂了，不治而亡。以车五乘人五个陪葬。这是至公元前507年还有殉人的例证。

105. 殷民六族

殷民六族：条氏、徐氏、萧氏、索氏、长勺氏、尾勺氏；使率其宗氏，辑其分族，将其类丑，以法则周公，用即命于周。是使之职事于鲁，以昭周公之明德。分之土田倍敦……因商奄之民[1]，命以《伯禽》[2]而封于少皞之墟[3]。聃季受土，陶叔授民[4]，命以《康诰》而封于殷墟[5]。分唐叔[6]以大路、密须之鼓、阙巩、沽洗，命以《唐诰》而封于夏墟[7]。三者三叔[8]也，而有令德。

注

[1] 商奄之民：商，地在河南商丘。

[2] 伯禽：为封伯禽之诰命。

[3] 少皞之墟：在山东曲阜。

[4] 陶叔：曹叔振铎，司徒，封于定陶，称陶叔。

[5]殷墟：朝歌。在今河南淇县。

[6]唐叔：名虞。成王弟。晋始君。

[7]夏墟：大夏，今山西太原市。

[8]三叔：周公、康叔、唐叔，均是周武王弟，后又有五叔者。
五叔即管叔鲜、蔡叔度、曹叔振铎、成叔武、霍叔处。

106. 吴楚之争

（1）楚围蔡

定公四年，沈人不会于召陵，晋人使蔡伐之。夏，蔡灭沈。秋，楚为沈故，围蔡。

（2）伍员谋楚

伍员为吴行人以谋楚。冬，蔡侯、吴子、唐侯伐楚。吴蔡唐舍舟于淮汭，自豫章与楚汉相夹。楚司马戌对令尹子常囊瓦说："子沿公（攻）汉而与之上下，我悉方城外以毁其舟，还塞汉东险要之地、豫鄂三关：九里关大隧，武胜关直辕，平靖关冥厄。子济汉而伐之，我自后击之。必大败之。"

史皇对子常说："楚人讨厌你好用大夫司马，若司马毁吴舟于淮，塞城口而入，是独克吴也。子必速战，不然不免遭败也。"

子常乃沿汉水陈兵，从小别山直到大别山。三战，子常不胜，欲奔。史皇说："你为令尹，难以脱，必死。"

（3）夫概领兵

十一月庚午，楚师吴师陈于柏举。阖庐之弟夫概王，晨请于阖庐曰：楚囊瓦子常不仁，其臣莫有死志，先伐之，其卒必奔，而后大师继之，必克。

夫概王曰："所谓臣义而行，不待命者，其此之谓也。今日我死，楚可入也。"以其属五千，先击子常之卒。子常之卒奔，楚师乱。吴师大败之。子常奔郑。史皇以其乘广死。

吴军追赶楚军至安陆清水边，将击之。夫概王曰："困兽犹斗，况人乎？不如等他过江将至半时击之。"大家听了他的安排，果然又败楚军。楚军为食，吴军及之，楚军奔逃。吴军食而从之。败楚于雍澨。

（4）吴军入郢

吴军五战及于楚郢都。己卯，楚子与其妹季芈畀我逃出，至于睢水，乘舟涉过睢水（沮水），命人在大象尾巴上绑上火把，让大象向吴师冲去。庚辰，吴军入郢。进入楚王宫。吴王子入传令尹之室夫概不允。夫概王入之。

（5）楚师败吴

楚左司马戌及息归来，败吴师于雍澨。从前他是阖庐之臣，耻为禽而入楚，现他已伤，曰："谁能免吾首？"

吴句卑曰："臣贱，可乎？"

司马曰："吾实失子，可哉！"三战皆伤。曰："吾不用也已。"句卑布裳，刭而裹之，藏其身而以首免。

（6）楚子涉雎

楚子涉雎，济江，入于云中。王寝，盗攻之，以戈击王。王孙由于以背受之。中肩。王奔郧，钟建负季芈以从，由于徐苏而从。

（7）楚王奔随

郧公辛之弟怀将弑王，曰："平王杀吾父，吾杀其子，不亦可乎？"

辛曰："君讨臣，谁敢仇之？君命，天也。若死天命，将谁仇？《诗》曰：'柔亦不茹，刚亦不吐。不侮矜寡，不畏强御。'唯仁者能之。违强陵弱，非勇也。乘人之约，非仁也。灭宗废祀，非孝也。动无令名，非知也。必犯是，余将杀女。"斗辛与其弟巢以王奔随。

吴人从之，楚子谓随人曰："周之子孙在汉川者，楚实尽之。天诱其衷，致罚于楚，而君又窜之。周室何罪？君若顾报周室，施及寡人，以奖天衷，君之惠也。汉阳之田，君实有之。"

楚子在公宫之北，吴人在其南。子期（昭王兄，公子结）似王，将楚王藏了起来，而己为王，曰："以我与之，王必免。"随人卜与之，不吉。诉吴，吴乃退兵。王与随人盟。

107．伍员与申包胥

伍员与申包胥都是楚国的大臣，是好朋友。伍员遭不幸将逃亡时对申包胥说："我必复楚国。"申包胥说："勉之！子能复之，我必能兴之。"

吴楚之争，吴将灭楚。楚昭王逃往随避难。申包胥如秦乞师救楚，曰："吴为封豕长蛇，以荐食上国，虐始楚。寡君失守社稷，越在草莽，使下臣告急，曰：'夷德无厌，若邻于君，疆场之患也。逮吴之未定，君取其分焉。若楚之遂亡，君之土也。若以君灵抚之，世以事君。'"秦伯使辞焉，曰："寡人闻命矣！子姑就馆，将图而告。"

申包胥依于庭墙而哭，日夜不绝声，勺饮不入口七日，秦哀公为之赋《无衣》，九顿首而坐，秦师乃出。申包胥以秦师至楚，秦子蒲、子虎帅车五百乘。子蒲曰："吾未知吴道。"使楚人先与吴战，而自稷（桐柏）会之，大败夫概王于沂（今河南正阳县）。吴人获薳射于柏举，其子率奔徒以从子西（公子申），败吴师于军祥（随），秋七月，子期、子蒲灭唐。

九月，夫概王归。自立为吴王，号夫概，与吴王战，败，奔楚。居棠溪，为棠溪氏（今河南遂平县境内）。随即吴又败楚于雍澨。秦败吴师。吴师居麇，子期将焚之，子西阻止曰：不可。子期曰："国亡矣，死者若有知也，可以歆旧祀，岂惮焚之？"焚之，又战，吴师败。又战于公婿之溪，吴师大败，吴乃还。

囚闉舆罢，闉舆罢请先，遂逃归。叶公诸梁之弟后臧从其母于吴，不待而归。叶公终不正视。

楚子入于鄀。

鲁定公六年，公元前504年4月16日，吴王长子夫差之兄终累败楚舟师，获潘子臣、小惟子及大夫七人，楚人大惕，惧亡。子期又以陵师败于繁扬，楚令尹子西曰："乃今可为矣！"于是迁郢都于鄀（ruò），今湖北宜昌东南90里。后改纪，定楚国。至昭王时才将国都从鄀迁回郢。

108．竹刑

郑驷颛杀邓析，而用其《竹刑》。郑驷，郑执大夫。邓析，大夫。他将刑法书于竹简上，称为《竹刑》。郑驷依《竹刑》杀邓析。

109. 齐丧俗

齐丧俗，几千年后，至今仍存。这种习俗之一是衰绖。衰绖（cuī dié），古丧服。这种丧服的制作是：以一方布缀于上衣当心之处，谓之衰（父母之丧用）。上衣（丧服）称为衰。绖，衰服系的带子。以麻制。围在头上为首绖，缠在腰间为腰绖。这种习俗叫披麻戴孝。

齐俗要求给得尸者五家免其役给死者穿衣（襚）、行袭、小敛、大敛和三次加衣之礼；给死者用车盖的灵车；向停丧之车致哀；君主哭灵；挽车者跪坐；推丧车轮三转。

上述习俗中给死者穿衣、小敛、大敛、送灵、哭灵、推车、戴黑纱，现在依旧沿袭未改。

110. 夹谷会[1]

鲁定公十年，公元前500年，夏，鲁定公与齐侯会于齐地夹谷[2]。夹谷在今山东莱芜市西南。该年之传云："夏，公会齐侯于祝其，实夹谷。孔丘相[3]，犁弥言于齐侯曰：'孔丘知礼而无勇，若使莱人[4]以兵劫鲁侯，必得志焉。'齐侯从之。孔丘以公退，曰：'士兵之！两君合好，而裔夷之俘以兵乱之，非齐君所以命诸侯也。裔不谋夏，夷不乱华，俘不干盟，兵不偪好。于神为不祥，于德为愆义，于人为失礼，君必不然。'齐侯闻之，遽辟之。

将盟，齐人加于载书[5]曰：'齐师出境不以甲车三百乘从我者，有加此盟。'孔丘使兹无还揖，对曰：'而不反我汶阳之田、吾以共命者，亦如之！'

齐侯将享公，孔丘谓梁丘据曰：'齐、鲁之故，吾之何不闻焉？事既成矣，而又享之，是勤执事也。且牺象不出门，嘉乐不野合。飨而既具，是弃礼也；若其不具，用秕稗也。不昭，不如已也。'乃不果享。"

注

[1] 这段文字与现存传说有差异。莱人舞，孔子斥莱人的情节这里未见记载。这里的诸多议论，传说故事亦无。

[2] 夹谷：夹谷在祝其山中。祝其山在今山东境内。

[3] 孔丘相：孔丘摄相事。相由卿充任。由于阳虎之乱，三桓势削，孔子得以为相。

[4] 莱人：莱，莱夷。古君卿出行，有师旅相随。莱人是莱夷人，并非齐鲁师旅，故斥之。

[5] 载书：盟书出于竹简，以车载。

111. 堕三都

三都指郈氏之都，费氏之都，孟氏之都（成）。

时间在鲁定公十一年，公元前 499 年。

堕[1]三都[2]的原因，是因为这些氏族的城垣的高宽豪华均超过了周王的规定，似有实无名的王者（素王）。因此堕三都成了孔子当政时的一个重要事件。

孔子的学生仲由为季氏宰。将堕三都，鲁定公先将三子叫到跟前，和他们一同入季氏之宫。开始令叔孙氏堕郈都很顺利。后令季孙氏堕费都，却遇到费氏的顽强抵抗。鲁定公下令堕费，公山不狃、叔孙辄都帅费人袭鲁。定公与三子登季氏宫武子之台，费人强攻不克。这时仲尼命申句须、乐颀下，伐之，费人败北，追之，将其败之于姑蔑。费氏二子奔齐，遂堕费都。最后是堕孟孙之都——成。开始前先派公敛处父对孟孙说你的成的垣墙超过标准了，要堕。孟氏不允，他们说成是孟氏的屏障，无成即无孟。不同意堕。冬，十二月仲由率军围成，不克遇到孟孙氏的顽强抵抗。经过苦战，才堕成。

注

[1] 堕：毁。

[2] 都：指氏族的都城。三都指郈（hòu）氏、费氏、孟孙氏的 3 个都城，因其城垣都超过王都标准，故被堕毁。

112. 越败吴于槜李

鲁定公十四年，公元前 496 年 5 月，于越败吴于槜（zuì）李。槜李，越地，地方在今浙江嘉兴县南。

《春秋·左传》传云："吴伐越[1]，越子勾践御之。双方陈兵于槜李。勾践患吴人多势大，使死士再禽[2]焉，不动。使罪人三行，属剑于颈[3]，而辞曰：'二君有治，臣奸旗鼓[4]，不敏于君之行前，不敢逃刑，敢归死。'遂自刭也。师属之目，越子因而伐之。大败之。灵姑浮[5]以戈击阖庐，伤将指[6]，取其一屦。还，卒于陉，去槜李七里。

夫差使人立于庭，苟出入，必谓己曰：'夫差！而忘越王之杀而父乎？'则对曰：'唯，不敢忘！'"

注

［1］吴伐越：吴入越在鲁定公五年。吴报越在哀公元年。越败吴在鲁定公十四年。

［2］禽：同杀。

［3］属剑于颈：将剑架在脖颈上。

［4］奸旗鼓：犯军令。

［5］灵姑浮：越大夫。

［6］将指：拇指。手足拇指均称为将指。今称为大拇指。吴王阖庐伤的是脚趾，流血不止而死。

113. 吴败越于夫椒

夫椒，当年吴都，今苏州市吴中区西南太湖之中。鲁定公十四年，吴伐越，战于檇李，吴王阖庐受伤殒命。吴发动夫椒之战以报檇李之仇。真正的战斗发生在夫椒。因为越知吴去报仇，以盾甲五千保于会稽不出。并派大夫文种带着厚礼找吴太宰嚭（pǐ）求和。由于太宰嚭的劝说，吴王夫差表示同意讲和。但吴将伍员坚决反对说："不可，我听说树德莫如滋，去疾莫如尽。昔有过浇杀斟灌以伐斟鄩，灭夏后相。后缗方娠，逃出自窦，归于有仍，生少康焉，少康为有仍牧正，惎（jì）（毒害）浇能戒之。浇使椒求之少康，少康逃奔有虞，为之庖正。虞思于是妻之以二姚，而邑诸纶。有田一成，有众一旅。能布其德，而兆其谋，以收夏众，抚其官职。以图夏之中兴。"越在吴的强攻之下，终被吴灭。越王降吴，但越保存了实力，损失并不大。这为此后越灭吴创造了条件。

114. 吴师败北，一夕三迁

鲁哀公八年，公元前487年，吴伐鲁。吴师克武城、克东阳，舍于五梧，第二天又舍于蚕室，哀公宾庚，公甲叔子与吴战于夷，吴人获叔子与析朱锄，又将他们交于周王。其气势之旺盛，可谓不可一世。鲁君缩于鲁城稷门之内，谓季孙曰："我们这些军队，不足以害吴，只是多死一些国士，不如已也。"吴王夫差闻之，而一夕三迁。吴王为什么一日三迁呢？据记载"明日，舍于庚宗，遂次于泗上。微虎欲宵攻王舍，私属徒七百人，三踊于幕庭，卒三百人，有若与焉。"微虎是鲁大夫，有若，孔子弟子。遭他们抵御，吴王不得不有所忌讳而三迁。

鲁哀公十一年，公元前484年，甲戌，齐国书帅师及吴战于艾陵。齐师败绩，吴获齐国书。

115. 艾陵之战[1]

鲁哀公十年，吴王与鲁、邾、郯会伐齐，并兵于吴，战于鄎（xī，齐境）。十一年（前484年）春，齐国率师伐鲁。五月鲁哀公会吴伐齐。五月二十八日齐国书帅师及吴战于艾陵。这就是有名的艾陵之战。战争的结果是齐败，国书被俘。这次战争是上一年鄎（xī）之战引起的。在那场战争中，齐败，因不甘心帅师伐鲁而引起的。当时鲁国主政的是季孙氏。其宰是孔子的学生冉求。"季氏之甲七千，冉有[2]以武城人三百为己徒卒，老幼守宫，次于雩门之外。"

师及齐师战于郊，齐师自稷曲（城郊），师不逾沟[3]。樊迟曰："非不能也，不信子也。请三刻而逾之。"如之，众从之，师入齐军，右师奔，齐人从之。陈瓘、陈庄涉泗。孟之侧后入以为殿[4]，抽矢策其马，曰："马不进也。"林不狃之伍曰："走乎！"不狃曰："谁不如？"曰："然则止乎？"

不狃曰："恶贤？"徐步而死。

师获甲首八十。齐人不能师。宵，谍曰："齐人遁。"冉有请从之三，季孙弗许。

孔子曰："能执干戈以卫社稷，可无殇也。"冉有用矛于齐师，故能入其军。所以孔子称其"义也"。

注

[1] 这是对艾陵之战的具体描述，十分生动。季孙名肥，叔孙州仇，仲孙何忌，俗称三桓子。

[2] 冉有：冉有、樊迟，皆孔子学生。冉有名求，樊迟名须。小孔子36岁。

[3] 沟：通称邗沟。在南方扬州当时称为邗。扬州在公元前486年就建城了。那时候就开沟连通长江与淮河，称此沟为邗沟、邗江，即今日之运河。

[4] 殿：殿后。走在队伍的后边，以保护队伍顺利前行，通称殿后。即称断后。断后有战斗的意思。

116. 弱越灭强吴

这次战争给吴带来了亡国之祸。吴将伐齐，越子帅其众以朝吴，吴王及列士皆有馈赂。吴人皆喜。唯伍子胥惧，谏曰："是豢吴也夫！越在我，心腹之疾也。壤地同，而有欲于我。夫其柔服，求济其欲也，不如早从事焉。"吴王不听。依旧率大队人马出使于齐，属其子于鲍氏，为王孙氏。艾陵之战结束吴王赐伍子胥以属镂之剑。伍子胥按剑曰："我死之后树吾墓槚，槚可材也，吴其亡乎！三年其始弱矣，盈必毁，天之道也。"遂自刎。

有记载说公元前 478 年 3 月，越子伐吴，吴子御之笠泽（吴淞江），夹水而陈。越子为左右句（迂曲）卒，使夜或左或右，鼓噪而进。吴师分以御之。越子以三军潜涉（隐渡），当吴中军而鼓之，吴师大乱，遂败之。

又有记载说：

鲁哀公十三年，公元前 482 年，六月丙子（十一日），越子举兵伐吴。畴无余、讴阳自南方。吴太子友、王子地、王孙弥庸、寿于姚自泓上观之。弥庸见姑蔑之旗，曰："吾父之旗也。不可以见仇而弗杀也。"

太子曰："战而不克将亡国。请待之。"弥庸认为不可，便属徒五千，王子驰而助之。乙酉，战，弥庸获畴无余。地获讴阳。越子至，王子地守。丙戌，复战，大败吴师。获太子友、王孙弥庸、和寿于姚等人。丁亥，入吴都。吴人火速告败于吴王夫差。王恶其闻也。他不喜欢这样的消息，也不相信这是真的，并未急于返回，而事实却是越国将吴国灭亡了。不可一世的东南一霸，就此完了。

越之所以能灭亡吴国，一是吴王夫差妄自尊大，带领大队人马北去伐齐显示霸王威风，不听忠臣之言，造成内部兵力空虚，给越人留下了灭吴的好机会。从越内部来说自吴亡越之后，越便卧薪尝胆，奋发图强，使国力日益强盛，加上谋臣文种范蠡的精心策划与辅佐，抓住了战机一击而亡吴。

117. 西狩获麟[1]

鲁哀公十四年，公元前481年。春，西狩于大野，叔孙氏之车子锄商获麟，以为不祥，以赐虞人。仲尼观之，曰："麟也。"然后取之。

注

[1] 见赵生群注，《春秋左传新注》，陕西人民出版社，第1049页。是一则十分流行的故事。

麟，即麒麟，神物，示吉祥。与龙凤齐名于世。在人间并不存在这种动物。其原型为麋，后被称为麒麟。其具体地址在今巨野，巨野即大野。所以巨野有麟吐玉书，牛生麒麟，以及孔子慰麟、叹麟等等都是后人为神化孔子而编造的，原本故事较朴实，孔子只是说"麟也"，其他的话都是后人强加于孔子的。

118. 子路之死

闰十二月，浑良夫与大夫入，舍于孔氏之外圃。昏，蒯聩与浑良夫二人蒙衣假装成女子出行，宦者罗为之御，如孔氏宅。孔氏的家臣栾守问他们是怎么回事。他们告诉栾与姻妾有关。遂让他们入孔氏之家，住孔伯姬的住处。吃了饭孔伯姬杖戈，太子与五人披甲而行，舆豭从之。孔氏专政，强迫孔悝于厕与之盟，欲使其驱逐卫侯辄。因此劫了孔悝登台。栾宁将饮酒，由于烤肉未熟，闻乱，使人告于子路。卫大夫召获驾着平时用的车子保护着卫侯辄奔鲁。

子路将入，遇子羔将出，曰："门已闭矣。"子路曰："吾姑至焉。"子羔曰："弗及，别难为我了。"

子路说："我食禄于孔氏，不当避其难。"

子羔走了。他们进去了。刚进门，被看门人蒯聩拦住，说："别进去了，里面没人。"

子路说："我听到里面有人说话，是公孙的声音，求利焉而逃其难。由不然，利其禄，必救其患！"

曰："太子焉用孔悝？虽杀之，必或继之。"即必有人继孔悝攻太子。且曰："太子无勇，若燔台，必舍孔叔。"

太子闻之，惧，下石乞、盂厌敌子路。子路以戈击之，断缨。子路曰："君子死，冠不免。"不离身，结缨而死。

孔子闻卫乱，曰："柴（子羔）也其来，由也死矣。"鲁哀公十六年夏四月己丑，孔丘卒。

鲁哀公十六年春，孔悝立庄公（即蒯聩）为君。蒯聩自戚入卫，卫侯辄奔。蒯聩欲杀卫灵公夫人南子。

119. 孔丘之死

前述孔丘死于鲁哀公十六年四月己丑。可四月无己丑。己丑为五月十二日。所以孔丘死的时间应为鲁哀公十六年，公元前479年5月12日。鲁哀公诔[1]之曰："旻天[2]不吊，不慭[3]遗一老[4]，俾屏[5]余一人以在位，茕茕[6]余在疚。呜呼哀哉！尼父，无自律[7]。"

注

[1] 诔：悼辞。

[2] 旻（mín）天：天空、上天。

[3] 慭（yìn）：愿。

[4] 老：指国老。鲁哀公十六年尊孔子当国老。

[5] 俾屏：屏借、凭借。

[6] 茕茕：孤立。

[7] 无自律：言至此之后再无束缚了。

120. 巴人伐楚

巴[1]人伐楚，围鄾。三月，楚公孙宁、吴由于、薳（wěi）固败巴师于鄾，故封子国于析[2]。

注

[1] 巴：指四川川北巴国。这是迄今见到的最早的巴楚之战的记录。巴为姬姓国。子爵。原地在湖北襄樊市附近。因君称为巴子。楚使斗廉帅师与巴师围鄾（yōu），邓养甥、聃甥帅师救鄾。三逐巴师而不克。后来斗廉"横陈其师于巴师之中以战"，遂败巴人。邓人背巴师，逐之，邓师大败。鄾人宵溃。

[2] 析：楚地，在今河南内乡县。

121. 男左女右

《墨子》第十五卷，号令第七十记载：诸男女有守于城上者，什六弩、四兵。丁女子、老少，人一矛。卒有惊（紧急）事，中军疾击鼓者三。城上道路、里中巷街，皆无得行，行者斩。女子到大军，令行者男子行左，女子行右，无并行，皆就其守。不从令者斩。

注

上述记载表明在春秋时期，因战争，城防攻守实行全民军事化。在一般情况下，闾里也和军队一样实行连旅师军编制。到战时，进行完全的军事化训练。战争一旦发生，敌人迎近，守城的规定更为严格。

惊事，指有紧急情况发生，士卒要击鼓三次，然后实行禁令，道旁路上大街小巷均禁止通行。违令者斩。

这恐怕是世界上女子当兵的最早的记载。女子当兵有严格的规定。当兵的女人和男人要分开走。规定男子行左，女子行右，不可以并行，并守。男女士兵各司其职，"不从令者斩"。长夜五巡行，短夜三巡行，四面之吏皆尽其守，不从令者斩。

这些规定，虽出于戍守备奸，时间一长便成一种习俗：男左女右。这一习俗的传延就成为一种常见的民族习惯。可能还有比这早的，但有明确记载的，是《墨子》号令第七十。

122. 娥傅之守

娥傅是春秋时的一座古城。在什么位置，不清楚。但《墨子·备突第六十一》的描述是清楚的。按一般情况，城的东南西北都有城门。王侯居城中央。因此对城的四门的守备，就关乎城的存亡。根据《墨子·迎敌祠第六十八》的描述，我们可以看到以下几种情况。

（一）战前有祭祀

"敌以东方来，迎之东坛，坛高八尺，堂密八（有堂八个），年八十者八人。主祭；青旗、青神长八尺者八。弩八，八发而止。将服必青。其牲以鸡；敌以南方来，迎之南坛。坛高七尺，堂密七。年七十者七人。主祭；赤旗、赤神长七尺者七。弩七，七发而止。将服必赤，其牲以狗；敌以西方来，迎之西坛。坛高九尺，堂密九。年九十者九人。主祭；白旗、素神长九尺者九。弩九，九发而止。将服必白。其牲以羊；敌以北方来，迎之北坛，坛高六尺，堂密六，年六十者六人。主祭；墨旗、黑神长六尺者六，弩六，六发而止。将服必黑，其牲以彘。"这是《墨子》卷十五，迎敌祠的记载。在这个记载中我们看到的是：

第一，这是战前的祭祀，并非战事布局，更不是战争，而是巫卜对祈祷的规定与要求；

第二，东南西北方位概念清楚，祭坛设置、祭礼要求明确；

第三，祭旗的色彩与方位神灵的颜色相应，已明确显示出了东方青、南方赤、西方白、北方黑的天神系统。它们让人相信，青神赤神白神黑神四大天神天帝之说在墨子时代就已经形成了。

（二）冗土而入，缚柱施火

冗（rǒng），乳勇切，指冗杂，间冗。古人为守备，设冗员，相当于现代的预备人员。所以《墨子第十卷·备穴第六十二》的专论。文中说有一天禽滑釐问墨子说，"敢问古人有善攻者，穴土（钻洞）而入，缚柱施火，以坏吾城"，该怎么办呢？答案是还以火攻。《墨子卷十四·备城门第五十二》："穿其（jī，姬冗），令其广必夷客队，疏束树木，令足以为柴搏，以柴搏从横施之。""大城丈五为围门，广四尺。为郭门，郭门在外，为衡。以两木当门。凿其木，维敷上堞。断城以板桥。城内有傅壤，凿其间，深丈五尺，室以樵，可烧之以待敌。为再重楼，下凿城外堞，内深丈五，广丈二，皆令有力者主敌"。那里安装有转射机。机长六尺，令善射之者。城上百步一楼，三十步一突。城上为攒火，置火其末，并置一弩一戟一椎一斧一艾。同时皆积参石（dàn）、蒺藜。持水者必以布麻斗、革盆，必以大绳为箭，城上十步一钦有水瓴，备有米，人二斗，可以烧饭吃，可以长期用作守备。城门周围散沙砾铁。围门两扇，可自闭。遇火城门边设有救阇池。

战争开始后，"以柴为燔，十步一人，居柴，内弩。战且北，以须炉火之然也"。"穴垒之中各有一狗，狗吠即有人也"。难近穴为铁，为铁钩钜长四尺，以钩客穴者。"穴彻以斗。以金剑为难"。上述这些防守，包括地下室，城堞设置、机械、口粮、兵器的准备，足以应敌，《墨子第十卷·备穴第六十二》记载。

（三）兵器

谈到的守备兵器，有很多都是铁制的或机械操作的。例如：

1. 大铤（tǐng）：箭必入橐中者。以铜、铁铸。

2. 斀（dú）：杜门之假借音。这种兵器是一种什么形状的器械，不清楚。

3. 广矢：箭矢。

4. 延堞：高六尺。

5. 弩简格：简同冻。弩简格为何物，不清楚。

6. 转射机：机长六尺，貍（机体）一尺。

7. 辒：长二尺。

8. 道臂：臂长至桓。二十步令一善射者佐之。

9. 突：三十步一突。突九尺，广十尺，高八尺。

10. 凿：广三尺，表二尺。

11. 攒火：长以城高下为度。

12. 火兀。

13. 弩。

14. 戟。

15. 椎。

16. 斧。

17. 艾（草）。

18. 石荚藜。

19. 丌貍（机体）：三尺。

20. 藉莫：长八尺，广七尺。

21. 丌木：广五尺。

22. 藉车：二十步一藉车。

23. 丘：垄（田野中的高出地方）。

24. 布麻斗革盆。

25. 柄：十步一柄，长八尺。

26. 敝裕：破衣服。

27. 新布：长六尺，中拙，柄长丈。十步一。

28. 鈂（chén）：鈂臿，一种起土工具。

29. 水瓯：大水缸，可容三石以上水。

30. 散沙砾铁。

31. 坚、栈、剡、鼓、橐。

32. 狗犀环。

33. 冗：二十步一量冗，冗高十尺。

34. 杀俚两罂。置板丌上。

35. 贝册板。

36. 丌户：每丌熏四十什。燃炭杜之。

37. 牛皮橐。

38. 爐：炉。

39. 围：遇敌人，围而无逐，战且北，以须炉火之然也。

40. 铁轶。

41. 铁钩：长四尺。

42. 䶖矢。

43. 金剑：以金剑为难，长五尺，为錾木宋（斤釜穿木柄）。

44. 锯、凿。

45. 钁。

46. 铁校。

47. 卫冗四：中橹。

48. 醯：持醯客即熏目。

以上是从《墨子》一个章节中摘出的古兵器，有一些一看即明白，有一些尚不知是何器物。

从上述可见，春秋时，诸侯们战胜敌人，争取战争的胜利，在守城攻防中，动了许多脑筋，有许多发明创造。虽然战争给人民带来了痛苦，甚至国家的灭亡，氏族的毁灭，却也留下了古人的智慧。许多新的兵器和防守战术就是明证。战争是智慧的天平。总是有创造者胜，无创造者亡。

123. 子坠井，母道之

今有负其子而汲者，坠其子于井中，其母必从而道之。今岁凶，民饥，道馑，重其子此疢于坠，其可无察邪？

（一）筑宫室

《墨子·辞过第六》，子墨子曰："古之民，未知为宫室时，就陵阜而居，穴而处。下润湿伤民，故圣王作为宫室。为宫室之法曰：室高足以辟[1]润湿，边足以圉[2]风寒，上足以待雪霜雨露，宫墙之高，足以别男女之礼。

当今之主，其为宫室，则与此异矣，必厚作敛于百姓，暴夺民衣食之财，以为宫室，台榭曲直之望，青黄刻镂之饰，故国贫而民难治也。"

（二）制衣服

故圣人之为衣服，适身体，和肌肤，而足矣。

必厚作敛于百姓，暴夺民衣食之财，以为锦绣文采靡曼之衣。铸金以为钩，珠玉以为佩，女工作文采，男工作刻镂，以为身服，此非云益暖之情也。其为衣服非为身体，皆为观好，是以其民淫僻而难治，其君奢侈而难谏。

注

［1］辟：避。

［2］圉：音御，同禦，禦风寒，即御风寒。

（三）圣王不为乐［1］

《墨子·三辩第七》，子墨子曰："圣王不为乐"。

子墨子曰："昔者尧舜有茅茨者［2］，且以为礼，且以为乐。汤放桀于大水［3］，环天下自立以为王，事成功立，无大后患。因先王之乐，又自作乐，命曰《護》，又修《九招》，武王胜殷杀纣，环天下自立以为王，事成功立，无大后患，因先王之乐，又自作乐，命曰《象》。周成王因先王之乐，又自作乐，命曰《驺虞》［4］。周成王之治天下也，不若［5］武王，武王之治天下也，不若成汤。成汤之治天下也，不若尧舜。故其乐逾繁者，其治逾寡［6］。自此观之，乐非所以治天下也。

注

［1］乐：有两个含义，一音 lè，指欢乐、快乐。指精神的愉悦。一音 yuè，指音乐。《墨子·三辩第七》的这段话是一个叫程繁的人问墨子时说的。

程子问墨子：圣王不为乐。昔诸侯倦于听治，息于钟鼓之乐。士大夫倦于听治，息于竽瑟之乐。农夫春耕夏耘，秋敛冬藏，息于聆缶之乐。今夫子曰圣王不为乐，是何道理？所以子墨子曰：昔者尧舜有茅茨者，且以为礼，且以为乐那一番话。其实，这里说的是尧舜不享乐，并不是不作音乐。

［2］茅茨：指盖的房子（宫室）是茅草，未经剪修过，尧舜却以此自得其乐。

［3］汤放桀于大水：汤放桀于巢。今巢湖凌家滩有汤放桀庙址。不知大水是否就是这里。

［4］護、九招、象、驺虞：是音乐的名称。

［5］不若：不如。

［6］故其乐逾繁者，其治逾寡：指音乐的表现越来越复杂，追求享受越来越

多，而对国家的治理却相反，越来越简单，事事不管，只顾享乐。

124. 尚贤使能

尚贤，即崇尚贤人。

《墨子》第二卷有《尚贤》上、中、下三篇。他提出"尚贤是为政之一"，认为要想治理好国家，第一要务是物色贤人。俗话说卑贱者聪明，高贵愚蠢。治国也一样。"愚且贱者，则治。贵且智者，则乱。""是故国有贤良之士众，则国家之治厚，贤良之士寡，则国家之治薄。""故大人之务，将在于众贤而已。"用今天的话来说，就是如何物色有知识有文化有本事而不被征用的"贤人"。真正的千里马不是圈养的，而是在大野里生长的。要想得到千里马，就得下工夫去发现。物色贤人也同样。

"故古者圣王之为政，列德而尚贤。虽在农与工肆之人，有能则举之。高予之爵，重予之禄，任之以事，断予之令。"这里涉及的是上古圣王的选人用人的标准，首先是"以德就列"，先看其德能；其次，给予以一定的官职权限，叫做"以官服事"；第三是要量功而禄。这就形成了"故官无常贵，而民无终贱，有能则举之"的局面。

"故古者尧举舜于服泽[1]之阳，授之政，天下平；禹举益于阴方[2]之中，授之政，九州成；汤举伊尹于庖厨之中[3]，授之政，其谋得。"尧舜禹汤尚贤而治，所以说"尚贤"是"为政之本"。

再说贤人都是不党父兄，不偏富贵，不嬖颜色（不好色）的人。他们都是被不肖者废而不用才贫而且贱的人。老百姓都亲近他们，听他们的话，加上他们办法多，肯为老百姓着想，所以贤者治邑，"蚤出莫入，耕稼树艺、聚菽粟，是以菽粟多而民足乎食。故国家治则刑法正。"

贤人为政的目的是为国家百姓。这是根本。王公大人丢掉了"这个为政之本"，所以他们"本失尚贤为政之本"，是难以治理好国家的。

与尚贤举能相反，是富贵为暴者众。三代暴王桀纣幽厉都是例子。他们诟天侮鬼，贱傲万民，最后落得个身死刑戮，子孙离散，室家丧灭，绝无后嗣，万民非之，谓之暴王。

这一正一反的例子说明尚贤举能实是治国之本，古今不废，举世不废。可以说是千古不变，举世不变的铁律。谁废谁亡。

注

[1]服泽：不知何处。《尚贤中》说："古者舜耕历山，陶河滨，渔雷泽，尧

得之服泽之阳。"《史记》说是雷夏泽。那儿有阳城县，县有濩泽，濩服同音，故有人认为是濩泽。

[2] 阴方：此地址不详。公认的是舜耕于历山。《淮南子》说历山在沸阴成阳县。皇甫谧说沸阴即洛阴，"定陶西南陶丘亭是也"。这就是说阴方即济阴，在今山东省西南菏泽市北，那里有当泽、成阳、济水、定陶等地名。

[3]《尚贤中》有："伊挚，有莘氏女之私臣。"《吕氏春秋》云"有侁（莘）氏女子采桑，得婴儿于空桑之中，献之其君，令烰（厨）人养之，长而贤，汤闻伊尹贤，使人请之，有侁氏不可。伊尹亦欲归汤。于是汤请娶妇为婚。有侁氏喜，以伊尹为媵，送女。汤遂得伊尹。"《括地志》说："古莘国在汴州陈留县东五里。商汤得伊尹命之为相而天下大治。"

125. 言之三法：本、原、用

言必有三表。子墨子言曰：有本之者，有原之者，有用之者。于何本之？上本于古者圣王之事；于何原之？下原察百姓耳目之实。于何用之？废以为刑政。观其中国家百姓人民之利。此所谓言有三表也。（见《墨子》非命上）

墨子说："凡出言谈、由文学之为道也，则不可而不先立义法。若言而无义，譬犹立朝夕于员（日月）钩之上也。则虽有巧工，必不能得正焉。故使言有三法。三法者何也？有本之者，有原之者，有用之者。"

本，考之天鬼之志，圣王之事；

原，征以先王之书；

用，发而为刑。

本、原、用三法圣王安危治乱的法宝。上述这些就是中国本原论最生动最具体的解说。西方、古希腊、亚洲、古印度也有本原论。他们的本原具体地指火、水、地、风。中国指天、地、水、火、气，后发展为金、木、水、火、土，概括言之为五行。五行是中国的本原。

126. 傅说的传说

傅说是上古殷高宗时的贤人。他的传说最早记载于《墨子》，现摘录于下。

（1）《墨子》中有几个地方都提到了傅说。傅说是殷高宗武丁的首辅，他才能出众，治国有方，受到了人民的拥戴，大众的好评。

《墨子》中说："傅说被褐带索，庸筑于傅岩。"傅岩在虞虢之界，河西是坡下隐穴。地在今山西平陆县东25里，武丁得之，举以为三公。

（2）又记：昔者傅说，居于北海之洲，圜土之上。傅岩在虞虢之界，为胥靡筑傅岩，以供食也，衣褐带索，庸筑于傅岩之城，武丁得而举之，立为三公，使之接天下之政，而治天下之民。

127．和合焚舟

昔越王勾践，好士之勇，教训其臣，私令人焚舟失火，试其士曰："越国之宝在此，让大家奋不顾身去抢救。他亲自鼓其士，而进之。士闻鼓音，破碎乱行，蹈火而死者，左右百人有余。越王击金而退之。"（《墨子·兼爱中》）

128．大禹挈太山，越河济治天下的传说

古者禹治天下，西为西河渔窦，以泄渠孙皇之水；北为防原泒，注后之邸，嘑池（沱）之窦，洒为底柱，凿为龙门，以利燕代胡貉与河西之民；东方漏之陆防（陆防即大陆，在今山东巨鹿县）。孟诸之泽，洒为九浍（九河），以楗东土之水，以利冀州之民；南方江汉淮汝，东流之注五湖之处（在江南吴江宜兴武进、无锡、浙江乌程长兴等7县），以利荆楚干越与南夷之民。言禹之治水也是实行兼顾的。（《墨子·兼爱中》）

129．十不可胜数

《墨子·非攻十八》有讲到春秋社会的特点时说那里有十个不可胜数。

（1）今唯毋废一时，则百姓饥寒冻馁而死者，不可胜数；

（2）今尝计军上，竹箭、羽尾、幄幕、甲盾、拨（搏）劫，往而靡弊腑冷不反者，不可胜数；

（3）矛、戟、戈、剑、乘车，其列住碎折靡弊而不反者，不可胜数；

（4）与其牛马，肥而往，瘠而反，往死亡而不反者，不可胜数；

（5）与其涂道之修远，粮食辍绝而不继，百姓死者，不可胜数；

（6）与其居处之不安，食饭之不时，饥饱之不节，百姓之道疾病而死者，不可胜数；

（7）丧师多不可胜数；

（8）丧师尽不可胜计；

（9）则是鬼神之丧其主后，亦不可胜数；

（10）杀人多必数于万，寡必数于千，战争杀人不可胜数。

130．春秋祭坛

《墨子》卷十五《迎敌祠》第六十八记载：

敌以东方来，迎之东坛，坛高八尺，堂密八[1]；年八十者八人，主祭；青旗、青神长八尺者八。弩八，八发而止；

敌以南方来，迎之南坛[2]，坛高七尺，堂密七；年七十者七人，主祭；赤旗、赤神长七尺者七。弩七，七发而止；

敌以西方来，迎之西坛，坛高九尺，堂密九；年九十者九人。主祭；白旗、素神长九尺者九，弩九，九发而止；

敌以北方来，迎之北坛，坛高六尺，堂密六；年六十者六人，主祭；墨旗、黑神长六尺者六。弩六，六发而止。

按守城之法[3]，守城都要以旗为号。旗是无声的号令，都得遵守。而旗名不定，皆以其物形为名。木为苍旗，薪樵为黄旗，石为白旗，水为黑旗，食为菌旗，死士为仓英之旗，竟士为虎旗，多卒为双兔之旗，五尺童子为童旗，女子为梯末之旗，弩为狗旗，戟为旌旗，剑盾为羽旗，车为龙旗。如此等等不一而足。

注

[1]密：稠密，数量多。

[2]坛：祭坛。古人打仗出发前都要祭祀天地鬼神，祈福佑。本文所记祭坛四方都有，祭祀的神灵不同，要求不同。

[3]下一段文字为守城的旗帜标识。

解说

（1）四方坛祭祀，为巫术设计。方位、神灵、祭坛、祭物、人物，均依巫术要求而定。

（2）从此祭祀中已明确出现了四方四色四大天神，它可能是中国最早的天神系统。

（3）下文为守城之法。祭祀四方天神只是守城者出发前的一种祭祀活动。祭祀非守城，守城非祭祀，它们互不兼容，却彼此关联。

131. 庄子仪荷朱杖追击燕简公

燕简公无道无辜杀其臣庄子仪。庄子仪曰："吾君王杀我而不辜，死人毋知亦已。死人有知，不出三年，必使吾君知之。"期年，燕将驰祖。燕之有祖，当齐之社稷，宋之有桑林，楚之有云梦也。此男女之所属而观也。日中，燕简公方将驰于祖涂（途，道）。庄子仪荷朱杖而击之，简公殪之车上。当是时，燕人从者莫不见，远者莫不闻。（见《墨子·明鬼篇》）

> 注

此言乱杀无辜必遭报复。事不一定是有，思想情怀不假。

132. 句芒神

昔者郑穆公，当昼日中处乎庙，有神入门而左，其神鸟身，素服三绝，面状正方。郑穆公见之，乃恐惧奔，神曰："无惧！帝享女明德，使予锡（赐）女寿十年有九，使若国家蕃昌，子孙茂，毋失郑。"郑穆公再拜稽首曰："敢问神名？"曰："予为句芒"。

> 注

四方神灵：东方句芒，西方少昊，南方祝融，北方玄武（玄冥玄枵），在《春秋·左传》中并不是同时出现的。这里出现的是东方句芒，说明东方句芒的传说比其他都要早，亦或流传比其他要广。也表明四大天神之说在句芒之后。

133. 投桃报李

《诗经·大雅》之所道曰："无言而不仇，无德而不报，投我以桃，报之以李"，此言爱人者必见爱。即吾必从事乎爱利人之亲，然后人报我以爱利吾亲。

这是本原的爱利观，非当今的爱利观。在极重私利的当今社会最突出的是

"本国优先"，自己"优先"，而不是兼爱、同富、共济、互利。而是我是"老大"，有利我先得，这完全是违背人类的共富、共荣、共济的理想愿望的，是极端自私的世界观，为世人所不耻。

人类共同的感情是"投桃报李"，你对我好，我对你更好。你投我以桃，我报之以李。而不是你投我以桃，不仅不报之以李，甚至连一个谢字也没有。这是极端自私自利的世界观，不能不遭人唾骂。

兼爱共富互惠互利才是墨子之道。

第四章
春秋五霸与贤臣

本集根据一些史书资料，简略介绍春秋五霸，及其称雄的过程、条件、灭亡的情况。其中许多问题值得我们思索：如同一历史时期的同一时间节点上的社会进步、经济发展及社会管理体制的重大差异等。有一些问题，与当今世界的某些方面，仍有相似之处。经济发展、科学技术的飞跃，必然引起思想的革命。正是在这种情况下，才出现了春秋时期的伟大思想家和他们引领的思想文化。

一、《梼杌》中的楚庄王

二、《晋史乘》中的晋文公

三、《吴越春秋》中的吴越兴衰

四、《史记》中的秦穆公

五、齐姜与陈田

六、孙叔敖

七、范蠡

八、管仲

九、伍奢之死

十、结语:五霸兴衰

一、《梼杌》中的楚庄王

梼杌一词，至少有三种含义：一为史，一为神，一为兽。

梼杌史是记载楚庄王事迹的史书，名《楚史梼杌》。梼（táo），杌（wù）。《史记·五帝本纪》说颛顼有不才之子，不可教训，不可话言，天下之民谓之梼杌。

《国语·周语上》说："商之兴也，梼杌次于丕山。为丕山之神。"为什么是丕山之神呢？传说梼杌是尧舜时代楚地人民敬仰的英雄人物。他和讙兜、共工、鲧相继被诛被贬，被定为"四凶"，但在人民心里他仍是英雄，而为他立祠，祠即名梼杌。四川川北地区受楚地影响，即便在小山沟里一个只有七八户人家的小村子，在三合院里，朝北正中的地方，都有一间大屋子，它不叫祠堂，而叫梼杌，所祭祀的神叫梼杌神。

另一种解释说梼杌是怪兽。《神异经》说西方大荒之中有兽焉，其状如虎而大，毛长二尺，人面虎足，猪口獠牙，尾长一丈八尺，搅乱荒中，名梼杌。

从梼杌书的内容看来，梼杌确实是一部楚史。

梼杌史，记的楚庄王的逸事。其中最主要的是叙述楚庄王时楚国与晋、陈、郑、吴、越、宋、申等国的交往与征伐。楚庄王最主要的臣子叫虞丘子和孙叔敖。由于有他们的忠心辅佐，才成就了楚王的霸业。

（一）隐　戏

楚庄王喜欢以说隐语猜谜取乐。登上王位已经三年了，他仍旧左手抱楚姬，右手抱越女，在大堂上以说隐戏取乐。左右的臣子都急得不得了，拿他一点办法都没有。有一个叫士庆的人对大臣们说："国将亡，社稷危，你们为什么不进谏呢？"大臣们说，"要谏你谏吧，我们不敢。"所以士庆就去见楚庄王。他到庄王面前，先叩了一个头，再拜而进谏于庄王说："大王，你喜欢隐戏，我问你一个隐语，你猜猜。"大王说："好，你说。"

士庆问："有大鸟，止南山之阳，三年不飞不鸣，你猜猜这是什么鸟呀？"

庄王说："你去吧，我知道了。"

士庆说:"愿闻其说。"

庄王说:"此鸟不飞,以长羽翼;不鸣,以观群臣之愿。是鸟虽不飞,飞必冲天;虽不鸣,鸣必惊人。"

士庆说:"您如所闻。"庄王大悦士庆之问,命以为令尹,授之相印。

士庆很高兴,走出大门,对左右的大臣们说:"吾王成王也。"

中庶子闻之,跪而泣曰:"臣尚衣冠,御郎十三年矣,前为豪矢,而后为藩蔽。王赐士庆相印而不赐臣,臣死将有日矣。"

王曰:"寡人居泥涂中,子所与寡人言者,内不及国家,外不及诸侯。如子者,可富而不可贵也。"

于是乃出其国宝璧玉以赐之,曰:"忠信者,士之行也,言语者,士之道路也。道路不修,士无所行矣。"

(二)虞丘子荐孙叔敖

孙叔敖是虞丘子家乡的地方官,有一次虞丘子家里的人犯了法,被孙叔敖处分了,虞丘子知道后不仅没生气,反而很高兴,认为他做得对。

后来虞丘子向楚庄王提出辞职。庄王说:"你辅佐我很多年,使我得以称霸诸侯，成为令行绝域遂霸诸侯的王者，没有你怎么行？"

虞丘子说，一个人久国禄位者，贪也；不进贤能者，诬也；不让以位者，不廉也；不能之者，为人臣不忠于君王也，臣愿固辞。"

庄王说："那你给我推荐个人吧，找到了顶替你的人，你就走。"

虞丘子说："大王，我给你物色了一个人，他是管我们乡里的地方官，叫孙叔敖。我看这个人不错，有能力，其性无欲。君举而授之政，则国可使治，而士民可使附。"

庄王听了这番话很高兴，叫引荐孙叔敖。孙叔敖见了庄王，一番谈吐使庄王十分满意，便当即允许虞丘子辞去令尹之职，让孙叔敖为令尹。

虞丘子辞职后，决定回家养老，庄王赐给他菜地300亩，赐号国老。

（三）楚庄王问国是

孙叔敖当政后，庄王向他请教的第一件事，就是问国是。他问孙叔敖："什么叫国是呀？"孙叔敖说："国是，国之有是，众非之所恶也。"用我们现代的话说就是国家重大事项的确定。所以孙叔敖说："臣恐王之不能定也。"

庄王说："不定独在君乎？亦在臣乎？"

孙叔敖说："国君骄士，曰：'士非我无由贵。'士骄君曰：'国非士无由安强。'君臣不合，国是无由定矣。夏桀、殷纣不定国是，而以合其取舍者为是，以为不合其取舍者为非，故致亡而不知。"

庄王曰："善哉！愿相国与诸侯士大夫共定国是。"

（四）茅门令

庄王颁布了《茅门令》。该法规定群臣、大夫、诸公子入朝，马蹄蹂溜者，廷理斩其辀（zhóu，辕）而戮其御。

太子入朝，马蹄蹂溜，廷理斩其辀而戮其御。

太子怒，跑到庄王面前大哭，说："为我诛廷理。"

庄王曰："为啥？"儿子说完了经过情形。

庄王说："斩得好，该斩，该戮。儿呀，你知道我颁布了《茅门令》吗？法者所以敬宗庙，尊社稷的法令，任何人都不能违反。尊社稷之人尊社稷之臣是不能诛的。夫犯法废令，不尊社稷，就是臣弃君、下陵上也。你懂吗？"

太子闻言，扑通一声跪了下来，忙叩头请罪，哭泣请死！

（五）楚庄王的征伐

梼杌书记楚庄王时的征伐很多。如楚伐陈、伐郑、伐越、伐晋、取陈、晋伐楚等。

伐陈有两次。第一次伐陈时，下了十天十夜的雨才晴，楚庄王甲列垒环，严阵以待。吴国派兵来救陈，见成列而还，庄王下令击之，吴师大败。第二次伐陈之前，庄王派人去侦察，侦察的人回来禀告说："其城郭高，沟壑深，蓄积多，其国宁也，不可以伐也？"孙叔敖说："陈可以伐也。"楚庄王问："这是为什么？"孙叔敖说："陈是一个小国，蓄积多赋敛就重，赋敛重人民就会有怨气，城郭高、沟壑深，劳力就重，民力就疲。这不是伐陈的好机会么？"楚庄王当即决定发兵伐陈，结果就一举灭了陈。

（六）两次伐郑

第一次，楚庄王伐郑，郑伯袒胸露怀，左手把茅旌，右手执鸾刀，以进言于庄王，曰："是我不好，边陲之臣以干天之祸，使大国之君沛焉，远辱至此。"

庄王曰："君之不令臣交易为言，是以使寡人得见君之玉面也，而微至乎此。"因此便令楚军退舍七里，既不掠其人，又不要其士，要的只是人心。正在这时晋国派兵来救郑，他们沿黄河而至，向楚请战。楚将建议庄王说："晋是强国，勿许。"庄王说："不可。若强国我避之，弱国我威之，如何立乎天下？"乃与晋师战。庄王亲自援枹（鼓槌）而鼓，晋师大败，晋士卒奔者争舟而去。楚王也不派人追击，乃退师而还。又一次楚军围郑，克之。郑伯并未抵抗，他肉袒牵羊迎接楚王，楚王见郑伯，见其能礼下人，必能信用其民，便麾军，兵退三十里而舍，许平，遂克郑。

（七）晋伐楚，与楚伐晋

1. 晋伐楚

晋伐楚，楚退避三舍，大夫请击之，庄王曰："先君之时，晋不伐楚，到了我即位，晋即伐楚，这一定是我有过，而有辱群臣大夫。"臣子们听了，争说，这不怪君王，而是"臣之罪也"。晋人听说楚君臣争以为过，认为不可伐，便还师而归。

明年庄王欲伐晋，派人去观察，观察者归来说："晋初之贤人都死了，谄谀者多在君侧，其君好乐而无礼，其下危处以怨上，上下离心，兴师伐之，其民必先反。"庄王从之，果如其言矣。

2. 孙叔敖谏楚庄王勿伐晋

庄王将伐晋，告于朝曰："敢谏者死无赦！"众臣不敢谏。孙叔敖曰："子畏鞭棰不敢谏其父，非孝子也；惧斧钺之诛不敢谏其君，非忠臣也。"于是谏曰："臣园中有榆，其上有蝉，方奋翼悲鸣，欲饮清露，不知螳螂在其后，曲其颈欲攫而食之也；螳螂方欲食蝉，不知黄雀在其后，举其颈欲啄而食之也；黄雀方欲食螳螂，不知童子挟弹丸在其下，迎而欲弹之；童子方欲弹黄雀，不知前有深坑，后有窟也。此皆言前之利而不顾后害者也。"庄王从之，乃不伐晋。

（八）楚庄王听谏

楚庄王筑层台，延石千里，延壤百里。大臣谏者七十二人皆死矣。

有诸御己者，对其耦（偶）曰："吾将入见于王。"

王曰："诸御己来，汝将谏耶？"

诸御己曰："然。"

王曰："何谏？"

诸御己曰："君筑层台，延石千里，延壤百里，民之衅咎，血成于通涂。然且未敢谏也，己何敢谏乎？臣闻虞不用宫之奇而晋并之；陈不用子家羁而楚并之；曹不用僖负羁而宋并之；莱不用子猛而齐并之；吴不用子胥而越并之；秦不用蹇叔之言而国危；桀杀关龙逢而汤得之；纣杀王子比干而武王得之；宣王杀杜伯而周室卑。此三天子、六诸侯，皆不能用贤士之言，故身死而国亡。"遂趋而出。王遽追之，曰："己子返矣！吾将用子之谏！"

明日，命曰："有能入谏者，吾将与为兄弟。"遂解层台而罢民役。

二、《晋史乘》中的晋文公

　　《晋史乘》是春秋国别史,不知何人所撰。其内容都是一些与晋文公相关的历史故事。

　　晋文公是春秋五霸之一,他是晋献公的九个儿子之一。他在不幸与被追杀而流亡的苦难中渡过了大半生,最后的岁月里才称霸于世。他称霸的时间虽不长,给人们留下的同情与赞美却是不少的。下面记的是他的这一历程中的几件事。

（一）晋文公遭难

　　传说晋献公有很多儿子。他的一个臣子士蒍对他说:"故晋之群公子多,不诛,乱且起。"献公听了这话后便杀了一大批公子。其他公子闻讯,恐,奔虢。

留下的几个儿子，一个叫太子申生，一个叫太子奚齐，他们与献公一起住在首都绛，今山西绛县。公子重耳居蒲，公子夷吾居屈。

太子申生的母亲是齐桓公的女儿，早死；重耳的母亲是翟（狄）狐氏的女儿；夷吾的母亲是重耳母亲的妹妹。献公讨了很多老婆，生了一大群儿子，杀了一大批后，还留下了八个儿子。其中最喜爱的是申生、夷吾、重耳。

献公娶了一个坏女人叫骊姬。她生了一个儿子叫奚齐。献公偏爱他。想废太子申生，立奚齐为太子。晋室之乱便由此而起。

献公对儿子们很不放心，总担心他们弑君。因此献公二十三年便出兵伐屈，讨夷吾。夷吾本想逃翟避难，他身边的臣子冀芮对他说："不可。重耳在那里，若去，献公一定会派兵伐翟。不如走梁。"所以，他就逃到梁国避难。献公二十五年，他果然出兵伐翟。大臣里嘎然实在看不过去，就杀掉了奚齐与悼子，派人去翟迎公子重耳，欲立他为君。重耳辞谢，劝他们另立其他公子为君。他带一帮人"负父之命出奔"。由于晋国国内无主，秦穆公便发兵送夷吾回晋。齐桓公闻晋内乱，遣隰朋率诸侯如晋。秦齐共立夷吾为君。这就是后来成名的晋惠公。晋惠公六年，秦穆公派兵伐晋。晋惠公以姊为穆公夫人，才得以太平。十四年惠公卒，其子圉（yǔ）继位，是为晋怀公。圉怕秦，命令跟随重耳的人回国，否则将杀其全家。狐突的儿子狐毛、狐偃都追随重耳，不肯应召，怀公怒，就杀了狐突。秦穆公便派兵送重耳回国，在高梁杀死了怀公圉，让重耳即位。重耳即位后称晋文公。

晋文公，自少好士，年十七，即有贤大夫五人相佐。他们是：赵衰、狐偃咎犯、贾佗、先轸、魏武子。是他们帮助重耳渡过了重重困难。

献公即位时，重耳年二十一岁。

献公十三年，以骊姬故，令重耳备蒲城守秦；

献公二十一年，献公杀太子申生；

献公二十二年，让宦官履鞮杀重耳。重耳逾垣走，宦者追来，重耳已越过墙，只斩断其衣脚。重耳逃出来后逃到其母国，投奔舅舅。当时他已43岁了。随从他的人也随他到了狄地。狄国人在讨伐咎如时虏获了两个女子，长女嫁给重耳，生了两个儿子，一个叫伯儵，一个叫叔刘。少女嫁给赵衰。生了一个儿子叫赵盾。重耳在狄国五年，直到献公去世，想立他为君，才派人接他回来，可他不愿意，坚持不就，所以才立其弟夷吾为君。称晋惠公。惠公畏重耳，派人杀重耳。重耳与赵衰等人商议往齐。过卫时，卫文公不礼遇。过五鹿时，在郊外肚子饿没饭吃，向人讨饭。郊野人不仅不给饭，反而拿土块装在他的饭盒里。重耳怒，欲杀之。赵衰说："这是天意，它表示你将来一定会拥有土地。你该接受。"

重耳这才消了气。接受了那碗土。重耳到了齐国，齐桓公礼遇他。把宗室的两个女儿给了他，还送他80匹马。

重耳在齐五年有家有室，乐不思归。齐夫人劝他离齐回国，重耳不听。他的妻子便杀了侍者，断了他留恋女色之心，劝其离开，可他仍不肯离开齐国。他的妻子便与赵衰等人商议，设宴将他灌醉，抬上车离开了齐国。

重耳酒醒后，见自己卧在车上，大怒，拿起金戈，刺向舅犯。舅犯说："如果你杀了我能成就你的事业，我乐意让你杀。"重耳说："如果事业不成，我就不是舅舅的肉了。"

后来他们经过曹国时，曹国也无礼。因为曹公听说重耳有并生的肋骨，他感到奇怪，想趁他洗澡时偷看一眼，看看并生的肋骨是什么样子。幸好被手下大臣僖负羁阻止了。劝曹公礼遇，曹公不听。僖负羁私自送了些食物和玉璧给重耳，送他们离开曹国。

到宋国，遇上了宋楚泓之战，国王负了伤，无法接待，令大臣们好好款待，然后才护送他们离开。

到了郑国，他们也不十分高兴。因为郑文公不肯礼遇。郑叔瞻劝国君说晋公子贤德，先祖是武王。郑君不肯听。臣下说，既然不肯接待他们，就杀了他们，郑君也不肯听。

重耳带着一群人到楚国。楚成王以诸侯之礼相待。令重耳受宠若惊，连忙说，不敢当，不敢当。赵衰对他说，你出亡在外十几年，小国都轻视你，大国都重视你，楚以诸侯相待，不能辞让。接着楚成王接见了重耳，问他："如果你返国即位，该用什么东西来报答我？"

重耳说："羽毛齿角玉帛等物品，都是君王多得的东西，我不知用什么来报答。"

成王说："还是说说用什么来报答吧！"

重耳说："如果万不得已，在平原大泽以兵车交战，请允许我退避君王三舍之地。"

楚将子玉怒，说："君王用最厚的礼节接待你，你今却出言不逊，君王，请允许我杀了他！"

楚成王说："晋公子贤，长久在外，过着窘困的生活，追随他的都是栋梁之材，这是上天安排好的，哪能杀呢？"

秦国素来怨恨太子圉，闻重耳在楚，便召他回国。楚成王对重耳说："秦君贤，子其勉行。"厚送重耳。

重耳至秦，秦缪公以宗女五人妻重耳。令子圉妻与往。重耳不欲受。经说服，遂受。缪公喜，与重耳共饮。缪公欢送重耳。重耳下拜曰："孤臣之仰君，如百谷之望时雨。"

晋惠公十四年十二月，秦缪公发兵送重耳返国。重耳出亡19年结束。时年62岁。

（二）晋文公归国

晋文公元年。春，重耳返国。立。咎犯求去。重耳宣誓曰："若返国所不与子犯共者，河伯视之。"乃投璧河中，以与子犯盟。

介子推是随从者，见咎犯要功，在渡黄河的船中听了这话，深深为之羞愧，表示"吾不忍与诸位同"，乃自隐渡河。从此介子推便悄悄离去，独自隐居山林。介子推的母亲问明原因，认为儿子做得对，也跟着儿子一同隐居山林不肯出来。介子推的随从同情他，就在皇宫的大门上挂了一幅字："龙欲上天，五蛇为辅。龙已升云，四蛇各入其宇，一蛇独怨，终不见处所。"

文公出宫见字，叹息说，我正为王室忧虑，没来得及考虑怎样赏赐他的功劳呢。便派人去找介子推，可他又走了。听说他躲进了绵山里，文公派人找遍了绵山也没找着。他就把绵山封给了介子推，并令绵山改名为介子山。后人传为晋文公为找介子推而烧介山。介子推被烧死也不出来。为纪念他，将这一天——五月五日改成了端午节。

晋文公元年二月入晋师，丙午，入于曲沃，丁未，朝于武宫，即晋君位。他称文公后，路依旧是不平坦的。

他刚把宫室修缮好，又派人去梁追杀怀公，清除内患，宫内却出了一件大事。

吕省、郤芮是怀公的旧臣，不附文公。文公立国后，因害怕，便与党徒商量阴谋烧宫室，杀文公。有一个参与策划名叫履鞮的同谋者跑来告密，求见文公。可文公却躲在王宫里不肯接见他，说："不见。蒲城之事，汝斩予袪，我从狄君猎，汝为曹公来求杀我。惠公要你三日赶到，你一日就赶到了，杀我之心如此急切，是何道理？"

那个宦官说："我是刑余之人，不敢以二心事君主。背叛君主，所以得罪了你。现在刑余之人，有事向君王报告，君王却不肯见，祸患又将降临了。"于是文公接见了他。

他就把吕、郤欲烧王宫之事告诉了重耳。重耳便换装出行到王城与秦缪公在那里会面。三月己丑日，吕、郤真的谋反，烧了王宫，却不见重耳。只见文公的卫士与他们死战。吕、郤不敌，败逃。秦穆公设计诱骗吕、郤他们，把他们一同杀死在黄河边上。清除了他们，这才使晋国的国内局势平静下来，让重耳安心治国理政。

（三）晋文公理政称霸

晋文公理政，有几件大事。一是分土地给农民。据《晋史乘》三十七记载，晋文公问政于舅犯，舅犯对曰："分熟不如分腥，分腥不如分地，'地割以分民，而益其爵禄，是以上得地而民知富，上失地而民知贫。古之所谓致师而战者，其此之谓也。'"分了地给地主，地主把土地租给农民种，便一下改变了农村的状况，获得了国人的拥护。

文公见益曰季问他："谁的庙在这墙的西边？"

益曰季说："君之老臣也。"

文公问："再西边是谁的？"

对曰："是比我更老的老臣，他的墙坏而不筑。"

公问："为什么不筑呢？"

对曰："他一日不稼，百日不食。"

文公出而告诉仆，仆又去告诉大臣轸说："《吕刑》说，一人有庆，兆民赖之，为君之明群臣之福也。"

听了这些话后，晋文公便下令：不要修很多宫室，占人田地妨人室宅，板筑时不要在农忙时节，妨止夺农功。

由于推行这些政策使晋国的农业生产很快就恢复了活力，经济上日益强大起来。

重耳理政的第二方面是善用贤臣。文公使原季为卿，辞曰："夫三德者，偃之出也。"他使狐偃为卿，使狐毛为将上军，狐偃佐之。狐毛卒，使赵衰代之，让赵衰作五军，赵衰为新上军，箕郑佐之；胥婴将新下军，先都佐之。子犯卒，请蒲城伯佐之。赵衰三让不失义。让，推贤也，故文公赵衰佐新上军。

文公理政的第三方面是治大理。就是现代的监狱诉讼。文公时命李离为大理。李离听到有人杀了人，便自缚于廷请死去君。文公不解说："别人杀了人，是他犯了罪，又不是你的罪，你为什么要请罪呢？"他说："臣居官为长，不与吏让位，受禄为多，不与下分利。今过听杀人，傅其罪下吏，非所闻也。"不受命。

文公对李离说："按你这么说，你自以为罪，则寡人亦有罪矣。"

李离说："法失则刑，刑失则死。君以臣为能听微决疑，故使臣为理。今过听杀人之罪，罪当死。"

文公说："弃位委官，伏法亡国，非所望也。"欲出。

李离曰："政乱国危，君之忧也；军败卒乱，将之忧也。臣不能以虚自诬也。"遂伏剑而死。

（四）晋文公的征伐

《晋史乘》[1]中，晋文公时有以下几次征伐：伐原、伐宋、伐邺、伐楚、伐卫、取五鹿、伐郑、分曹、亡虢、斩颠。

文公伐原，准备10天攻下来，所以只带了10天的口粮。但10天到了，原还没有攻下来，粮食却吃光了，只得鸣金退兵。后遇到从城里逃出来的人说城里的人粮食只够吃3天了，可以再等3天。文公说，我原来说10天退兵就要10天退兵，不能失信。遂罢兵而去。原人听到晋军如此守信就出来投降了。

原这个地方本是不可伐的，因为它与文公并无怨仇。文公出亡时，在原这里饥饿难忍命人去找点东西来吃。箕郑挈壶餐从，因迷路与公相失，饿得直哭，饿得睡不着，也不敢吃掉食物。现在攻下原这个地方，不能不使他想起故人，"夫轻忍饥馁之患而必全壶餐，是将不以原叛，便举箕郑为原令。"

文公欲伐卫。公子锄听了，仰天大笑。

文公问他："为何发笑？"

公子锄说："我听说有一个人把老婆送给了别人。有一天他出门，路过一个地边见有妇人貌美在采桑叶，想过去调戏她，走近一看原来是他的老婆。"这事使文公突然醒悟，便引师而还，停止伐卫。

文公过郑，郑不礼遇。其臣谏礼文公，不从，谏杀之也不从。现在兴师伐郑，来算账了。郑人以文物宝贝行贿文公，弗许。说只要给一个人就退兵。"谁呀？""被瞻。"被瞻说："不若以臣与之。"郑君曰："此孤之过也。"被瞻曰："杀臣以免一国之祸，我去。"被瞻入晋军，文公将烹之。被瞻曰："臣愿尽辞而死。"文公说："你说吧！"

被瞻说："尊明胜患，知也；杀身赎国，忠也，请就烹。"乃据鼎而呼："三军之士皆听瞻也：自今以来，无有忠于其君！忠于其君者将烹！"

文公听了这话大悟，乃罢而其归之于郑。郑命之为将军。

文公还，以霸主身份主持正义。听说宋君无道、蔑侮长老、分财不公而伐宋，解曹地以分诸侯，以先轸之谋取五鹿，斩文公所爱颠颉，以及攻阳胜虢、伐曹围郑等等，无一不显文公的霸气。但真正的考验在于伐春秋五霸之一的楚国。《晋史乘》所记的伐楚事，有四则。

第一则记城濮之战前的先兆。文公对舅犯[2]说："我欲与战，子以为何如？"舅犯对他说："卜战龟熸（jiān，火灭为熸，龟卜战事）是荆人也；我迎岁彼背岁；彼去我从之。"

第二则写文公与荆人（楚）战于城濮。城濮之战君问于雍季，雍季献百世之谋，他说："焚林而田，得兽虽多，而明年无复也；干泽而渔，得鱼虽多，而明年无复也；诈犹可以偷利，而后无报。"遂与荆军战，大败之。

第三则写文公与楚战。至黄凤之陵，履系解，因自结之。

第四则写文公与楚人战，大胜之，烧其军，火三日不灭。文公不赞成以诈胜。认为那不是圣人干出来的事。

上述种种战争的记载，说明文公不仅横扫那些当年蔑视他的小国小人，也敢于面对像楚国这样的大国。这不仅是因为他有一批好谋臣，和能征善战的军队，还因为他背后有秦国和齐国的支持。他的妻子有许多都是齐君和秦君送给他的，本人也是秦齐扶植起来的一个强人。

注

[1]《晋史乘》晋史。山西简称晋，是春秋战国时代晋国的所在地。山西翼城那地方周初称为唐，那里有人作乱。周公前往讨伐，平乱之后，就把唐封给了周公，并赐怀姓九宗，允许他在戎狄之间立国。周公之子，燮父徙居太原南面的晋水旁边，改称为晋侯，后来他就成了晋国的始祖。

[2]舅犯：咎犯与舅犯为一人。他是重耳的舅舅与谋士。重耳出奔19年后立国，他功不可没。在历史文献中有的写成咎犯，有的写成舅犯。

三、《吴越春秋》中的吴越兴衰

（一）吴国兴衰与吴王夫差

《吴越春秋》，汉，赵晔撰，书中记载了许多春秋时期吴国、越国自强称霸的故事。其中包括吴太伯、吴王寿梦、王僚、阖闾、夫差及越王无余、勾践等人的内外传略。徐天祐、宋毓麟为之作序。徐天祐（祐），字受之，山阴人，景定三年进士。以父相恩为将仕郎，铨试辞赋第一。德祐二年，聘为国库书监召。天祐间辞不赴命，退归城南，闭门读书，为大州教授。他每日与诸生讲经义为乐，四方学者咸至为快慰。在序中他说："隋、唐《经籍志》皆云该书 12 卷，今存者 10 卷，殆非全书。"又说："杨方撰《吴越春秋削繁》5 卷，皇甫遵撰《吴越春秋传》10 卷。此二书，令人罕见，独晔书行于世。""晔书最先出东都，时去古未甚远；晔又山阴人，故综述视他书所记二国事为详。"落款是"郡人，前进士徐天祐受之序"。宋毓麟传略不详。在序中，他说，《吴越春秋》所记之事是汉人对周事的追述，不同于《春秋》《史记》《汉书》这一类正史，是"率尔之作"。在《吴越春秋》的 10 篇之中，称传的有 3 篇，即《吴太伯传》《吴寿梦传》《王僚使公子光传》。而越则为外传，即《越王无余外传》《勾践入臣外传》《勾践入国外传》《勾践阴谋外传》《勾践伐吴外传》，另有《阖闾内传》《夫差内传》，共 10 传。

综述 10 传，可见吴越两国的兴衰，臣僚的进退与殒灭。

吴国的兴衰

吴太伯是后稷之苗裔。后稷母，有台氏女，名姜嫄。邰是一个地方。在京兆，今陕西武功县鳌城。稷之母为姜嫄，是炎帝之后，姜姓，被封于有台国。尧时稷被聘为农师，教民务农，有功，亦封之于邰，而成为诸侯。因名弃，职稷，封后，号后稷。后稷卒，其子不窋立。

后稷纳姞氏，生的儿子叫不窋。不窋生活在弘化县南五里那地方。本来在夏后氏王朝做农官。因夏后氏不务正业，衰败而丢官，奔逃至戎狄之间。他老了，儿子鞠立，鞠卒，公刘立。公刘，仁、品德很高尚，传说他"行不履生草"，避

夏桀于戎狄之间。他死了由他的儿子庆节继位。其后是子皇仆——差弗——毁
隃——公非——高圉（yǔ）——亚圉（云都）——公叔祖类——古公亶父。

古公亶父住陕西漆县东北岐山，今陕西省美阳西北。它的南边是周原。古时候那里也叫豳。古公亶父就在那里开荒种地。他有3个儿子。

老大——太伯。常到荆楚的衡山采药。后来去吴。

老二——仲雍。自号勾吴。人称吴仲，虞仲。

老三——季历。人称王季。娶妻太任氏，生子昌。

季秋，有赤雀衔丹书入于丰，即周人世居之地丰镐，止于昌户。古公亶父认为这是上天示意，因此便传位于昌。

古公欲传位于季历之际，太伯与仲雍轧出了苗头。为回避矛盾惹出是非，他们兄弟二人便来到了南方，在苏州地区住了下来。他们在那里建了一座城，叫太伯城。据记载当时的太伯城周围有3里200步，外郭300余里，名曰吴。城在梅里平墟，今天的无锡县境内。他们一同在那里耕田种地。

当时是殷纣王末年，季历卒传位给昌，封爵西伯。即周文王。文王卒，传位给太子发，周武王。武王率兄弟周公旦、周公奭一同伐殷。获胜后称王，称周武王。周武王追封古公亶父为太王，封太伯于吴。太伯住在梅里，死葬于梅里。所以梅里是吴太伯的养生之地，魂归之所，吴国之墟。

前面说了吴太伯是和二弟仲雍一起来吴的。太伯被封于吴，以吴立国。他死了后，没有传位给儿子，而是传给了弟弟仲雍。仲雍传季简——叔达——周章——熊——遂——柯相——强鸠夷——余乔疑吾——柯庐——周繇——屈羽——禽处——专——颇高——勾毕——寿梦。寿梦始称王，为吴王。这时已到春秋时期了。寿梦有四个儿子：

长子　诸樊

次子　余祭

老三　余眜

老四　季札

诸樊在位十三年卒。除丧之际，众兄弟要让位给季札，季札不受，而耕于野。诸樊骄恣，轻慢鬼神，将死命弟季余"必以国及季札"，乃封季札于延陵（今常州），号曰延陵季子。

余祭卒，传位给老三余眜。四年后余眜死，要传位给季札，季札"仰高履尚，惟仁是处"，就是不肯即位，他说，"富贵之于我，如秋风之过耳"，便逃到延陵躲了起来。无法，只好立余眜之子州于，号吴王僚。

我们看得明白，在这之前传世立国都是礼让的。但从此以后就不同了。其原

因是专诸刺王僚。王僚二年，使公子光伐楚。光是诸樊的儿子阖庐。吴师败，亡舟，惧，袭楚，复得王舟而还。公子光欲杀王僚，到吴偷偷物色凶手。王僚九年，吴使公子光伐楚，拔居巢、钟离而还。吴楚之争起于边邑处女蚕，小童争桑，两家相攻，吴不胜，更相伐，楚灭吴边邑，吴怒，伐楚，取二邑而去。这时伍子胥也因楚平王灭其家逃到了吴国，成了吴王阖闾的幕僚。伍子胥的事使阖庐十分同情。王僚使母弟公子掩余、烛庸以兵围楚。楚兵绝吴后路，使吴兵不得还，吴人闻僚亡而降楚。这时伍子胥对公子光说，"今吴王伐楚，二弟将兵，未知凶吉"，认为这是他大展宏图的好机会，便见专诸曰："今二弟伐楚，季子未还，当此之时，不求何获？时不可失。且光真王嗣也。"专诸曰："僚可杀也。母老子弱，弟伐楚，楚绝其后。方今吴外困于楚，内无骨鲠之臣，是无如我何也。"

四月的一天，公子光伏甲士于窟室之中，具酒请王僚。王僚也有所防备，准备了棠铁之甲三重，里里外外站岗放哨，围得水泄不通，不仅如此，在宴席左右都布满了亲戚，连坐立侍都是王僚的心腹之人。在这样严密的防备下，要想刺杀王僚，谈何容易。可是，刺杀者依旧得手了。他们是怎样得手的呢？

事情是这样的。酒酣之时，公子光佯装足疾，入窟室裹足，使专诸置鱼肠剑炙鱼中进之，送至王僚前，专诸扒开鱼，拎出匕首直刺王僚，卫兵们长戟交轸架在专诸胸前，专诸虽胸断膺开，他依旧把匕首刺向了王僚，贯甲达背，将王僚置于死地。左右共刺专诸，杀死了专诸。公子光的伏甲齐出，以攻僚众，尽灭僚众。一场血腥的政变把公子光推到了一个历史舞台的中央，这就是有名的吴王阖闾。他上台后的第一件事，就是感谢专诸，拜其子为客卿。

季札使还至吴，阖闾以位让，季札辞。

阖闾上台后能任贤使能，施恩行惠，以仁义闻于诸侯。举伍子胥为行人，与客礼事，谋与国政。

他问伍子胥："寡人欲强国霸王，何由而可？"

伍子胥膝行而进，垂泪顿首说："我是亡国之虏，父兄捐躯，骸骨未葬，魂不血食，前来投奔大王，幸不加戮，岂敢参与政事？"

吴王说："你就不要让了，你看我们这里多落后呀。我国地处东南，靠近海边，偏僻荒远，田畴未垦，仓廪不设，该怎么办呀？"伍子胥说："在这里想安君治民，兴霸成王，从近制远，应当先筑城郭，因地制宜，设守备，治兵库，仓廪实，一切都好办了。"

阖闾说："我就委计于你了。"

伍子胥便以人相土尝水，法天象地，建造起了一座大城。这城周围长达40余里。陆门八，以象天之八风；水门八，以法地之八卦；在大城里，筑了一座小城，城周十里，有三道门，立闾门以象征天门通阊阖之风；立蛇门，以象征地户。

城修好后，又让伍子胥和阖闾的两个兄弟屈盖余、烛佣练兵，教战士们学战术，学骑射。并大力制造兵器。春秋时候已出现了先进的冶铁技术，制造最先进的武器。请干将铸名剑二枚。干将是吴人，与越冶剑名师欧冶子同师。吴之铸剑师名干将，其妻名莫邪，他们各铸一枚剑向吴王表示祝贺。越的铸剑师叫欧冶子，他献了三枚名剑。

这些剑不是一般的剑，史称神剑。因为这些剑不是随随便便制作的。

干将作剑，采的是五山之铁精，六合之金英，候天伺地，阴阳同光，又请百神临观，干将妻断发剪爪，投于炉中，使童男童女300人，鼓橐装炭，经过千锤百炼这才铸成。剑成之后阴阳相合成为宝剑，阳剑名干将，阴剑名莫邪。阳以龟文为饰，阴以漫理为饰。剑制好了匿其阳，出其阴而献吴王。

阖闾得宝剑后又命铸剑师作金钩。并下令说："能为善钩者赏之百金。"吴国很多人都会作钩，闻言吴人竞相作钩。有一个人作了钩献于吴王，并求吴王赏。吴王说，那么多人都会作钩，都没有求赏，为什么独你一个要求赏呢？他说：大王，这钩不同于一般的钩，它是用我的两个儿子的鲜血衅成的。吴王指着一大堆钩说，哪个是你作的钩呢？钩师便向一大堆的钩呼喊他的两个儿子的名字："吴鸿、扈稽，我在此，王不知汝之神也。"话一落地，两钩闻声飞出，直至铸钩者面前。吴王大惊说："寡人诚负于子！"乃赏百金给作钩者。从这一天起，吴王就终日身不离钩。

（二）越国兴衰与越王勾践

传说越的先祖是夏禹的后代。《越绝书》里有禹传世的较为详细的记载。夏后帝少康所生的儿子被封于会稽，今绍兴。让他在那里祭祀祖先，守护夏禹的坟墓。据说夏禹死在南方，葬在绍兴。那时候的绍兴还是海滨，在这里越国开始兴起。《越绝外传》说："越王勾践，东垂海滨，夷狄文身；躬而自苦，任用贤臣；转死为生，以败为成。越伐疆吴，尊事周室，行霸琅邪；躬自省约，率道诸侯；贵其始微，终能以霸。"这是对越这个海滨小国怎样发展成东南一霸的高度概括，它概述了越国兴亡的历史。

越是边陲小国，吴是东南一霸。春秋末期（公元前530—前526年）有吴王余昧和吴王僚的记载，未见有越先王的记载。最早的越王是前510年的越王允常。越比吴立国晚一些。允常从他的先王传了大约有20多代人，他们悄悄地在这个偏远的海边生活,并没有多少人注意他们。不像北方的齐、燕、韩、赵、魏、中山、卫、秦、陈、蔡、鲁、宋、郑、晋、曹及南方的楚、吴等国,他们相互征伐兼并。直到公元前496年越王允常去世时,越国才与外界发生了摩擦。

当时,吴王阖闾得知允常去世,便趁机伐越。越王勾践刚即位,为对付吴国的入侵,他组织了一支敢死队,三人一排冲到吴军面前大呼一声,然后一齐自刎。吴国军人被这一事件惊呆了。越国趁吴军惊愕走神之际,突然猛攻,在樵李大败吴军,吴王阖闾被射伤了足,不久就死了。临死前对他的儿子夫差说:"儿呀,必毋忘越。"要儿子为他报仇。从此吴越便结下了怨仇。

勾践即位的第三年听说吴王夫差日夜练兵,想报仇。他想先发制人,主动出击。被范蠡阻止了。范蠡说,"不可","战争是不仁道的。以战争解决矛盾是下策,战争是杀人凶器,是下策,是万不得已才能使用的。否则,就违背了上天的旨意,是注定要失败的"。勾践不听,贸然出兵。吴王夫差早有准备,听说越想进攻吴国,就集中全国精锐主力于夫椒,越王勾践果然进攻吴军,被吴王夫差大败于夫椒。越王只得以余兵5000人栖于会稽。吴王夫差带着人马把勾践团团围住会稽山上。越王后悔不听范蠡的话,急忙向范蠡检讨,承认错误,并向范蠡讨教下一步该怎么办。范蠡对他说:"持满者与天,定倾者与人,节事者以地。卑辞厚礼以遗之,不许,而身与之市。"这话是什么意思呢?用现代的话说就是:"要想保持国家的全盛不衰,一定不能自满,违反天道。想要扭转国家的局势,做人一定要谦卑,节约能致富,种植要因地制宜,只有用谦卑的语言和丰厚的礼品去与各对手打交道,即使是当奴隶也好,只要能全其身,将来就会有办法。"

越王勾践在无可奈何之际,只好同意这个办法。他就带了大夫文种到了吴国,向吴王请罪求和。

文种到了吴国后,跪行到吴王面前,叩头说:"您的败军之臣勾践派他们仆从来向您禀告,勾践现在情愿做您的奴隶,他的妻子,情愿做您的婢女。"吴王见他们很可怜便一口答应了。

吴王夫差的臣子伍子胥劝阻吴王:"千万别答应他。现在天老爷把越国给了我们。不能允许他们存留。"

文种回到越国,将情况报告了越王。勾践准备杀妻灭子与吴国拼死一战。文种劝勾践说:"吴国的太宰嚭也是从楚国跑出来的,他这个人很贪婪,可以送些珍宝美女给他,请他帮忙说点好话。"于是勾践暗中让文种送珍宝与美女给伯嚭。伯嚭很高兴领着文种再去求吴王,祈求宽大,说:"如果大王宽赦,勾践愿将越国的财宝都献给您。如果不肯宽赦,就只有一条路:杀了妻儿,烧毁宫室,毁了珍宝,率5000人与您死拼到底。"伯嚭从旁劝吴王同意。吴王便答应了越王的

第四章 春秋五霸与贤臣

请求。

伍子胥又出来劝阻吴王夫差说:"现在不灭越国,将来要后悔的。因为勾践是一个有才能的人,他的手下又有文种、范蠡相助,他们一旦返国,定会大祸临头。"吴王不听,宽赦了越王,撤走了军队。

吴王宽赦了越王,使他回到了国都。从这一天起,勾践就每天吃苦耐劳地干活,给吴王养马打扫马厩,冥思苦想,不忘报仇。他把一个猪苦胆用绳子拴着,吊在席边,坐卧都能看到它,每次吃饭喝水之前都要伸出舌头舔一舔,不忘反问自己"勾践你忘了会稽之耻吗?"经过他勤劳耕作,夫人奋发纺织,食不加肉,衣不重彩,礼贤下士,厚待宾客,访贫问苦,受到了国人的拥戴。勾践想令范蠡帮助治国。范蠡坚辞不受,说:"兵甲之事,种不如蠡,治国理政,蠡不如种。"勾践遂使文种理国政,使大夫柘稽和范蠡质于吴。两年后才归来。

勾践归国七年,认为自己准备得差不多了,准备伐吴,被大夫逢同劝阻了。逢同对勾践说:"国家才刚刚好一点就想出兵,吴国一旦察觉,你就大祸临头了。现在吴兵加齐、晋,怨深于楚、越,名高于天下,有害于周室,德少武功多,必自矜。不如结齐、亲楚、附晋、厚吴,吴志广,必轻战。到时候齐晋楚联合伐吴,再乘其弊一举克之不好?"越王一听,点头称"善"。

又过了两年,吴王夫差举兵伐齐。伍子胥反对。他说:"越是吴的心腹之患,

齐不是吴的敌国，不能伐齐。"吴王不听，举兵伐齐，败齐于艾陵，虏获了齐高昭子和国惠子两个大贵族，回到了吴国，很得意地训斥伍子胥。伍子胥说："大王你不要高兴得太早了。"吴王对这话很生气，伍子胥气得直想自杀。

　　文种对越王说，从伐齐这件事上，我看吴王夫差已显出十分傲慢的样子，便出个主意让他再去摸一摸底，便派人向吴借粟。

　　于是越王派人到吴说天旱绝收，请求贷粮与越。伍子胥闻言，谏吴王勿与。吴王夫差不听，与之。越王私喜。伯嚭谗伍子胥，趁机对夫差说："伍员貌忠而实忍人，其父兄不顾，安能顾王？王伐齐，员强谏，已而有功，他又怨王。王不备伍员，员必为乱。"王不从，使伍员伐齐。他不肯。伯嚭说大王你知他为什么不肯伐齐吗？因为他将自己的儿子托养于齐之鲍氏。吴王夫差一听大怒，说："伍员果欺寡人！"役返，吴王使人赐子胥属镂剑，令其自杀。伍子胥举刀欲自刎，对使者说："我死之后，请把我的头挂在吴国东门之上，让我看着越国的大兵是怎么入吴城的！"说罢遂自刎而死。

　　伍子胥死，越国消除了一块心病。

　　勾践四年的春天，吴王夫差率精兵从吴王会诸侯于黄池，以显示吴王称霸于诸侯，令老弱残兵与太子留守于吴都。

　　越王勾践早已忍耐不住了，再一次找大臣们商量。一见面范蠡就说："这回可以了。"越王乃派熟悉水战的人二千，经过训练的士兵四万，君子六千，诸御千人，突然杀向吴都。吴师大败。越军进入吴宫后，杀死了太子。这时吴国派了人飞马黄池向吴王夫差报告情况。吴王夫差正在与诸侯相会。他心里吃了一惊，又怕诸侯讥笑冷落，便强打精神，秘而不宣，盟于黄池。同时遣来人急速赶回吴都，使人以厚礼于越王请勾践许以与吴成。越王思忖，现在并未平吴，心头一软，便答应与吴和平相处。

　　又过了四年，越再次伐吴。因为越王见吴王带领的精锐部队由于极度疲惫，大都死于齐、晋。越以同样的方式围吴三年，吴师大败，越王遂入吴，居姑苏。吴王亦使特使孙雄肉袒膝行而前说："夫差不敢逆命，愿唯命是听。"勾践欲许。范蠡阻止说："天以越赐吴，吴不取。今以吴赐越，越其可逆天乎？君忘会稽之厄乎？"

　　勾践曰："吾欲听子言，吾不忍其使者。"吴使者泣而去。范蠡乃令擂鼓进兵，杀入王宫。勾践仍有些可怜吴王，说："在甬东那地方，我给你百户人家，让你到那里养老去。"

　　吴王夫差不忍屈辱，遂解下佩刀自杀身亡。临死前只说了一句话："我真没脸去见伍子胥呀！"

纵横不可一世的东吴王国，就这么轰然倒塌了。

勾践平了吴，引兵渡淮，会齐、晋于徐州。致贡于周元王。周元王命勾践为伯，赐以腊肉。勾践归还了吴时侵占的楚国、宋国、鲁国的土地，一下使周边平静下来，而横行于江淮之间。诸侯们纷纷前来祝贺，称勾践为霸王。

越王勾践称霸后，范蠡随即离去。走之时给文种留了一封信，信上说："飞鸟尽，良弓藏；狡兔死，走狗烹。越王为人长颈鸟喙，可与共患难，不可与共乐。子何不去？"文种见书之后称病不朝。越王赐文种一柄剑说："子教吾伐吴七术，我只用其三即败吴，其四在子。"文种即自杀。不久勾践也死了。

勾践以后就是鼫——不寿——翁——翳——之侯——无疆继立。

越到无疆时，北伐齐，西伐楚。齐说越伐楚，越释齐而伐楚，被楚威打得大败，杀了无疆，尽取吴地，越至此散，诸族子争立，滨于江南海上，臣服于楚。称霸一时的越国遂亡。

四、《史记》中的秦穆公

据传秦之先，是帝颛顼的苗裔叫女脩。有一天女脩正在织布，一只燕子在窗前的草地上下了一个蛋。女脩看见后就跑出去捡起来丢进了嘴里，吞进肚里。没想到不久肚子就翻腾起来——女脩怀孕了。10个月后生了一个儿子，给他取了个名字叫大业。大业成人后娶了少典的后代，一个叫女华的女娃为妻，生了个儿子叫大费。大费成人后遇上了洪水，听说尧派大禹治洪水，就跟着大禹治洪水。治好洪水，受到了帝尧的奖励，赐给他一块黑色圭板。这本来是赐给禹的，禹说："非予能成，亦大费为辅。"就把玄圭转赐给大费，大费不肯收。帝舜说："大费呀，多亏有你帮助，禹才能成功治水，这样吧，别客气了，我赐你一百旌旗（皂游飘带）。你为人好，尔后嗣将大出，就妻以姚姓玉女。"大费拜受了。舜又让大费去调驯鸟兽，将野生鸟驯养成家禽，如鸡、鸭、鹅、鸽等，将野动物驯养成家畜，如猪、羊、牛、马等。这对改善人民生活起到很大的作用。所以，舜十分高兴，就赐姓嬴，赐爵伯，大费号为翳（益），人们就尊称叫伯益。

大费（伯益）有两个儿子。大儿子叫大廉，也跟父亲驯鸟禽，后世称为鸟俗氏。传说鸟俗氏是鸟身人语。他有两个玄孙。长玄孙叫孟戏，次玄孙叫中衍，嬴姓，佐殷，生蜚廉。

大费的二儿子叫若木，即费氏，后称为费昌，在夏桀时弃夏归商，成为汤御。

大戊是殷朝的第十代帝王。他听说中衍贤，就派人去找他，想让他当助手。并到庙里去占卜。占卜的结果是吉。就去请中衍当助手。中衍干得不错，他死了就让他儿子来当助手，世世代代辅佐殷王室，因此便成了诸侯。

中衍的玄孙叫中潏，住西戎，守西垂，在那里生了个儿子叫蜚廉，蜚廉生儿子叫恶来。他是殷纣王的侍从。周武王兴兵伐纣，杀死了殷纣王，也同时杀死了恶来。当时蜚廉不在都城，殷纣王派他到北方出差，不在家。等他出差回来，一看吃了一惊，殷王朝已经完了，纣王和弟弟都死了，便在霍太山修坛禀报上天。修坛时一件巧事出现了，他从地下挖出了一副石棺。石棺上有一行字：

上帝不让蜚廉死于殷乱,现赐石棺一副,以光耀你家族。

蜚廉明白,他被留下来完全是天意。

蜚廉在这里生息,生了两个儿子。大儿子叫季胜,他传孟增(宅皋狼)——衡父——造父,周穆王的驭者,因神驭而与王良成为齐名的天神——王良造父。

蜚廉的小儿子叫恶来。他英年早逝。幸好有后,其名——女防——旁皋——太几——大骆——非子。非子在秦地建城邑,以嬴胜祭祀,后有嬴侯——生公伯——秦仲。秦仲在讨西戎时兵败被杀。

这秦仲有5个儿子。长子庄公因讨西戎有功,周宣王赐大骆、犬丘之地,同时封以西垂大夫,赐名庄公。在位44年。卒,太子秦襄公即位。时为公元前777年。他在汧水、渭水边建都邑,建鄜畤,居垂宫。襄公二十七年出了一件怪事,派人砍大梓树。在树洞里跑出来一头大公牛,直奔丰水而去。

秦穆公任好元年(约公元前659年)茅津渡一战胜西戎,四年娶申生之姐为妻,又得了百里奚。这对秦国以后的发展起了很大的作用。穆公最大的特点是会用人。

用百里奚即是一例。

秦穆公五年,晋献公举兵灭了虢国、虞国,俘获了虞国君和大臣百里奚。秦穆公娶晋国君申生之姐为妻,晋国把百里奚作为姐姐的陪嫁品送给了秦穆公。百里奚不乐意,从秦国逃走了,逃到了楚国的宛县,被楚人捉住了。秦穆公听说百里奚很能干,想以重金赎回,怕楚人不给,就对楚人说:"我们的一个陪嫁奴隶逃走了,逃到了你们这里,我们想要回来,只要你们还给我们,我们给你5张黑羊皮。"楚人答应了,收了5张羊皮,归还了百里奚。

这时的百里奚已经70多岁了。秦穆公解除了百里奚的奴隶身份,和他闲谈治国政的事。百里奚说:"我是一个亡国之臣,哪能值得与你讨论国事呢?"

秦穆公说:"别客气,我知你有本事,只因你在虞国时,国君不重用你,所以才亡国,虞亡,不是你的责任。"

穆公与百里奚一起谈治国的道理,连谈了三天三夜。穆公十分高兴,称百里奚为五羖大夫。并命他掌管秦国的政事。

百里奚说:"我不行,我年纪大了,我不如我的朋友蹇叔。他比我能干。但没人理解他。本来我想奔齐君,是他阻止了我,让我奔你来。我先到周,王子颓他喜欢牛,我养牛求见,王子颓想用我时,蹇叔又一次阻止我。我也知虞不会重用我,只是暂时栖身,不想虞亡得这么快。"

穆公听了很高兴,以重礼聘蹇叔为上大夫。

（一）救主

秦穆公十二年，晋旱，向秦借粟。丕豹等大臣谏不给。百里奚谏给。目的是为了救百姓。给了粮食用车、舟转运至晋首都绛，救晋一命。

秦穆公十四年。秦国发生了饥荒，向晋国去借粟。晋却不肯借给。不仅不肯给，反而趁机于穆公十五年兴兵伐秦。穆公让丕豹打先锋，并亲自前往击之。

九月壬戌日这天，晋君夷吾与秦军战于与晋相邻的韩地。晋军见秦军来势凶猛，弃军而走。穆公指挥部下骑着马猛追。晋君夷吾脱离大部队独自留下来与秦军战斗。晋君在转弯时马蹄被绊住，穆公追了过来，直取晋君夷吾。不想这时候晋军见君主即将被抓住，便反身救主，一下把秦穆公包围住了。晋军击穆公，将他打伤，在要他命之时，不想半道杀出一支300人的队伍救了秦穆公。这救主者是谁？他们为啥要救他呢？原来那300人是本地的戎民。当年秦穆公丢了一匹马，到处找也找不着，找到戎人这里，发现他们把马杀了吃了。穆公手下的人很恼火要杀这些戎人，穆公阻止说："吃了就吃了。马死了也不会活。他们没法活才吃马，有东西吃，是不会吃马的。"这才免了他们一场灾祸。现在他们见穆公有难，是来报答他的。

（二）卖郑国

有一天郑国有人向秦国出卖郑国，说："我是郑国守城门的，你们想要吗？给钱，我把城门的守卫权卖给你。""要哦，你们可以乘机偷袭呀！"

穆公问蹇叔、百里奚："怎么样？"

蹇叔、百里奚都说："不可。"

"为啥？"

"你想呀，跑几千里地去偷袭郑，值吗？再说，有人公开卖郑，郑国早已知道了。"

穆公不听，说"我主意已定"，于是出兵伐郑。并命百里奚、蹇叔的儿子为将。将行，蹇叔、百里奚大哭。穆公很生气，为什么我出兵你们要哭呢？这多不吉利？

蹇叔、百里奚说："我们老了不中用了，我们的儿子却在你的部队里。他们晚回来就看不着我们了。"他们又暗对儿子说："如果你们打败仗，一定是在崤山险要之地，要当心呀！"

部队经过周国北门,卫孙满对他们说:"此次军队行动不合礼法,不打败仗才怪呢。"

秦军到达滑邑遇郑商弦高,他赶着12头牛准备出卖,怕被秦军捉去杀了,就趁势向秦军献牛说:"你们去讨伐郑国,郑国早已作好了准备,特地派我牵牛来慰劳。"

秦将听了说:"本来是去偷袭的,现在家喻户晓,连小商都知道,还偷袭什么?转去吧!"于是他们就掉头回去了。回去时,不好意思,捎带灭了晋国的滑邑,不想惹出了大祸。

因为这时晋文公死了,尚未发丧,太子襄公即位。他对大臣们说,"秦太无理,趁我国丧事,欺我孤儿,趁机占我滑邑",便将孝服改成了黑色。此语一出,晋国上下群情激愤,他们迅速在崤山截断了秦军的退路,将秦军彻底消灭,还活捉了3个将军。由于秦晋有多重亲缘关系,几经说合才将3位将军放回了秦国。不然真没脸见人了。秦穆公无法,只好丧服接他们归国,并公开检讨说:"是我不好,是我不好,我没听百里奚、蹇叔的话。"

五、齐姜与陈田

齐桓公即位后把内部安顿好，便立即把目光和精力投向了中原。他登太行观天下，封禅泰山，九合诸侯，一匡天下，身边有管仲当参谋，称霸中原，无人可敌。

（一）家事不顺，国事难安

俗话说家事不顺，国事难安。齐桓公理政称公之后，并没有好日子过。这首先得从他的家庭说起。

齐桓公有3个老婆，均无子。

王姬，无子；

徐姬，无子；

蔡姬，无子。

齐桓公有6个妃子，有一大堆儿子。

卫姬，生无诡，有宠；

小卫姬，生惠公元；

郑姬，生孝公昭；

葛嬴，生昭公潘；

密姬，生懿公商人；

宋华子，生公子雍。

没儿子苦恼，儿子多了也苦恼。因为他们争权夺位，水火不容，搅乱了齐家天下。

管仲卒，桓公病。冬十月桓公卒。五公子争立。易牙与竖刁杀了群吏，立无诡。由此惹出祸来。子昭奔宋，五公子相攻，弄得桓公死在床上67天，都生蛆了，甚至"尸虫出于户"也无人管。可以说这是春秋五霸中死得最惨的，堂堂中原盟主落得这般结局，是任何人都想不到的。

桓公有子10余人，争立者5：无诡、孝公、昭公、懿公、惠公，尽管他们后来都通过杀戮登上了王位，但不肯为桓公收尸是有愧祖宗的。无诡立后到十二月辛巳夜，才给他做了口棺材下葬。这个惨状是一般人无论如何也想不到的。夺利无孝子，争权也无仁义。

（二）齐归于田

据《史记·田敬仲完世家》说：陈庄公去世后，弟杵臼为陈国国君，即陈宣公。二十一年陈太子被杀，大夫陈完怕牵连逃到了齐国。齐桓公想让他任上卿，他不肯，就让他当管理工匠的官。齐桓公十四年，齐懿仲把女儿嫁给了他。陈完去世后被谥为敬仲。陈完，陈国人，本姓陈，到了齐国换姓为田，改名为田敬仲。田敬仲死后，儿子稺（孟夷）即位，孟夷的儿子湣，字孟庄，孟庄的儿子须无，谥文，即田文子。田文子是齐庄公时代的驾前臣，儿子桓子无宇有二个儿子，即田开（武），田乞。田鳌，他也是齐景公的驾前臣，大夫。为讨好民众，田乞常常小斗进大斗出，在齐国很得民心。晏婴多次提醒齐景公，要他当心防止政权落入田氏手中，不听。晏子死了，景公病重，令大臣们立荼为太子。景公死，荼即位为君，此即晏孺子。但田乞不悦，因为他想立景公的另一个儿子阳生为君。晏孺子为君之后，阳生便出逃到鲁国。田乞派兵攻晏孺子。并将阳生接回

藏在自己家中。借口说儿子田常的母亲举行家祭，请大家喝酒。客人们到齐了，田乞叫人拿出一个布袋，当众打开来，里面钻出一个人来，原来是阳生。田乞便对众人说这就是我们未来国君。阳生立，称齐悼公。他一上台就派人把晏孺子送到骀邑那地方杀了。齐悼公四年田乞死，田常继其位，这就是人称的田成子。他们杀了齐简公，立简公弟骜为君。即齐平公，田常为相。他采取了一系列措施，如把以前侵鲁、卫的地还给他们；与晋、韩、魏、赵氏结盟；与吴、越通使交好；论功行赏，亲近百姓；大斗出小斗进，让利于民，如此之类施行五年，齐政便归田常了。田常死，被谥号为成，称为田成子。

六、孙叔敖

孙叔敖是楚庄王时一位敢讲话的令尹，名蔫敖、艾猎，又名孙叔敖。他本是楚国的一个地方官。庄王最早的令尹叫虞丘子。《楚史梼杌》说："有一天虞丘子对楚庄王说：臣窃选国俊，下里之士曰孙叔敖，秀嬴而多能，其性无欲。君举而授之政，则国可使治，而士民可使附。"

庄王说："子辅寡人，寡人得以长于中国，令行于绝域，遂霸于诸侯。非子如何？"

虞丘子说："久固禄位者，贪也；不进贤能者，诬也；不让以位者，不廉也；不能三者，不忠也。"楚庄王无话可说，只好允许他辞职。但要他推荐出一个贤臣才能离开岗位。楚庄王赐虞丘子菜地三百亩，封其为国老，要求他推荐一位令他满意的令尹。虞丘子便对庄王说，有一次他家的人犯了法，受到地方官的惩处。那个地方官叫孙叔敖，他不畏权贵，敢于公正执法。《春秋·左传》鲁宣公十一年，公元前598年记载：孙叔敖城于楚邑沂。沂在今河南正阳县。其时的官名为封人。就是掌管社坛疆界祭坛、城垣建筑的人。此职与守典封疆的官有很大的不同。他主管建筑，不管祭祀，不是祭祀官，相当于现在的工程师技术员一类的官员。他的主要任务是虑事。即考虑坛垣等的建筑事项。例如：

计算这个工程需用工多少，确定工程的开始和终止日期；

筹划资财的来源和分担办法；

确定工程用人的配额，过去叫"平板斡（guǎn）"；

准备工具，分配工具；

鉴别土物的类别、质素等地质情况；

考虑工程的远期与近期的功能效用；

巡视检查基址、工程进展、质量等情况；

筹备工程人员所需的干粮；

选用工程各方面所需的主管人员；等等。

听过详细介绍后，楚庄王才同意令孙叔敖代虞丘子为楚国的令尹。并在令尹下设左尹右尹等助理，派了他的亲弟弟公子婴齐协助孙叔敖工作。这是因为楚庄王还是有些不放心。虽然他相信虞丘子所言孙叔敖公正无私不畏权贵都没错。但他毕竟是搞工程技术的，对王政不一定熟悉。所以，他特别找孙叔敖谈了一次话，问孙叔敖："什么叫国是呀？"孙叔敖回答说："国之有是，众非之所恶也。臣恐王之不能定也。"

楚王说："不定，独在君乎？亦在臣乎？"

孙叔敖说："国君骄士，曰：'士非我无由贵。'士骄君曰：'国非士无由安强。'人君或至失国而不悟，士或至饥寒而不进。君臣不合，则国是无由定矣。夏桀、殷纣不定国是，而以合其取舍者为是，以为不合其取舍者为非，故致亡而不知。"

楚庄王听了这番话，心头一怔，"嗯"了一声，觉得这个人有两下子，便说："善哉！善哉！"封其为令尹，表示愿"愿相国与诸侯士大夫共定国是，寡人岂敢以褊国骄士民哉！"

楚庄王与孙叔敖经过这番对话，觉得这人不错，但却没有经过征伐的考验，不知他的水平如何。庄王欲伐陈，使人去打听一下陈国的情况。那人回来说陈国的城郭高、沟壑深、蓄积多，国家也安宁。楚庄王想听听孙叔敖的意见。孙叔敖说："大王，陈国是一个小国，修那么高的城墙，挖那么深的壕沟，仓库里又堆了那么多粮食，这都是老百姓的血汗呀，陈国的老百姓受得了吗？"楚庄王明白了，当即决定兴兵伐陈，一举而消灭了陈国。

楚王准备伐晋，告于朝，曰："吾将伐晋，敢谏者死无赦！"孙叔敖对大臣们说："你们为什么不谏阻王伐晋？"

众臣说："王有令敢谏者死无赦，所以……"

孙叔敖说："臣闻畏鞭棰不敢谏其父，非孝子也；惧斧钺之诛不敢谏其君，非忠臣也。"于是进谏于楚庄王说："臣园中有榆，其上有蝉，方奋翼悲鸣，欲饮清露，不知螳螂之在后，曲其颈欲攫而食之也；螳螂方欲食蝉，不知黄雀在其后，举其颈欲啄而食之也；黄雀方欲食螳螂，不知童子挟弹丸在其下，迎而欲弹之；童子方欲弹黄雀，不知前有深坑，后有窟也。"

话还没说完，楚王大悟，说这是只顾眼前之利不顾事后之害呀，是贪彼之土而乐其士卒，不顾后患呀，随即决定停止伐晋。当然，这并不是说楚从此就不打晋国了。楚庄王在晋河雍之地打了一仗。不过那是后来的事。楚庄王没费多大的力气，就胜晋于河雍之地。胜利归来，楚庄王封孙叔敖，孙叔敖坚持不肯接受。那时，孙叔敖年纪已大了，病得要死了，临死前他把儿子们叫到床前说，"我死了，王必封赐你们，如封你们肥沃的好地，你们千万别要，如果给你们沙石之间的寝丘之地，你们可以收下来"。那些沙石地没人要。楚人又信鬼神，叫那地方为"鬼地方"。孙叔敖死后，楚庄王果然来吊唁，当面封孙叔敖的儿子们一些肥饶之地。儿子根据孙叔敖的嘱咐，坚持不受，请庄王赏赐寝丘之地。楚庄王便答应封寝丘之地。孙叔敖为什么要寝丘之地呢？这是一个秘密。因为按楚国的惯例，凡是国家赐给大臣的土地，"功臣二世而压其爵"，赐予的土地即被收回了。而没人肯要的沙石之地是不收回的。所以，孙叔敖死后，其他功臣们被赐的地都收回去了，唯有孙叔敖的赐地独存。

七、范蠡

范蠡在灭吴强越之后即浮海出走了,他到哪里去了呢?《史记》说他浮海出齐,变姓改名鸱夷子皮,耕于海畔。在那里一家人辛勤耕耘,父子戮力,共治产业,没多少时间就富可敌国。齐国闻其贤,聘以为相。范蠡退回相印,尽散其财,分给知友乡党,怀其重宝至馆陶。在那里找了交通有发展前途,现在却是无路的地方进行耕作。没有多久,资产数十万,逐利千金,被称为陶朱公。

范蠡在馆陶那个地方生了小儿子。陶朱公听说中男杀了人,因于楚,便派少子装了黄金千镒,放在盒子里,用牛车拉着,赴楚说情。这时陶朱公的大儿子走来说:"家有长子,二弟有罪,不遣长子,派少儿子去,是何道理?"陶朱公便改主意派老大去见楚庄生求情。

205

庄生是一个廉直之人。他见到金子后对其妇说:"此为陶朱公之金,勿动。"庄生入见楚王,劝楚王救陶朱公之子。楚王同意放人,欲得金。庄生归,放了范蠡第二个儿子,欲取金。不想那拉车人拉着金子和罪人走了。庄生未得金,回到楚宫里见楚王说:"谢谢大王恤赦陶朱公子,恐别人说楚王不德又把一车金子拉走了。"楚王怒,叫把那人杀了。老大归,报告父亲老二被杀死了。

陶朱公说:"我知道老大舍不得花钱,才派小儿子去。老大他怕花钱,吵着要去,所以免不了断老二一条命。"

八、管仲

《春秋·左传》记载：鲁桓公十八年春，鲁桓公与夫人文姜如齐。文姜与其兄弟齐侯私通。这事被鲁桓公知道后，狠狠地责备了文姜一顿。文姜受了批评跑去向齐侯告了鲁桓公。到了四月丙子那天，齐侯设宴招待鲁桓公为他送行，将他灌醉了，派了一个大力士，叫彭生的人把他抱上自己的大马车，然后将鲁桓公杀死于车内。所以，鲁人很恨齐侯说："我们的国君至齐是为了修好齐国，他们却杀了他。要求齐国除掉杀人凶手"。齐人便借此杀了彭生灭口。这件事就这么过去了。

因鲁桓公死与他的夫人文姜有关，所以她一直不敢回到鲁国为丈夫送葬。三月鲁庄公即鲁桓公君位。文姜才归鲁，不几天又跑到齐国去了。从此鲁齐便恩断义绝。由于当时齐强鲁弱，鲁国也没有什么办法。自鲁桓公死后文姜几度奔齐，为的是惧祸，不敢与齐侯私会，到鲁庄二年冬，又会齐侯。所以，《左传》直书：夫人姜氏会齐侯于禚，"奸也"。为取悦于齐，文姜在鲁庄即位的前几年每年都去齐几次。为取悦于鲁，她说服齐侯将齐获得的卫国宝贝归于鲁国。

鲁庄公八年，冬十月六日，"齐无知弑其君"，鲁庄公之弟仲庆父请伐齐师，鲁庄公说："不可，我实不德，齐师何罪？"《夏书》曰："皋陶告诫我们要勉力培育德行，德行具备，他人就会降服。"鲁庄公才没有乘齐之危伐齐，真有点君子的味道。

齐侯襄公派连称与管至父两大夫戍守望葵丘之地，其地在齐鲁之间。约定来年瓜熟时换防，因食言，届时未能换防，二人遂作乱杀死了齐襄公，而立无知为君。

齐襄公是一个反复无常的人。齐大夫公孙小白（齐襄公弟，齐僖公庶子）之傅鲍叔牙对他说："君使民慢（怠惰），乱将作矣。"因此便奉公子小白出奔莒。这时候管夷吾管仲和如忽为公子纠的师傅，也奉公子纠出奔鲁。庄公九年（公元前685年）春，齐人杀无知，因他是弑君自立的，齐人不承认他为君，齐内乱始作。在鲁避难的公子纠由管仲、召忽护送入齐，准备即齐君位。由鲍叔牙护送的公子小白从莒地入齐，也准备即齐君位。公元前684年8月18日，这两支护送两个齐公子入齐准备即君位的人,在齐地乾时相遇。乾时即今的青州。两队人马互不相让,就打了起来。这就是有名的乾时之战。战斗的结果是鲁败,齐胜。小白入齐称君。这就是后来的春秋五霸中的一霸:齐桓公。这个小白成为齐君后也很棘手。他干的第一件事就是,给鲁庄公写了一封信。信上说:"子纠亲也,我不忍杀他,请君讨之。管、召,是我的仇人,请你们帮我处理掉。"鲁君在乾时之战中,丢了自己的兵车,改乘其他兵车才逃了回到鲁国,其情其景十分狼狈。以至到收此信之时,仍心有余悸,不能不照办,立即令人将公子纠弄到菏泽北面那里一个叫窦的地方杀了,把陪同他的二位师傅只杀了一个召忽,将杀管仲时被前来的鲍叔牙制止了。管仲与鲍叔牙是好朋友,一看就明白,故请囚。鲍叔牙说:"把他交给我吧,由我处理。"这里面是有蹊跷的,一般人不明白,只有鲍叔牙知道。他认为齐要称霸,非管仲不可,所以他不准杀管仲。鲍叔牙把管仲弄到了齐国,连齐侯也不明白为什么会这样,他说上次乾时之战,他一箭射来,正中我的带钩,要不是我躺下装死,恐怕早没命了。鲍叔牙说:"这正是他的忠诚可用之处,他不仅忠于君,而且治理能力很强,远在我与高溪之上。有他辅佐你,你就可以成就霸业,我也可以退休了。"齐侯点头称是。回到齐都临淄后,不仅没杀管仲,还命他作齐相。鲁人这才恍然大悟,自己又一次上当了,但他们心里很不服气。鲁庄公十年正月,鲁庄公整理好队伍于长勺(鲁曲阜北面)与齐人打了一仗,以泄心头之愤。齐人心里也明白,鲁为泄愤,也不敢多与之纠缠。况且鲁军出战的是著名将军曹刿,他是一个诡计多端的人。战于长勺,战斗开始了。鲁庄公与曹刿坐在一辆战车上,公将鼓之,刿曰:"未可。"齐人三鼓,刿曰:"可矣。"齐师败绩。败绩,就是鲁军一鼓作气大败齐师。鲁庄公见势将近之,被曹刿阻止,说:"未可。"曹刿下了车,看了看齐军车辙的印迹,然后登上车,扶着车轼瞭望敌方说:"可以。"这才令全军疾驰追逐齐师。通过这次战斗,齐鲁都各有收获。齐人虽然输了这场战争,但还是有收获的。齐人的收获是让鲁人出了一口恶气,平了乾时之战的怨恨和丢了管仲之懊悔。同时也让鲁人怒气大消。这为以后齐鲁两国的继续相好也打下了基础,更重要的是为齐桓公以后称霸扫除了障碍。

齐人得管仲,并非只在于军事上的胜利,在思想文化上也是一大收获。管仲是一个在哲学上提出水地本原说的人,对后世影响极大。我国现行《管子全译》上下册,谢浩范、朱迎平译注,贵州人民出版社出版,全书共85篇,包括注释在内有60多万字。可以说是汇集最完整的著作。它是一部天文、地理、政治、经济、文学、军事、哲学、农医等无所不包的综合性全书。像一部论文集,著作者认为此书非管子一人,也包括了诸多的弟子门徒之作,但其中一些著名的篇目，不少著名学者考定为管子所著。如《幼官》《宙合》《心术》《白心》《水地》《四时》等都认定为是管子所著。他最有代表性的理论是地本原与水本原哲学。

他在《水地篇》中说："地者，万物之本原，诸生之根苑也。美恶、贤不官、愚俊之所生也。水者，地之血气，如筋脉之通流者也，故曰：水，具材也。"认为水的品德高尚完美。一是水柔软而清澈，能帮人洗去身上的污秽，这是水的仁德；其次，水看起来是黑的，其实是白的，说明水具有诚实的品德；第三，水的品行很端正，没有地方不流进去，一直流到平衡为止；第四，水很讲道义；此外，水还具有谦卑的品德。俗话说人往高处走，水往低处流，从不嫌位卑，它不愿攀高，再低的地方也不嫌弃。

这是中国最早的本原哲学理论。管子生活的年代大约在公元前某年至前645年。比古罗马的共和时期（公元前510—前27年）还早150年。古希腊哲学之父泰勒斯（公元前624—前547年）提出"水是万物的本原"，认为万物由水而生，也会由水而结束。在印度神话中因水中漂流着一粒种子，这粒种子破裂成了两半，一半上浮为天，一半下浮为地。地上从此才有了生命，有了人和万物。

由上述可见管子的水地本原论是和古希腊哲学之父泰勒斯的水本原论是同一时期东西方本原哲学的代表。管子比泰勒斯还要早一些。这也是人类最早对大自然的共同认识：水是万物的本原。

九、伍奢之死

费无极言于楚子曰:"建与伍奢将以方城之外叛,自以为犹宋、郑也。齐、晋又交辅之,将以害楚,其事集矣。"王信之。问伍奢,伍奢对曰:"君一过多矣,何信于谗?"王执伍奢,使城父司马奋扬杀大子。未至,而使遣之。

三月,太子建奔宋。王召奋扬,奋扬使城父人执己以至。王曰:"言出于余口,入于尔耳,谁告建也?"

对曰:"臣告之。君王命臣曰:'事建如事余。'臣不佞,不能苟贰。奉初以还,不忍后命,故遣之。既而悔之,亦无及已。"

王曰:"而敢来,何也?"

对曰:"使而失命,召而不来,是再奸[1]也。逃无所入。"

王曰:"归。从政如他日。"

无极曰:"奢之子材,若在吴,必忧楚国,盍以免其父召之。彼仁,必来。不然将为患。"王使召之,曰:"来,吾免而父。"

棠君尚[2]谓其弟员曰:"尔适吴,我将归死。吾知[3]不逮,我能死,尔能报。闻免父之命,不可以莫之奔也。亲戚[4]为戮,不可以莫之报也。奔死免父,孝也。度功[5]而行,仁也。择任而往,知也。知死不避,勇也。父不可弃,名不可废,尔其勉之!相从为愈。"

伍尚归[6]。奢闻员不来,曰:"楚君、大夫其旰食乎[7]!"楚人皆杀之。

员如吴,言伐楚之利于州于。公子光[8]曰:"是宗为戮,而欲反其仇[9],不可从也。"

员曰:"彼将有他志。余姑为之求士,而鄙以待之。"乃见鱄设诸[10]焉,而耕于鄙。

注

[1] 奸:犯。

[2] 棠君尚:伍奢的长子,伍员(子胥)之兄伍尚,为棠邑大夫。故称其为棠君尚。

[3]知：智，智不及。

[4]亲戚：指其父。

[5]度功：度，谋虑，功，仁贵成功。

[6]伍尚：为伍奢的长子，伍员之兄，仁。仁者被弑，见为君不仁。他是太子建的师傅，平王听信谗言，认为他挟太子叛国而将伍奢、伍尚及家人一起杀了。伍子胥（员）逃到吴国，兴吴灭楚，为父兄报仇。

[7]旰（gàn）：晚。旰食，晚食。

[8]公子光：阖闾。

[9]反其仇：报仇。

[10]鱄设诸：鱄（zhuān），专诸，吴王的勇士。

十、结语：五霸兴衰

争霸需三大法宝：君位、军队、谋士。

五霸兴衰，是一个历史秘密：为什么在中国，早不出五霸晚不出五霸，偏偏在公元前770年至前476年这294年间出了"五霸"？为什么古希腊古罗马古埃及古波斯古印度和东方一样，也在争霸？也在进行陆上或海上的激烈的战争？是偶然的吗？是不是历史的飞跃引起的呢？我们无法回答，或许是吧。我们只能说这时候东西方生产力都得到了极大的发展与提高，出现了许多伟大的思想家，奴隶制度摇摇欲坠。五霸之兴正是在这种情况下出现的。

五霸，指的是东方的齐桓公、北方的晋文公、西方的秦穆公、南方的楚庄王、东南的吴王夫差和越王勾践。

称霸有三个必备条件，即要有君位（君权）、军队（兵权）、谋士。三者缺一不可。

（一）君权

争霸，首先争的是君位。有君位，才有君权，有君权才能发号施令，为所欲为。君位的获得中国与西方不同，不实行"元老制"，行政首脑不需要元老院批准，也不由人民院晋升，大多由以下几种模式产生。

一种是祖传式。齐有齐厉公、齐文公、齐成公等人家长式的一代一代往下传。晋有晋鳌侯、晋献侯、晋穆侯、晋文侯，秦有秦文公、秦宁公、秦出公、秦武公、秦德公，楚有熊严、熊霜、熊徇、熊咢、若敖……他们全部都是一代一代往下传的。这就形成了宗法式的合法的权力交接。不用说，这是此后长期的封建社会到来的奠基石。违背这种模式即为非法。

第二种模式是抢夺式。政权本来不是他的，是抢夺来的。有的是用武力抢夺，有的是用阴谋抢夺，篡位、夺权。吴国把越国灭了，越国成了亡国奴，越王成了吴王的马夫，吴王病了，不惜尝粪慰藉，在谋臣的帮助下，通过卧薪尝胆，奋发图强，一举夺取了吴家天下，从而成为东南一霸。晋文公的王位，并不是晋文公用武力或智力夺取的，而是在秦穆公帮助下赶走了晋惠公才获得的。

第三种是篡逆式。五霸内部或周王室内部虽有祖传的王位，但有许多是通过阴谋篡夺的。

公子光（阖闾）雇用了专业杀手专诸杀了当政的王僚，从王僚手中夺得了政权。齐桓公的天下的得来也是不光彩的。齐襄公和鲁桓公的老婆是亲姊妹。齐襄公常与小姨子私通，即使是鲁君带夫人到齐国访问，也不放过这个机会。为达到通奸的目的，他设宴把鲁桓公灌醉，让大力士彭生把鲁桓公抱上鲁君的大马车，拉到郊外杀掉。再杀掉大力士彭生，然后向鲁国表示欠意。襄公十二年，齐襄公被兄弟无知杀死，只因年轻时打过架，怀恨在心，襄公即位后进行报复，剥夺了无知的俸禄，杀了他的人。所以无知怀恨在心，杀了齐襄公。无知即位后，还没干正事，就带人到郊外雍林打猎游玩，被雍人杀了。

齐国本来是周武王因姜子牙帮助他打天下有功而赐给姜子牙的。地点在山东营丘。齐的天下被陈田悄悄夺走了。陈国发生了弑君事件，陈完怕受牵连逃到了齐国寄居。他在齐国改名换姓为田。为笼络人心，获取齐信任，进而夺取了齐国的王位。

（二）兵权

周朝至春秋末，都没有国家军队。军队都集中在诸侯手里。诸侯有了军队就可以进行兼并、征伐，扩大势力范围，为所欲为。如齐桓公二年伐郯，郯子奔莒，五年伐鲁，鲁献公请献遂邑求和，七年会诸侯于甄，始霸。桓公三十年伐蔡，伐楚，楚问何故伐楚，齐管仲回答说："楚贡包茅不入，王祭不具。"所以兴师问罪。楚王听了说："贡之不入有之，寡人罪也！"马上进贡；一年听说陈说谎，又伐陈：

齐顷公二年，围郑，郑伯降；六年晋伐齐，杀齐使；八年晋伐齐，齐以公子强质于晋始退兵；晋悼公时又伐齐，令公子光质晋；齐庄公四年，庄公以晋栾盈为内应，上太行，入孟门，与栾盈战，栾盈败，齐取朝歌而还。

齐桓公时通过征伐扩大了国土面积。当时齐国的面积，"东到大海，西到黄河，南到穆陵，北到无棣"，对五侯九伯，都有权征之。

齐晋如此，楚也同样。楚庄王时伐陈，吴趁十天十夜大雨想去偷袭。由于楚早有准备而败吴。晋伐楚，晋退避三舍。楚泣涕沾襟，拜请群大夫勿与晋战。晋人闻楚君臣争为已过，十分感动，认为不可伐而退兵。楚庄王伐郑，郑伯袒胸露怀，左手把茅旌，右手执鸾刀，以进言于庄王，说："寡人无良，边陲之臣远辱

大国之君至此。"庄王即令军队退舍七里;楚王听说越人庄蹻跷为盗,认为这是越"政乱兵弱",欲伐之。杜子说,"庄蹻跷为盗不是越弱国乱,而是王之弱乱",乃止。

楚庄王认为宋不好,围宋。将胜,泄露军情,只有七日之粮,故不战而退。

晋国,文公上台后先后伐卫、取五鹿、亡虢、分曹、伐郑、伐宋、伐邺、伐楚。凡在他出走流亡的十九年中对他不礼之国,他都一一报复。

秦国的征伐也不少。秦地处偏远,除与晋楚有过征伐外,大都静悄悄地抢占了西戎和羌族的许多地盘,把羌人赶进了四川境内,并在占领了梁戎大片领土后,成了一个大国。

如果没有兵权,诸侯们是不可能强大,也不可能动不动就使用武力的。

(三)谋士

诸侯的强大,得益于他们有一批谋士。用今天的话来说就是智谋者,为他们出主意的人。依靠了这些人,五霸才称了霸。没有这些人,五霸就称不了霸。他们之中最杰出的人物如齐国的鲍叔牙与管仲,晋国的舅犯、赵奢,楚国的虞丘子、孙叔敖,吴国的伍子胥,越国的文种与范蠡,秦国的五羖大夫,以及后来的孙膑孙武等人物。这些智谋人物的共同特点是：

第一，他们都有极高的政治智慧。他们能举荐贤才，如楚虞丘子荐孙叔敖，齐鲍叔牙荐管仲，都在辅佐五霸崛起中起到了决定性的作用；他们熟悉、深谙其时各国的政治形势，能提出一套相应的治理办法；甚至常常想出一些一般人想不到的主意，使国家发展，让王者满意。

第二，他们的知识广博。不仅知晓各国的历史，精通兵法，而且上知天文下知地理。如范蠡就是著名的既知天文又会带兵打仗的人，他能靠天文地理知识打胜仗，能进能退。灭吴以后，他知越王不会容于他，而泛舟湖上，功成身退，避世逃名。在这一点上，文种与他不同，文种猜不透越王，功成身不退，没有自知之明，拼死为越王卖命，终被越王所害。

第三，他们有极强的组织才能和管理才能。在五霸的国家中，他们是国家的总理者、当家人，是除了五霸之外的第二号人物，是政策具体的指挥者和实施者。霸王的许多政策和对策，都是从他们的脑瓜里拍出来的，他们是五霸兴亡的直接责任人。没有他们霸主们是难以称霸的。

五霸之所以能称霸一方，是因为他们有杰出的智谋人物的支撑；五霸之所以能鼎立四方，是因为有他们的存在。他们死了，五霸少了智慧和精神的支柱，不能不败亡。

第五章
春秋五圣

老子、孔子、管子、墨子、晏子是中国春秋时代的圣人。他们的思想，各不相同，论说各异，对中华文化的发展，都产生了极其巨大和深远的影响。他们的学术是中华文化的重要组成部分，是中华民族发展进步的精神支柱和最为宝贵的财富。

老子著《道德经》，倡导以道治世，以德立国，实行"无为而治"；孔子兴"六艺"，著《春秋》倡仁学，行礼制，提出"克己复礼""仁者爱人"等主张，培养弟子三千，贤人七十二，影响中国上下几千年，惠及全球五洲四海；管子首倡本原哲学，提出水地本原、精气本原等理论，他的本原学术比世界其他文明古国的本原说都早；墨子倡导发展自然科学，提出光学反映论、事物权衡论，他的光学理论对我国当今发射地球量子通信卫星仍有重大的启发和指引作用；晏子主张布衣治世，认为富贵者当政国必危，贫贱者治国，国必盛。

春秋圣哲对中华民族影响之大是难以估量的。因此我们对墨子的自然科学理论需重新认识。现代的照相投影技术与理论、杠杆原理、平衡不平衡理论与悖论，早在春秋的墨子时代就说得十分清楚了。由于我国长期以来不太重视自然科学理论的发展，认为那是"末学"，因而忽略了对墨子学术的研究。如果我们早一点认识墨子，中国的现代化进程就会比西方快许多年。

一、老子
二、孔子
三、墨子
四、管子
五、晏子

一、老子

中华民族文化有两条重要的文化脉络。一条是道家文化或者叫道学文化，一条是儒家文化或者叫儒学文化。这两种文化像一对双胞胎，在一个母体里生长。在春秋以前，甚至秦汉以前，也没有很严格的区分，通称道统。即以道的观念为标准，认识世界与万物。这种世界观，植根于遥远的三皇五帝时代，成长于夏商周，包罗了原始的科学技术、象数、天文历法、易理及哲学、民俗风情等多个方面。老子的哲学就是对古代社会和远古科学的总概括。战国时期百家争鸣，儒道分家了。汉以后由于佛教引入，至东汉末年这种包罗万象的道学进一步分裂出不同的学科而产生了中国的宗教——道教。这种道文化实际上是上古社会文化的衍生物。另一个文化支脉与此不同，它源于孔子的儒家学术，是从道统文化中分离并成长起来的新兴文化。它以孔子及其弟子为代表，强调的是人的修养、思想、观念和对社会的治理。它的重点不是上古社会经验的总结，而是对当前社会的治理提出了自己的看法，为其后封建社会的产生、成长发展给予原则的指导。这两种文化思想一个概括于前，一个指导于后，合而成为中华文化的两大哲学明流，浇灌培育了中华人文之花。下面我们略加介绍。

（一）老子的身世与经历

关于老子的身世，社会上有不少谎言。不可信。可信的是史记所载。《史记三》说："老子者，楚苦县厉乡曲仁里人也，姓李氏，名耳，字聃，周守藏室之史也。"大略相当于现今图书馆馆员一类官职。

孔子曾到过周国，问礼于老子。老子告诉孔子："子所言者，其人与骨皆已朽矣，独其言在耳，且君子得其时则驾，不得其时则蓬累而行。吾闻之，良贾深藏若虚，君子圣德，容貌若愚。去子之骄气与多欲，态色与淫志，是皆无益于子之身。吾所以告子，若是而已。"

孔子回去后，对弟子们说："鸟，吾知其能飞；鱼，吾知其能游；兽，吾知其能走。走者可以为罔，游者可以为纶，飞者可以为矰，至于龙吾不能知，其乘风云而上天，吾今日见老子，其犹龙邪！"

老子修道德，其学以自隐无名为务。居周久之，见周之衰，乃遂去。至关，关令尹喜曰："子将隐矣，强为我著书。"于是，老子乃著书上下篇，言道德之意五千余言而去，莫知其所终。

或曰：老莱子亦楚人也，著书十五篇，言道家之用，与孔子同时云。也有人说老子名太史儋。老子之子名宗，宗为魏将，封于段干。宗子注，注子宫，宫玄孙假，而假之子解，为胶西王卬太傅，因家于齐焉。

传说老子活了160多岁，也有人说他活了200多岁。因为他善于修道延寿，所以寿命很长。上述这些都是传说，未必可靠。

（二）老子的《道德经》

老子一生最重要的著作是《道德经》，有的具名为《老子》《老子五千文》。此经书按行划段落，分为81章。书的主要内容一是讲"道"，一是讲"德"。道和德观念的产生都是在春秋末年的特殊背景下产生的。一方面是奴隶的解放，生产与科学的发展，田税制的产生，催生了圣贤文化；一方面是长期的战乱，无穷尽的弑杀，周王室的衰落，人民的极端痛苦，导致了奴隶制的解体。所以在《道德经》里可以找到它的影子。1972年长沙马王堆考古发掘汉竹简甲乙两种写本，说明在公元前206年到前195年时老子的《道德经》已是家喻户晓的读物与教科书了。

从《道德经》的文字表述看，老子讲的道包含的内容十分广阔，有"道衝"，有：

功成身退天下之道（第9章）；

执古之道（第14章）；

道纪（第14章）；

天乃道，道乃久（第16章）；

见天道（第47章）；

大道废（第18章）；

唯道是从（第21章）；

字之曰道（第25章）；

古道大　道法自然（第25章）；

道常无名（第32章）；

道常无为（第37章）；

道生一、一生二、二生三、三生万物。

老子声明他讲的道与众不同，开宗明义是"道可道，非常道""独立而不改，周行而不殆""道常无名，朴虽小，天下莫能臣也"。不仅如此，他所发现的这个道，简直像个怪物，"视之不见，听之不闻，搏之不得"。

归纳上述，我们可以看到老子所讲的道，有这样几层意思：

第一，老子所讲的道是一个哲学概念，并不是一个具体的事物，是天道、地道、人道，万事万物的总概括。无法用现代人惯用的哲学概念：唯心主义或唯物主义加以概括。天地日月星辰风雨雷电，春生夏长秋收冬藏，人有生死，"礼失则昏，名失则愆""鸟可择木而栖，木不能择鸟而生"，人事死如事生，为的有一个好的归宿。所以说，老子的道是对天地人万事万物的总概括。

第二，老子讲的道是讲人对客观世界的总的认识，即人的世界观。古人称之为天道观。正如任继愈先生所说："在老子哲学里，天不具有人格，它只是一种自然状态。天不过是万物中的一物，是万物中的最广大的一种客观存在，最根本的存在。"也就是说构成万物的基本材料就是道。正是在道先于物质这一点上，他被一些人戴上了唯心主义的帽子，真是天大的冤枉。不肖子孙，到老祖宗头上撒野，遭众人耻笑。

第三，老子讲的道包括了精神层面，也包括了物质层面，是这两方面的混合体。一方面指道是"有物混成"的混合体，是"道生一，一生二，二生三的母体"；同时也承认道是"独立而不改，周行而不殆"的自然而自发的运动。在春秋时代，老子就认识到这一点，是十分伟大的。这一认识并不亚于世界任何文明古国的贤哲圣人，具有开天辟地的价值与意义。

老子惊奇地发现了物质运动的总规律，又叫不出它叫什么名字，所以他说："无名，天地之始"。虽然叫不出它叫什么名字，但它是天地万物之始。2500年前即认识到物质是运动的，并不是说他知道物质运动从他发现时才开始的运动，也就是说他发现它们之前就在不断地运动着变化着。

《老子》第一章开篇即："道可道，非常道，名可名，非常名。无名，天地之始。"汉墓甲种写本与乙种写本开头均是以讲德为开头，曰："上德不德，是以有德；下德不失德，是以无德。上德无为而无以为。上仁为之而无以为，上义为之而有以为。"在现存版本中，"上德不德，是以有德；下德不失德，是以无德"，意为上德不表现为形式上的德，因此就是有德的。下德死守着形式上的德，因此是没有德。这段话在现有的版本为第三十八章。属于中间部分。由此可见，在上德与下德的区分上，老子是反对形式上的有德的，他认为注重形式上的有德，就是没有德。

（三）老子的神奇传说

在传说中老子是一个半人半神的人，2000多年来民间流传着各种各样的传说。现摘几个供分享。

1. 大耳朵

据说李耳在三门峡住过很长一段时间，在函谷关他写作了不朽的伟大哲学著作《道德经》。他在黄河上的三门峡砌过石，造过桥，和王母娘娘在这里争过地皮。

当今的三门峡大坝下有一片巨大的礁石滩，叫老君石，传说它就是李耳炼丹的地方。李耳的耳朵很大，无论他走到什么地方，想睡觉，也不用席子，把耳朵拉扯开来往地上一铺，就可以当席子，往上一躺，就可以呼呼大睡。

为什么他的耳朵那么大呢？不清楚。相传他知母不知父，母亲在一棵李子树下生了他，又因他一生下来耳朵就大，能听取各方面的声音，所以取名李耳。在神话中，三门峡地区有一座山叫夸父山。那儿住着追落日的夸父族人。夸父族人的耳朵都很大，不知道李耳的大耳朵和夸父的大耳朵有没有血缘关系。也许李耳是夸父神的后代，所以他既是人又是神。当然，李耳成神是和他的修炼有关的。

2. 骑青牛写经书

传说他妈妈怀孕，怀了81年，才生下了他。他一生下来就是一个白胡子老头儿。春秋末年，他在周朝当了一个管图书的小官。那时候，周朝和开国时的太平盛世大为不同。诸侯们一个个兵强马壮，周王朝日益衰落，把首都从陕西岐山之下迁到了河南洛阳，依附着晋国的保护才能生存。在这种情况下老子对周王室十分同情又无可奈何。面对四野硝烟，满目凄凉和褴褛者的呼号，他骑着青牛缓缓前行，一步一叹。到了函谷关，被一个叫尹喜的守关人拦住，不让他再往前走。老子问尹喜："你怎么知道我要来这里呢？"尹喜说："我登高一望，见紫气东来，就猜到是你来了。后来看到童子牵牛才相信真的是你来了。"老子一行，要求换关文，尹喜不允。劝老子住下，说："你们的吃住一切由我们包下来，你们有什么要求，尽管讲好了，我们一定想尽一切办法帮助解决。"老子问："你对我们这么好，有什么要求吗？"

"要求？有。"

"你说。"

"希望你在这里住下来，写点东西留给后人。"听了这话，老子一口答应了。他就在这里住了下来，写成了《道德经》送给尹喜。尹喜读上篇的开篇"道可道，非常道，名可名，非常名"，下篇，开口就说"上德不德，是以有德；下德不失德，是以无德"，惊叹不已，连连称赞，如获至宝，便细心地保存了下来。这才有了我们今天看到的5000余字的《道德经》。

3. 老君降鳖

黄河从山西壶口孟门奔腾而下，一泻千里，闯进河南，突然来了一个90度拐弯向东流去，可是到三门峡，这匹奔腾不息的野马像进了马厩一样，被三门峡拴住停了下来。那拐弯处的正南面是秦岭余脉荆山、崤山、熊耳山、伏牛山。那里是黄帝采荆山铜铸鼎的地方，是中华民族最最老的祖宗九头神住的地方。河南西南部山区的数条河的水向北流淌，北面地势高流不出去，也到拐弯处停了下来。加上三门峡北岸的中条山和南岸崤山余脉相互延伸在三门峡凝为一体从而形成了一个巨大的闸门挡住了黄河的去路。这道闸门高达数十米至百米高，河水从大闸门溢出，形成了天然的奇观。故诗人们赞叹"望三门，三门开，黄河之水天上来"。有人说那溢出的水是大禹用神斧在三门上劈了几个豁口，才流了下来的，也有人说，是因为有三门峡这道闸门挡住了黄河水，豫西这里才成了自古以来方圆八百里的大湖泊。那湖像个鼎锅，古人叫鼎湖。更有人说新中国成立后，在三门峡那道闸门上凿了个洞，用来发电，水才流出去了。还有人说三门峡那里，有个水怪，由于水怪捣乱，使人翻船丧命。太上老君知道，那儿有只老鳖，砍了一个豁口使老鳖显了原形，老君要杀老鳖，老鳖苦苦求饶说："别杀我，别杀我，以后你用得我时叫一声，我就会来帮忙的。"由于这样，太上老君才没杀老鳖。有一天老君要过河，踩着三门峡坝子下的石头，有些摇晃不稳，就叫道："老鳖，在哪里？"老鳖一听，连忙应道："来了！来了！老君什么事？"老君说："这石头摇晃不稳，你到这石头下给我垫稳了，我要过河"。这老鳖应声爬到石头下，把石头垫稳，让太上老君过了河。

（四）道儒分家

前述中国最古老的哲学是道统。道的思想观念传扬很久了，据说是从黄帝时代传下来的。不过那时候的道是一笼统的无所不包的思想观念，什么东西都统一于道。像一个网罗中国上古文化的大口袋一样，什么东西都往里面装。南怀瑾先生说它是"原始观察自然的基本科学与信仰天人一贯的宗教哲学的混合体"。产生时间约在公元前四五千年的三皇五帝阶段。因而成为中国道教学说的远古渊源。这种道文化和政治文化相结合，又形成君道与师道合一的文化。在公元前二千二三百年的唐尧、虞舜和夏商周三代时期，道教就开始萌芽了。再后来是春秋前后的儒道不分家时期，相传从公元前一千七八百年开始经商王朝西周朝，远古道家哲学萌芽、生长，日益成熟了。秦汉以后，道家儒家分庭另立，花开两朵，各据一枝。至汉末魏晋之后，神仙方士之术与道教的宗教思想合流，逐渐演变成为中国的宗教，至唐朝才正式定为国教。

这里面有几个观念是不可混淆的。

第一，老子哲学，并不是中国的宗教哲学。它是中国从黄帝以来就有的道统观念，或者说是原始哲学的概括与升华。它是原始自然哲学的可见遗存，也就是说它是中华原始文化的命脉。极为珍贵。

第二，中国的道教，是亚洲四大宗教（道教、基督教、佛教、伊斯兰教）之一。成立时间比较早。一般的看法是道教起源于春秋战国时期的神仙方士。燕昭王、齐威王、齐宣王、秦始皇根据方士卢生的建议筑咸阳宫，让徐福带五百童男童女入海求丹药访蓬莱、方丈、瀛洲，求仙之风，盛极一时。他们求仙问道的目的之一是追求长生不老，成为仙人。途径之一是炼金石成仙，其次是养生延年，修炼益寿。经过时代的洗涤，一些糟粕被放弃了，精华保存了下来，成为传世之宝。

第三，道家与道士是有区别的。道家指的是以研究道学为宗旨的学问家，他们以《老子》学术为本原，进行多方面的探讨，为弘扬中华文化作出了独特的贡献。中国古代的许多科学发明与创造都与他们有关。如尧时的"历象日月星辰，敬授人时"，舜时的"璿玑玉衡，以齐七政"，商周以来的"定器物、制律、度、量、衡、制刑以辅教化"。三代"尚忠"，要求质朴、简单、笃诚。从质朴无华的天文科学中，逐渐演化出一套独特的天文思想和数学符号，如十天干、十二地支、六十花甲，并与五行、八卦相配，同时注入了神的观念与名称，借以解释各种复杂的人事、物理、天文现象。这些都是道家们的杰作。他们之中出了许多杰出的人物。如战国时期最著名的人物列子、庄子、鹖符子、杨朱及众多的黄老学派的学者。他们都在《老子》的理论的阐述与发展上作出了巨大贡献。汉高祖采黄老阴柔相济的策略实行无为而治，收到了良好效果。焦赣、京房、费长房以象数治易，形成"象数"易学。东汉吴人魏伯阳援周易、老庄、神仙丹道三学为一体，著《周易参同契》，讲述修炼成仙之术的不易原则，将炼丹术体系化，成为丹经鼻祖。东晋抱朴子葛洪是道学家，他炼丹道于广东，是列仙中的奇才。据记载他是江苏句容人。父逝，吴平后入晋，当过邵陵太守，年轻时以儒学知名，其为人寡欲、清静、木讷，不好荣利，好神仙导养之法，著《抱朴子》，专讲炼丹药成神仙的原理。他通医术,是一位精明的外科中医。

　　道教的创始人是东晋的许旌阳,创道教于江西龙虎山。他倡孝道,创建忠孝,成为庐山道法。传说此道法成功后,会飞。他一家42口人于太康二年八月初一日隐身飞去,不知所踪。《净明忠孝录》有他的事迹记载。

　　以上是道家的一个简略回述。而作为纯粹的宗教的守寺人或住持人,较多的拘于宗教的礼仪活动和宗教法规的维持。道教的活动场所通常在道观。从前的道观有土地,他们自己种地,养活自己,不足时也时常下乡化缘,乞求人们赐予一点钱粮。他们一边打手鼓一边唱着道教的歌,头上戴一顶似草帽似布篷帽、身上斜挎一个竹筒绷制的羊皮手鼓,唱着谁也听不懂的清歌,虽然也是乞食者,但他们只要钱粮,不要饭食,以别于乞丐,显示出几分清高的样子。这一点与没落贵族相似,明明是偷食别人剩下食物,却舍不得脱下那陈旧的西装以显示自己出身高贵有别于乞丐。这实在是一种饰伪存真的悲哀。

　　道教没落了。道的哲学依然放射光芒,道学的经典著作《道德经》不仅没有被淘汰反而传扬于五洲四海,道学研究者四方云集,翻新的道学著作年年有增无减,道学不仅未被岁月磨灭,抹去微尘之后反而以更新的姿态出现在哲学的讲台之上。它和化学、物理、数学、天文等科学生存在一个艺苑里,展枝怒放,别开生面,令人目不暇接。也许这是骑青牛著《道德经》的先圣所未曾想到过的。

二、孔子

（一）孔子的生平

孔子的身世

孔子出生在一个没落的贵族家庭，他本是宋国人，宋国的开国君主微子启是他的先祖。微子启是商王帝乙的长子，殷纣王的庶兄和卿士。武康叛乱后，微子启因支持周武王，被周武王封为上公，立国于宋，成为宋国的开国之君。微子死后其弟仲思衍即位，称为宋公。他历经宋公稽—丁公申—潜公共—宋卿弗父何—卿宋父周—卿世父胜—卿正考父—大夫孔父嘉—大夫木金父。宋内乱迁鲁，居于陬，四传至孔父叔梁纥。五世均为鲁大夫。

叔梁纥在鲁陬邑尼山鲁源村居住，他先后娶过3个老婆。第一个老婆施氏，生九女，无男，被休。第二个老婆是以妾为妻，不知姓名。她为叔梁纥生了一个儿子，叫孟皮，是个跛子，使叔梁纥很不满意。因此，他又向颜征求婚，生了个儿子。可这个儿子长相丑陋，脑瓜像个痰盂罐，四边高中间低。因其排行第二（仲），世称孔老二，因生于尼山之下，取名仲尼。

在孔子3岁时父亲就死了。葬在哪儿，他不知道。不久母亲又死了。邻人才告诉他葬于五父之衢，孔子央求邻居把他母亲的棺材移到了五父之衢和父亲葬在一起。

孔子生于公元前551年，鲁襄公二十二年。由于父母早逝，家道中落，祖先的爵位从公降到卿再降到大夫，父母死了后变成了穷光蛋，全靠孔子自己办私塾养家糊口。由于他失去了公卿士大夫的背景与依靠，一辈子都在仕途上挣扎、腾挪、呐喊。又因他一不会种田二不会做工，只会教书、编书、做学问，脾气又硬，非要坚持自己的人生理想与政治主张不可，不肯放下身段求生存，所以他一生吃尽了苦头。虽然他吃了一辈子苦，没有享到福，但做成了学问，成了大圣人。他的理论成了后世中国封建社会建立的基石，因而他的子孙们个个都享了他的福。在他死后的历朝历代，都因他的名声而加官进爵。

孔子生了个儿子，十分高兴，还没取名字呢，鲁襄公就叫人给他送了条大鲤鱼来表示祝贺。所以他给儿子取了个名字叫子鲤。鲤长大了，取名伯鱼。可惜的是伯鱼50岁就死了。伯鱼生伋，字子思，子思字子上，著《中庸》，子思生白，白生子上；上生求，字子家；子家生箕，字子京；子京生穿，字子高；子高生子慎，为魏相；慎生鲋，为陈王涉博士；子襄生忠，忠生武，武生延年与安国，安国为汉皇帝博士、临淮太守；安国生卬，卬生骧。①到"汉代以后，汉高祖封（孔子）九代孙孔腾为'奉祠君'。这是孔子后代受封之始。汉元帝封孔子十三代孙孔霸为'褒成侯'，后又赐'关内侯'，南北朝时封孔子后代为崇圣、奉圣、宗圣、恭圣、绍圣等侯爵，唐时孔子子孙的爵位晋升加封为公，如唐玄宗加封孔子子孙的爵位晋升为文宣公，宋代将文宣公改为衍圣公，宋仁宗封孔子四十六代孙孔德成为'大成至圣先师奉祀官'。从此'大成至圣先师'便成为人们对孔子最高的尊称，最高的荣誉和奖赏"。②

（二）孔子的简历

鲁襄公二十二年（公元前551年），孔子出生。

孔子17岁，鲁大夫孟厘子死。死前对儿子懿子说孔子是圣人的后代。他的祖先在宋国受到了迫害才逃到鲁国来的。九世祖弗父何本应享有宋国，他却让给了宋厉公。弗父何的曾孙正考父曾辅佐过宋戴公、宋武公、宋宣公，受过3次晋封。他家的大鼎上有铭文说："我第一次听到任命低着头，第二次听到任命弯着腰垂着袖，第三次听到任命，俯下身子顺着墙根走。我每天一碗稀饭一碗粥，就这些糊口。"说明当了大夫的孔子的祖先到孔子那个时代，已经很穷了。所以孔子说他小时"贫且贱"。稍长，在季孙氏家里当管仓库的小官和管牲口的小官。

公元前515年，孔子35岁时季平子与郈（hòu）昭伯因斗鸡发生争执，得罪了鲁昭公，鲁昭公派军队去打他们，结果打不过他们，便逃到了齐国。齐景公将鲁昭公安排到齐国乾侯居住。孔子也因鲁内乱出走到齐国，他听到齐国演奏的《韶乐》很好听，就向齐太师请教。太师见他好学就教他。太师告诉他这是虞舜时留下的音乐，叫《韶乐》，孔子听得入迷了，"三月不知肉味"，齐人都夸他肯学习。

公元前509年，孔子42岁，鲁昭公死于乾侯，由鲁定公为国君。过了5年，公元前504年，季桓子的父亲死了，季桓子继位。这时候发生了两件事。一是季桓子家打水井，挖出了一个土缶（土罐子），派人去问孔子，这是一个什么东西，孔子告诉他这是"坟羊"，俗名"狗"；另一件事是，吴王伐越将越国都会稽团

---

① 司马迁撰，《史记》，中华书局，第1108页。
② 叶涛主编，《孔子与曲阜》，华语教学出版社；[魏]王萧注，《孔子家语》，中华书局。

团围住，越人凭围墙死守。吴军没办法只好捣毁城墙。在捣毁城墙时，在城墙根上挖到了一节骨头。那骨头很大，一车也装不下。众人不知是什么东西的骨头这么大？便派人带着这节大骨头去问孔子。孔子告诉他，这是防风氏的骨头。防风氏是夏禹时期吴越这一带的山川守护神。有一天夏禹到南方来，在会稽召开百神会，其他的神都到了，防风氏没到。那时候防风氏不叫防风氏，叫汪芒氏。大禹很生气，认为防风氏傲慢自大，藐视他。他一生气，就将防风氏杀了。防风氏本是长人，所以骨节也大。孔子对这两件事的解释使众人十分惊讶，都惊叹："哎呀，这老夫子真不简单呀，学问这么高，什么都知道，连埋在地里的也知道。"

公元前501年，孔子51岁，时为鲁定公九年，鲁遭阳虎之乱。阳虎本是季氏的管家，后领兵打主人，不胜而逃奔齐国。第二年，即公元前499年春，孔子被任命为鲁国的中都宰，相当于一个小县官。孔子在那里干得不错，被鲁君任命为鲁国的司寇和掌握生杀大权的大司寇。这是孔子一生当过的最大的官，也是他一生中最为威风的时候。齐鲁夹谷之会，齐本想借此要挟鲁君，讨得便宜，派莱人来捣乱，被孔子杀了，一下镇住了齐，杀了威风。

鲁国有公孙氏、叔孙氏、季孙氏三大贵族。鲁定公十三年（公元前497年），发生了堕三都事件。因为这三家的城垣造得很大超过了国君都城的围墙，因此要求毁掉，可他们不肯。孔子当政以后，便命申句须、乐颀下讨伐不从者公孙不狃、叔孙辄和费人。结果这一仗孔子打赢了。

鲁定公十四年（公元前496年），孔子56岁，摄相事，诛鲁大夫少正卯，威震朝廷上下，整肃国政，仅三月世即清明了，小贩们再也不敢以次充好，漫天要价，男女别途，道不拾遗，百姓各得所需而归。

齐人惧，认为"孔子为政鲁必霸"，因此选送了美女80人，皆衣文衣，舞《康乐》，连同文马30匹，一起遗鲁君。季桓子爱女乐，三日不听政，这一招使鲁君从此怠于政事。季桓子怪孔子，认为是孔子使鲁君接受了这群女人。孔子一气之下离鲁去卫之陈，又因晋楚吴等伐陈离开陈国，而走蒲……转眼之间已是鲁哀公四年（公元前491年），孔子已60岁了，岁月给他留下的时间不多了。这一年鲁哀公狩猎大野获麟。麟是一种神物，是孔子精神的象征。孔子听到得意门生颜渊去世，更是伤心不已，连连叹息："天丧予！""吾道穷矣！"过去都说昌明时代一定是"河出图，洛出书"，现在"河不出图，洛不出书"，完了！完了！春秋完了！

鲁哀公十六年四月己丑前七天，孔子病，这时他已73岁了。子贡听说老师病了前来看望他，只见他挂了一根拐杖站在门旁边晒太阳，他见到子贡说："赐，你怎么来得这么晚啊？"这之后没过几天，即哀公十六年（公元前479年）四月己丑日，一代伟人便与世长辞了。孔子死后葬于鲁城北泗水，弟子都为他服丧三年，子赣为他守坟，冢大一顷，后世在此建庙，祭以太宰之礼。

孔子一生，虽在穷困中渡过，但他的学术如日中天，声望悬于日月之上，历代帝王莫不拜倒在他的脚下。

（三）孔子的仕途与理想抱负

孔子的最高理想是实现"君君臣臣父父子子"的等级分明的礼制社会，这和诸侯们各自为政，独霸一方的要求是水火不容的。孔子一方面想在各方诸侯脚下谋得一方乐土，一方面又想伸展自己的政治才华，铲除霸者，恢复西周的一统天下，不能不产生不可调和的矛盾。孔子一生从未断过求仕的念头，他不断梦想升官发财，又屡求不得。他一生最成功的一次求仕是在鲁定公十四年（公元前496年）。那时孔子56岁，当上了鲁国的大司寇，后又摄相事，这是他一生中最值得自豪的一次作官。因此，他面有喜色，上台不几天，就利用手中的权力诛杀了不可一世的少正卯，为民出了口恶气，显示了他的威严，震慑了一些不法之徒。传说他上台仅仅3个月时间就使社会安静了许多，做生意的不敢漫天要价欺行霸市，男女行者别于途，避免瞍瞍（sǒu，目盲，分不清男女）不清。道不拾遗夜不闭户，老百姓高兴，称霸者心慌。齐国人最为害怕。他们说：孔子为政必霸，所以千方百计阻止孔子在鲁为相，防止鲁君称霸。他们向鲁君进行拉拢腐蚀。特地从齐国各地挑选美女八十人，让美女们穿着很时髦花纹的漂亮衣服，露臂露大腿跳着《康乐》舞，请鲁君观看。鲁君由季桓子陪着观看，看得筋骨酥软，心惊肉麻，接连看了三天三夜，还不过瘾，还想看，便索性全盘接受齐人送来的女乐，忘了政事。对此，季桓子不怨齐，而怪孔子，认为是孔子接受了这批女人造成的。孔子很生气，一气之下带着一群学生离开鲁国到了卫国，开始了他的流浪生活。孔子另外还有两次求仕，一次是在齐国求仕不得，一次是在楚求仕不得。两次求仕都梦碎天涯。

在齐国的那次发生在公元前497—前498年，齐景公末年孔子到齐国，拜见齐景公，景公很高兴，想将尔稽那块地方封给他。景公将这一想法告诉了齐相晏婴。晏子说："这个人不能用。他很傲慢，自以为是，不能用他来教导老百姓。他喜欢用礼乐那套来教育百姓，使他们感到宽缓，而不使老百姓亲近统治者，立命而建事，不可守职，厚葬破民贫国。"比如有一户人家死了一个人，办丧事，丧仪要搞3年时间，简直没完没了，哀悼不止，多费时日，千万不可让他作父母官。你知道一个人的德行修养在于内心。而孔子之徒只注意外表修饰，他们的丧服都很奇特。千万不能用他那一套。自从大贤之人死了以后，周王室就衰弱了，礼仪的细则增加了很多，老百姓的日子很艰难；歌舞礼乐繁冗充斥，世间德行衰微。孔子却用盛大的歌乐来使世风奢侈，用弦歌来聚集众人，用繁琐的上下尊卑进退的礼仪来使百姓效法。他的博学不能为法于世，思虑劳苦不能补益于人民，寿命加倍也不能学完他那套礼教，搞不清他的礼仪，积蓄的钱财还不够供他们礼乐的费用。他用繁饰邪术蛊惑国君，愚弄人民。决不可让他的那套东西泛滥于世。不可用他的学问来教育人民。现在用封赏他来改变齐国的风俗，不是一个可以用来教育人民的好办法。

景公听了以后说"好"，就取消了给孔子封地的想法，只给了一点礼物了事。所以，景公会见时再也不问学术了。孔子一看心里就明白了，没有多说就离开了齐国。晏子这么说并不是瞎编瞎造，加害于孔子，而是有事实根据的。据说有一天齐景公登上露寝台，听到下面有哭声，便问梁丘是怎么回事？梁丘说是孔丘的学生鞠语的母亲死了在哭。鞠语懂礼乐熟悉服丧，埋葬很丰厚，服丧已3年，哭泣仍极为悲痛。

以上事实表明了春秋时期，晏子与孔子在丧事简办与丧事厚办这一问题上的重大分歧。表明晏子不同意儒家的礼制，故而使孔子丢失了一次升官发财的机会。

在楚国的那次求仕不成，也是被人搞掉的。那是在楚昭王时期。孔子带了一伙人来到楚国，楚昭王听说孔子是圣人，大学问家，决定召见他。将见之前楚昭王见了宰相令尹子，说他想见孔子，想赐赏给他书社一带700亩封地，想听听令尹子的意见。令尹子听了后说，不可以。理由是孔子带的学生多，都是圣人，将来都赐赏起来，楚国还留下什么地盘呢？楚的祖先是周天子封的，爵位不过子男（非公侯伯），为50里，今孔丘要用三皇五帝的法度来恢复周朝的大业。王若用他，我们楚国还能拥有这堂堂的千里之地吗？如果孔子在这里拥有土地，加上他的贤弟子辅佐，恐怕非国之福呀。听了这些话，楚昭王只好作罢，当即决定只给孔子一行人一些礼节性的接待算了。

楚昭王的这一决定再一次打碎了孔夫子的求仕发财之梦。

齐楚梦断，逼得孔子没有办法憋着一口气说："回去，回去，哪儿也不走，再也不求人了。"他埋下头来潜心治学，写他的书，编他的书，做他的学问。穷而有志，学术把他推上了至上的宝座，中华文化传承的集大成者和万世师表圣人的素王地位。

孔子为什么一定要坚持"君君臣臣父父子子"这一套理想呢？这是因为他看到在他那个时代君不像君，臣不像臣，父不像父，子不像子。因为在他那个时代，任何一个国家都不断有臣弑君子弑父的事件，开始一些大国还有义愤，哪里发生弑君事便发兵讨伐，后来不但自己那里发生了这样的事，连周室也发生了这样的事。弑君弑父似乎成了一种常态，导致了社会的混乱。有人统计说有36起之多，仔细统计一下也许不止。我以为孔子提倡礼制，正是对此而说的。无疑，"君君臣臣父父子子"所触到的弑君篡位的要害。晏子反对孔子，抓住的只是繁琐的礼仪，并非君臣有别的礼制。楚国令尹反对赐封孔子，目的和齐国是一样的。核心内容也在于反对孔子提倡的礼制。这就是说明孔子提倡礼制，是想恢复西周时代，触犯了五霸的利益，而不为五霸所接受，恰恰是这一思想成了封建社会的奠基石。汉唐以来的封建社会无论怎么变革，以孔子的"礼制"作为治国的指导思想从未变过。可以说孔子的学术思想是整个封建社会的筋脉和精神支柱。

（四）孔子著述六艺

孔子求仕不得，精心于著书立说。他著述的书，包括《易》《诗》《书》《礼》《乐》《春秋》6种，成为6个不同的学科，俗称六艺。这6种中有的是编纂的，有的是著述的。秦汉以后的封建王朝以此都作为经典的教科书。历经岁月风雨的洗涤，有的残缺了，有的仍完整地保存着，有的已部分散失了，不够完整。尽管如此，现在幸存的篇章仍是中华文化的无价之宝。可以说这是孔子对中华文化所作出的永世不朽的伟大贡献。下面我们将这6种书略加解说。

《易》即《易经》，指《周易》。它位于六艺之首。[中国台湾]徐芹庭先生著《易经源流》（中国书画出版社）。该书作者专章论述《周易》的完成与周代易学。详细地介绍了《周易》卦爻辞的完成、易卦的使用、周易的理气象数、孔子与《十翼》、孔子的弟子与易学、子思与易学及老子、孟子、荀子、管子等与易学。在该书的第149页说："昔周文王拘于羑里，始肇《周易》之深基，武王、周公继志述事，遂完成《周易》卦爻辞之全体大用。自是以降，《周易》通行天下。"到了孔子那个时代，《周易》的使用已遍及各国。不论哪国，凡有事要问吉凶，都要用《周易》。使用《周易》已成春秋时代一种普遍的社会现象。据说那时"士大夫知识分子甚至妇女尤多能亲言用《易》"。自然孔子继前贤以《易》断吉凶亦不待言了。孔子之所以不占，是因为他明《易》，"善为《易》者不占"。

以上说明：《周易》的作者是周文王；孔子喜欢《易》，反复研读而韦编三绝（串竹简的牛皮筋都断过三回了）；孔子为《易》传。传指附在《易》后面的《十翼》，即十大阐释文字。

这《十翼》是不是都是孔子作的，有的人肯定，有的人否定。孔子撰《十翼》，对《易》的内涵作解释，宋以前的是先儒是很少有异议的。上古人肯定孔子作《十翼》是有根据的。所以司马迁说："孔子晚而喜《易》，序《彖》《系》《象》《说卦》《文言》，读《易》韦编三绝，曰：'假我数年，若是，我于《易》则彬彬矣'。"

扬雄在《汉书》中说："孔子错其象而彖其辞，然后发天地之藏，定万物之基。"

班固的《汉书》、刘彦和的《文心雕龙》、陆德明的《经典释文》、孔颖达的《论夫子十翼》都肯定《十翼》为孔子所作。孔子在教书过程中对《易》加以介绍解释赞许，他死后弟子们整理成文，传之后代，也是合乎情理的。《礼》《乐》失传。《尚书》是上古史教材，除《尧典》《舜典》外，大多失传，现存文字是孔子以后的人补充的。留传于世比较完整的是《诗》与《春秋》两种。《诗》即《诗经》，是《春秋》前的诗歌总集，共搜集诗305首。它的主要内容分为风、雅、颂三个部分。风，指乐曲，汇集的是各地方的民歌，是各地风俗的反映。共有十五国风，反映了18个地区域的风俗人情。即周南、召南、邶、鄘、卫、王（东周）、郑、齐、魏、唐、秦、陈、桧、曹、豳、雅（夏西周）、鲁、宋18个地方。其中周南8篇、召南14篇。反映的是周公旦以洛邑为都统治东方诸侯国，召公奭以镐为都统治西方诸侯国的情形。计25篇。邶、鄘、卫共39篇。它们在春秋时都属于卫国。王诗10篇，是东周王国境内的作品，世称王风。郑诗21篇。郑是西周时周宣王封其弟姬友郑桓公的地方。郑风为郑桓公子武公时代的作品。齐11篇。齐为周武王给姜尚的封地，都城在春秋时山东营丘，齐献公时改称临淄。魏诗7篇。魏在山西南部，魏风反映的是山西南部芮城一带的风俗。唐诗 12 篇。唐即晋，在山西中部翼城那一带。秦诗 10 篇，东周时秦在陕西中部地区。陈诗 10 篇。春秋时陈位于河南东南和安徽北部地区。这里是周武王封给舜的后人的地方。陈都宛（河南淮阳）。春秋后期（前 481 年）为楚所灭。桧诗 4 篇。桧在河南中部舜县一带。传国君是颛顼的后代，姓妘，东周时为郑武公所灭。曹诗 4 篇，曹在山东西南部。今曹县地区。邠（豳）诗 7 篇，豳在陕西栒（旬邑）县邠县一带。这里是周祖先公刘起家的地方。

以上是《诗经》中风的分布情况。雅，不是民歌，是西周至春秋末期周王朝王畿地区公卿士大夫的作品。雅为雅乐，分大雅、小雅，共存录作品 105 篇。雅，通夏，大雅小雅，也叫大夏小夏。神话中说夏启带美女上天，以美女贿赂天帝，换来天籁之声。这传说表明可能夏乐是一种十分美妙的音乐。

颂，分为周颂、鲁颂、商颂。即歌颂西周王朝、鲁国和孔子的祖先宋国王公功德的作品，共 40 篇。

上述作品计 305 篇，均可配乐歌唱，常用于祭祀、征伐、国际交往和宫廷宴请使用。《诗》是孔子令人从各国搜集来的民歌宴乐礼乐。《诗》本来很多，经孔子编选删节成了《诗》集。这个《诗经》是《诗》的范本，礼仪的依据，礼教的教材。

《论语》是孔子的学生对孔子以诗教学的回忆录。其中有许多谈到孔子的诗教。孔子以《诗经》为教材，首先是动员学生学诗，强调学诗很重要，是做人的根本。"不学诗无以言"，不学诗就没有发言权。因为《诗》是一种雅言，"诗""书"执礼，《诗》在于礼，成于乐。学诗，"学而优则仕"，读书读不好，将来就做不成官。所以孔子反复动员弟子学诗，重视诗。

《诗》300 篇，内容广泛，仁义礼智信，忠孝仁爱无所不包。但大量的诗篇，中心的内容是讲"仁"。

什么是仁？孔子告诉弟子们的是"仁者爱人""克己复礼为仁"，恢复礼制即仁。这是从体制方面讲的；强调施仁政，"仁者爱人"，是对执政者的道德修养讲的。在孔子看来仁就是"王道"，所以他在答子张问仁时说："能行王者于天下，为仁矣"。仁的具体内涵是：恭、宽、信、敏、惠。恭则不侮，宽则得众，信则人任焉，敏则有功，惠则足以使人。所以要求仁的信徒：一要"无求生以害仁"。二要友其仁，即友其士之仁者；"当仁，不让于师"；道不同不相为谋，不要与不仁者交往。三要敢于为仁而牺牲自己，即子贡说的要敢于"杀身成仁"。这样一来，仁就不再是一种理论与祈求，而变成了一种维系社会秩序的行为准则了。所以，这个"仁"字是封建社会的重要精神支柱的礼的核心内容，统治思想的播撒器。

关于孔子著《春秋》，我的看法是：

《春秋》是孔子写的关于春秋时代的历史著作。但为《春秋》作阐述的书有不少。著名的如《春秋·左传》和《春秋公羊传》《春秋谷梁传》。三传都是从隐公写到哀公，都用编年体，只在文字和少数提法有所不同。

《春秋》的传主包括鲁隐公、桓公、庄公、闵公、僖公、文公、宣公、成公、襄公、昭公、定公、哀公，十二代公侯。时间从鲁隐公公元前722年到鲁哀公公元前467年，前后共255年。

（五）孔子为啥不愿见晏子

晏子与孔子的私人关系不怎么好。主要原因是孔子背后说闲话引起的。晏子比孔子年长。他一生事齐庄公、齐景公、齐悼公等君主。齐灵公死，齐庄公即位那会儿（公元前553年），孔子还没出生。孔子是公元前551年出生的。可他成人后，在背后议论晏子说，"晏子事三君而顺焉，是有三心"，"相三君而善不通下，晏子细人也"。晏子听到后很生气，就去见孔子，说："婴闻君子有讥于婴，是以来见。"当面把孔子批评了一顿以后走了。孔子吐了吐舌头对弟子们说："行补三君而不有，晏子果君子也。"尽管如此，此后他再也不敢碰到晏子。

由于孔子背后说人的坏话，所以晏婴对孔子的印象也不好，总觉得孔子傲慢自大。有一次孔子见景公想求一官半职，景公也觉得他是一个有学问的人，就想把尔稽的地方封给他。他把这个想法告了宰相晏子。晏子表示反对说："不可。"为什么呢？因为孔子提倡厚葬破民贫国，宗丧循哀，不可使慈民。孔子听到这消息感到委屈，有口难辩。他知道久哀厚葬之风是齐国的一种习俗，并不是他一手造成的，可他没有勇气为自己辩解。他不仅封地没有了，还背着爱在"背后说人坏话"的黑锅，离开了齐国，带着一帮人过卫郑，走陈蔡，茫茫然如丧家之犬。他心里十分清楚，齐景公杵臼，是庄公的异母弟，崔杼弑庄公立景公。那景公也不是什么好东西。他肆酒成性，暴虐凶残。霖雨十七日，他饮酒日夜相继，不恤灾民，直到官吏告诉他毕上有贫氓17000家，加上晏子反复说明，才放粮97万钟，坏室2700家，用3000金进行抚慰。这些情况，孔子都知道，但他不敢见晏子。既不敢讲晏子对，也不敢讲晏子错。所以，景公问孔子，你为什么不去找我的宰相呢？孔子张口结舌，无话可说。他知道，是他背后说了晏子一句坏话，把他和晏子的关系搞砸了。一句坏话损人名誉，又断了自己的仕途，害了自己一辈子，苦了自己一辈子。

（六）孔子的学术思想：礼与仁

孔子是中国春秋时代伟大的思想家，哲学家，教育家。他的学术的核心是礼与仁。礼指周礼。即周朝的礼制，包括父系家长制系统的种种典章、制度、礼仪、习俗、道德规范等。它集中反映的是周朝建国以来所形成的宗法等级制度。习礼，首先要学习"尊上""尊君""事君""为君"。尊上事君是习礼的最基本的原则。

其次是要孝亲。孝，首先要孝顺父母。孝顺父母要"竭尽其力"。要有"君君臣臣父父子子"的等级差别，即君要像君，臣要像臣，父要像父，子要像子，不可混同。混同了就是没上没下，没大没小，坏了规矩。

孔子思想的内核是仁。仁即仁爱。仁者爱人。爱人即"爱众人""爱百姓"。仁是什么？仁就是"克己复礼"，克己复礼为仁。克己复礼了，天下即归仁，天下就大同了。而这天下归仁，却是"为仁由己"的。因此，我们说礼和仁是孔子治世思想最基本的内容。

孔子的仁学理论集中反映在以下几个方面。

其一，以仁为本。"君子务本，本立而道生"。本指仁，所以说仁为"人之本"。"巧言令色，鲜矣仁"。仁，指的是为人的根本。仁者，天下之正理。人而不仁，人心亡矣。所以孔子说："仁而不仁，如礼何？人而不仁，如乐何？"仁而不仁，要礼要乐有什么用呢？

其二，仁是对人的修养的一种要求。所以孔子说，"里仁为美""仁者安仁""不仁者不可以久处约"。

其三，仁是一种德政。提倡仁政，反对苛政。主张"温厉，威而不猛，恭而安""民兴于仁""人而不仁疾之已甚，乱也""如有王者，必世而后仁""能行王者（恭、宽、信、敏、惠）于天下，为仁矣"。

孔子是春秋时代著名的教育家。他一改贵族的官府办学为私人办学，培养了许多知名的学生。他从仁爱思想出发，实行"有教无类"，学生出身不分贵贱，都可以到他那里读书。这种不分等级不问出身的教育思想，举世未见。在与春秋时期同时代的希腊、埃及、印度都没有见到这种情况。

在教学方法上，他主张因材施教。他根据不同的学生的思想性格、爱好特长，选择适合不同情况的德行、言语、政事、文学等科目，因材施教。他善于搞启发式教育，使学生能举一反三。他授课善于理论联系实际，能结合春秋时所发生的重大事件讲授六经。

不仅如此，他很善于言传身教。他知识丰富，智慧过人，原则性强，意志坚毅，生活朴实严谨，待人和蔼可亲，谦虚谨慎，所以学生们尊他为孔父、圣人。他的人格魅力在同时代的世界舞台上，也是少见的。

三、墨子

墨子是个人,《墨子》是本书。

先说墨子其人。

(一)墨子的生平

1. 墨子简历

墨子是个怎样的人?由于缺乏原始资料,只能从研究资料中分析得出一个粗略的印象:墨子姓墨名翟,楚鲁阳人。关于他的籍贯,长期以来是争论的焦点。有的人说他是鲁国人,有的人说他是宋国人,有的人说他是楚国人。众说纷纭,莫衷一是,但多数人认为他是楚国鲁阳人。鲁阳在今河南南部,春秋战国时为楚地。墨翟生于鲁阳,死于鲁阳。《墨子》一书中有许多关于鲁阳君和鲁阳生活的描述。

鲁阳在今河南省鲁山县二郎庙乡二郎庙村。瀼水旁邱公城有墨子庙、墨莲池。传说这就是当年墨子染布的坑。那里至今还流传着一首民谣,说:

坑,坑,坑衣裳,
黑泥捏个墨子王。
披头发,大脸膛,
橡壳眼,高鼻梁。
一身黑衣明晃晃,
皂角大刀别腰上。
一双赤脚朝前走,
肩上挎个万宝囊。
野鸡翎,长得花,
天下污浊一扫光。

2. 墨子祖先

墨子的老祖宗是谁，不清楚。唐《元和姓纂》说他是"孤竹君之后，本墨台氏"，有人说他是"公子目夷之后"。目夷是宋国贵族。童书业先生说："墨子实为目夷子后裔，以墨夷为姓氏，省为墨也。"这些解释虽不一定准确，但说明他是古氏族后裔。有人认为他崇敬大禹，可能是禹裔族。

3. 墨子的出身

墨子是劳动者出身，可能是城市手工业者。传说他是一个木匠，手艺高超。他做木鸢（yuān，鹰），三年而成。他的弟子问他："先生之巧，至能使木鸢飞？"墨子说："吾不如为车辊者巧也，用咫尺之木，不费一朝之事，而引三十石之任，致远力多，久于岁数。今我为鸢，三年成，蜚一日而败。"

据传墨子曾学儒者之业，受孔子之术。后嫌儒术"其礼烦扰而不悦，厚葬靡财而贫民，久服丧生而害事"。因此，他"背周道而用夏政"。他要求学生们以"以裘褐为衣，以跂蹻（qí jué，指木制或草编的鞋子）为服，日夜不休，以自苦为极"，要他们以大禹为榜样，像大禹那样，栉风沐雨去实现墨家的政治主张。

墨子本是"农与工肆之人"，即农民手工业者。荀子看不起他，鄙其学术为"役夫之道"。经过他的弟子们的不息奋斗，终成先秦显学而走红几百年。

墨子的弟子很多，传说有300多人。墨子对弟子治徒娱、县子硕说：要以"为义孰为大务"。他对徒弟们作了分工，要他们进行不同的专业学习。他将他们分成三个专业进行学习，各有侧重，从而形成了后来的三个派别：秦墨、东墨、楚墨。

秦墨，任务是从事，即从事具体的手工劳动，守御，军事斗争，总结生产劳动和经济工作的经验；

东墨，指潼关以东地区的墨学流派。他们的主要任务是说书，即聚徒讲学，宣讲墨子的哲学观点和政治主张，弘扬墨家之义。

楚墨，主要任务是谈辩。他们通过与儒家等学派的辩论，宣传自己的主张。

墨子死后，这三派各自独立。墨学便因此而"一离为三"，形成了三个不同的学派。《韩非子·显学》说："自墨子之死也，有相里氏之墨，有相夫氏之墨，有邓陵氏之墨。故孔墨之后，儒分为八，墨离为三，取舍相反不同，而皆自谓真孔墨，孔墨不可复生，将谁使定世之学乎？"

由于有三个学派的不同与并存，因此在《墨子》一书中也反映了他们的不同观点。

（二）墨子学派

墨子爱学习，肯动脑筋，他发明了带有弩机的弓。西方于公元10世纪意大利人发明了这种弓。墨子是公元前480—前389年，或公元前516—前476年人，时间在孔子之后孟子之前，是春秋末战国前期的人。或者说墨子是晚周时人更确切一点。墨弓的发明比西方早了1000多年。

墨子是一个智者，伟人，著有《墨子》一书留存于世。这部书原有71篇，佚亡18篇，现存53篇。其内容涉及政治、经济、文化、军事、科学、教育各个方面，是集大成的百科全书。墨子40岁左右书成，献书于楚惠王，楚惠王尊其为师。时间大约在公元前440年左右。墨子死后，墨子学派分裂了，一分为三，他的学生的第三第四传人有不少巨子。以禽滑釐、孟胜、田襄子、腹䵍，名气最响。辩学（逻辑学）支流学派的公孙龙子不是墨子嫡传人，而是分支传人。所以有人说："墨子摩顶放踵，舍身济世，损己益人，兴利除害，扶弱抑强，真是民族的脊梁。"这个评价不过分。可到汉武帝罢黜百家，独尊儒术之后，墨学便隐匿无声了，数千年间知者甚少，十分可惜。在我国，最早讲自然科学、讲军事科学，墨子是第一人，讲天文学、光学、物理学，讲法制、讲尚贤、节用，反腐倡廉，墨子也是第一人。墨子是我国自然科学思想发展的鼻祖和源头。

西方文明的源头在古希腊。他们公元前3000年进入青铜时代，前2000年成立了国家，前12世纪借用腓尼基人的22个字母文字写希腊语言，公元前750—前700年时已有线形字母80个。前12世纪即进入铁器时代，前6世纪时奴隶制形成，实行城邦制，普及铁器，前776年发起奥林匹克运动。从公元前594年梭伦当政，到前560年梭伦去世，实行僭主政治。由其子希庇亚继位。前510年斯巴达起义赶走了希庇亚，实行贵族政治。不久平民起义推翻了贵族统治，实行选举制。成立议会，公民大会，实行奴隶民主制。后又经历了公元前490—前480年的希波战争，公元前478—前477年的提洛同盟，公元前431—前404年伯罗奔尼撒战争。在奴隶制的争霸中，雅典战败，古希腊文也由盛而衰，斯巴达成为霸主。这一切和墨子所处的时代十分相似，不同的是一个在东方，一个在西方。

在哲学领域米利都派创始人泰勒（公元前624—前547年）提出"水是万物的本原""运动产生根本动力"，继他之后的是赫拉克利特（公元前540—前480年），在论《自然》中说："火是万物的本原""万物始于火""终于火"。运动是绝对的，静止是相对的。其后是苏格拉底（公元前469—前399年）着重研究人自身，知识、理性、美德、真理、正义的含义等等。继之后亚里士多德（公元前

384—前322年）在哲学、伦理学、美学、逻辑学、政治学、经济学、法学、历史学、语言学、数学、物理学、化学、天文学、形而上学等方面都有重要贡献。马克思称赞他是古希腊哲学家中"最博学的人物"。

中华与古希腊文明同时，中国早在6500年前就开始种植水稻，4000年前就冶制青铜器了，4000年后进入奴隶制社会，建立了奴隶制国家。到春秋战国时期，已是奴隶社会末期了，其时的冶铁和天文科学相当发达。西方的亚里士多德时期正是东方的墨子时期。亚里士多德发展了天文、物理、数学等自然科学。西方人继承了亚里士多德的学术传统，发展出了众多的现代科学技术而称霸世界。中国却因汉武帝罢黜百家，独尊儒术，打压了墨学，抑制了自然科学的发展，延缓了现代科学的到来，不得不转身向西方取经。古希腊人向东方取经，现代中国人转身向西方取经，走的是一条曲折的"之"字形道路。

虽然墨子学术在中国隐没了长达2000多年，但它的思想光华并未熄灭。近些年来，墨学研究勃兴，尤其是墨子创立了以几何学、物理学、光学为突出成就的一整套科学理论，使现代国人猛醒：墨子复活了！

（三）墨学的兴衰

墨学的兴衰历程是曲折的。战国时期墨学横空出世，成为一门新兴学科出现在世人面前，使世人惊艳。所以那时它常与孔学并举，被称为孔墨。其地位之高可想而知。

墨子门徒众多。东墨、秦墨、楚墨。他们秉承墨子学术，宣扬尚贤、尚同、兼爱、节用，影响非常之大；天意、正义的倡导，尤其是非命、非儒、备守的提出更激起广泛而强烈的反响，引发儒家学者如孟子、荀子、韩非子等人的反击，从而成为百家争鸣的先导与核心。可以说战国时期的百家争鸣，是由墨学发展引发的。战国时期是墨学发展最兴旺的时期。到秦汉以后，社会变了，封建阶级登上历史舞台。汉武帝罢黜百家，独尊儒术，阻止了墨学的发展。儒者昂首阔步，气宇轩昂，墨者却销声匿迹，不知所踪，一直潜伏到明清以后，随着西方科学技术的传入，才隐隐现身。"五四"运动以后，孔学受到抑制，墨学重新抬头。现在国家大力发展自然科学，墨学又兴盛起来了。由此可见：墨学的发展过程始终是和国家自然科学的发展紧紧相连的。国家的自然科学越发展，墨学越活跃。它简直就像国家科学发展的风向标一样，和国家的未来是紧紧相连着。墨子光学卫星的成功发射就是证明。我相信随着现代科学技术的发展，墨学也会大放光彩的。

（四）墨子的天意观

《墨子》第七卷天志上中下三篇，集中谈的问题是：

第一，天。这里的天是非自然之天，而是指士君子，即"天下之士君子天也"。其次，天，指天下。"天亦何欲何恶？天欲义而恶不义""率天下百姓"云云。一国称国，许多国家统称天下。天下，相当于现在称"世界"。

以上是天的概念。这些概念表明天并不是头顶的宇宙、蓝天，大自然的天，而是指人间世界。

由于这样，就产生了天从事于义的问题。如说"我为天之所欲，天亦为我所欲"，显然，这个天指的是人民，以民为天。所以，才有"天之为（委）政于天子"，"天子者，天下之穷（窮）贵也，天下之穷（窮）富也"。

墨子《天志》中的天，不全是指自然之天，而是人间、天下、人民。这是墨子对天的一种新的解释。

第二，天志即天意。而天之志者，义之经也。即上欲中圣王之道，下欲中国家百姓之利者，当天志。"顺天者昌，逆天者亡"，亦指的是民意，非自然之天。墨子认为天志即天意，义政。这天意即力政、暴政、乱政。义政，亦即大国不攻

小国，大家不篡小家，强不劫弱，贵不凌贱，诈不欺愚，富不傲贫，大家和睦相处，"上利于天，中利于鬼，下利于人"三利无所不利。从这个意义上说天志就是天意，天意就是民意，民意就是天义。义就是善政。善政即义政。天下有义则治，无义则乱。

第三，天意即民意。天下有暴虐，怎么办呢？墨子的意思是"以天意止暴"，即民意止暴。所以他说天子对天意（民意）"不可不慎"。"天子为善，天能赏之；天子为暴，天能罚之"，亦不是指自然之天，而是社会之天。对战乱墨子说，"天之意，不欲大国之攻小国也，大家之乱小家也，强之暴寡，诈之谋愚，贵之傲贱"，强调"爱人利人，顺天之意，得天之赏者有之。反天之意，得天之罚者亦有矣"。这里的天意，也同样指民意。

第四，从以上分析可见，墨子讲的天并非纯指自然的天，而是指社会的天，即民。天意，即民意。自然之天只是虚拟的借用，是一种泛说，并没有指天上的天宫、天帝、知廷、天市之类的东西。在墨子心目中天是朴实无华的，以天意喻民意，天志即民意，他的义利观正是在这一思想基础上提出的。

（五）墨子的著作《墨子》

《墨子》由墨子自著及弟子录著构成。其中经由墨子自著。经及经说是哲学理论。毕阮序说《墨子》一书，原来71篇，宋亡9篇，宋以后又亡10篇，现在存"53篇，即今本也"。全书分为15卷。

第一卷　7篇

第二卷　3篇

第三卷　3篇

第四卷　3篇

第五卷　3篇

第六卷　6篇（缺3篇）

第七卷　3篇

第八卷　4篇（缺2篇）

第九卷　7篇（缺3篇）

第十卷　4篇

第十一卷　3篇

第十二卷　2篇

第十三卷　3篇（缺1篇）

第十四卷　12 篇（缺 5 篇）

第十五卷　9 篇（缺 4 篇）

以上共 72 篇。其中缺 18 篇。存 54 篇。叙中说为 53 篇。

按内容分，这 15 卷包括了修身、尚贤、节用、天志、非命、经文、贵义、备守等内容，展现了战国时城防战守最为真实的一面。

墨子的战略战术思想正是通过这 15 个方面展现出来的。墨子学术中最为精彩的是尚贤、兼爱、贵义和天文、物理（光学）、数学及军事科学中的攻守。有些篇目，如自然科学中的物理学、光学至今仍有生命力。

（六）《墨子》一书的理论贡献

一是治世在于立本，无本则乱，治国要先治本。以孔子为首的儒家学派尊崇夏商周的治世经验，倡导仁德治世。墨子推崇大禹治水，倡导正义治世。认为先王治天下，"察迩来远，怨省行修"。概括地说是一个"义"字。为什么？因为贫则见廉，富则见义，生则见爱，死则见哀。要求社会治理要先固本。"本不固者末必几（微）"。不论贤人恶人的出现都与他的生存环境有关系，用他的话来说就是"染"，"染于苍则苍，染于黄则黄，所入者变，其色亦变，故染不可不慎也。"治国亦有染，舜染于许由、伯阳，禹染于皋陶、伯益，汤染于伊尹、仲虺，武王染于太公、周公。此四王者，所染当，故王天下。相反，夏桀染于干辛、推哆，殷纣染于崇侯、恶来，厉王染于厉公长父、荣夷终，幽王染于傅公夷、蔡公穀。此四王者由于所染不当，故国残身败身裂，为天下笑。这就是本，有本则治，忘本则国亡。

二是治世在于法。墨子认为百工从事，皆有法所度。人间治国，要以天为法，天所不欲则止。所以他提倡法天。法天之什么呢？一是法天之兼爱，天无私，地无私，对大家都是一样的，均无私给予。所以人要向天学习，只有知天兼爱。爱人利人者，天必福之，恶人贼人者，天必祸之。这里的天是对自然之天的假借。

墨子认为国有七患：

一、城郭沟池不可守而治宫室；

二、敌国至境，四邻莫救；

三、先尽民力无用之功，赏赐无用之人；民力尽于无用，财宝虚于待客；

四、仕者持禄，游者爱交，君修法讨臣，臣慑而不敢拂；

五、君自以为圣智而不问事，自以为安强而无守备；四邻谋之而不知戒；

六、所信者不忠，所忠者不信；

七、蓄种菽粟不足以食之，大臣不足以事之，赏赐不能喜，诛罚不能威。

从上面我们可以看到墨子的"天"，实际是人，他的天意，就是民意。所以他认为治国在于立法。法度不整，国家就会败亡。

三是尚贤。墨子认为尚贤是为政之本。治国不是富而慧的人，而是"愚且贱者，则治"。相反，"贵且智者，则乱"。商汤见伊尹，早朝晏退，听狱治政，所以才能使国家治而刑法正。殷高宗武丁得傅说而国治，傅说是筑路的"胥靡"，其在黄河西岸关坡下隐宄，即今山西平陆东25里处。武丁得傅说，举以为三公，而天下大治；舜耕于历山，淘于河滨，渔于雷泽，灰于常阳，尧得之服泽之阳，而立为天子，使接天下之政，而治天下之民。故而天下大治。

这些例子说明尚贤是为政之本，十分重要，不能不谨记。

四是兼爱。兼爱，是指爱所有的人，对所有人一视同仁。当然，这是对天子讲的。所以墨子说："尚用之天子，可以治天下矣。"他认为："尚同是政之本，治之要。"在墨子看来，乱之所起，根源在于"不相爱"，是"自制"而引起的。子自爱，不爱父，故亏父而自利；弟自爱，不爱兄，故亏兄而自利；臣自爱，不爱君，故亏君而自利。由于自私自利，不爱他人，不利他人而生乱。所以墨子提出要兼爱，要兴天下之利，除天下之害，国与国不相攻，家与家不相乱，人与人不相贼，君臣惠忠，父子慈孝，兄弟和调。诸侯不能只爱其国，不爱人之国；为人不能只知爱其家，不爱人之家；只爱自己之身，不爱他人之身。这就是要兼爱。兼爱了就不会相篡相贼，就不会出现强必执弱，富必侮贫，贵必敖贱，诈必欺愚。人与人之间就不会相怨。这一切在贫富悬殊加剧，利益冲突日烈的春秋战国时代是不可能实现的。它只是善良人为善良人所发出的一声呐喊。

五是战争中的攻守。在《墨子·非攻》一书中有上中下3篇，主要谈义与不义之战。他比喻为和偷人桃李，窃人牛马一样，攻人国家取人钱财，是不义的行为。可是在社会上小为非则知而非之，大为非（如攻国）则不知非，从而誉之。显然，这是把事情颠倒了，因而产生了数不胜数的乱象。诸如百姓饥寒冻馁而死者，不可胜数；士兵从军往而靡獘腑冷（腐烂）不返者，不可胜数；矛戟戈剑乘车与其牛马，肥而往，瘠而反，往死亡而不返者，不可胜数；途道修远，粮食辍绝而不继，百姓死者不可胜数；百姓处居不安，饭食不时，饥饱不节，疾病而死者，不可胜数；丧师多不可胜数；丧师尽不可胜计；鬼神之丧其主，不可胜数；杀人多必数于万。虽虚数于千，衍数于万，虽均为约数，但大家都这么搞，天下就乱了。

在《墨子》的论述中有两个问题是特别引人关注的。一是在战争中对铁器的运用，一是攻守中对火的运用。

《墨子·备城门》一节所记的备用工具设施，多达70多种，如全书统计一下，不下百种。这些兵器中有不少铁器。如临车、钩梯、冲车、云梯、撞车、悬门沉机、锢金若铁（锁）、锯、弩、矢、凿、锯、镰、枪、铁鏼（钻）、铁夫等。有人说中国铁器的使用始于战国时期，这些铁兵器的使用，证明那些说法是谎言。

　　在《墨子·备城门》一节里，有多处提到了铁制品。如"门植关必环锢，以锢金若铁鍱之。门关再重，鍱之以铁"；打起仗来，守备要两步一荅（dá，铁蒺藜）；盖求齐铁夫；行军守城要带铁鏼（铁鼎鏼）；藉车必为铁纂；打仗要用铁服（有刃之二矛）、铁钩、铁校、铁璅、铁鏼；敌人近了要"杂诸弓器"。这些记载说明我国在春秋时代已使用铁器了，已经使用铁兵器了；同时也证明铁器的使用并非从西域吐火鲁人那里传到晋国，再传到全国各地，而是自己冶炼的。我国在夏之前就已会冶铜冶铁合金，到春秋又会冶金，且在《管子》中有许多关于出铁之山的记载，所以春秋冶铁也是很自然的。铁兵器的出现是战争的使然。说冶铁是从欧洲传至西域，由西域传至晋国，由晋国传到全国，违背了历史事实，只是一种不合逻辑的虚妄的猜测，难以成立。

　　在春秋的战争中，不仅有许多关于铁兵器的记载，引人关注。将火用于攻守也同样值得关注。在《墨子·备穴》中就记载了墨子和他的弟子禽滑釐等人的一些对话。

　　禽子说："再拜，再拜，敢问古人有善攻者，穴土而入，缚柱施火，以坏吾城。"

　　"凿其间，深丈五尺。室以樵，可烧之以待适（敌）。"

　　"穿其穴，令其广必夷客队。疏束树木，令足以为柴抟……以柴抟从横施之。"

　　"善涂其外，令毋可烧拔也。"

　　"弩简格，转射机，机长六尺，貍一尺，两材合而为之辊，辊长二尺。"

　　"城上为攒火，矢长以城高下为度，置火其末。"

　　"城上二十步一藉车，三十步一垄灶，持水者必以布麻斗、革盆。"

　　"以火与争，鼓橐，冯埴外内，以柴为燔，灵丁，三丈一，火耳施之。十步一人，居柴内弩。二十步一罝穴。穴高十尺，凿十尺，橐以牛皮，穴中与适（敌）人遇，则皆围而毋逐，且战北，以须炉火之然也。"

　　"辉火烧门，悬火次之，两载之间一火，皆立而待，鼓音而燃。即俱发之，敌人避火而复攻，悬火复下。敌引兵而去。"

　　"鼓无休，夜以火。"

　　"前后左右相传保火，火发自燔。"

　　"夜以火指鼓所。"

　　上述记载说明春秋时的战争，有用火的战术。有以火攻城，以火守城的先例。《诗经》里有河水白,河水清的记载。说明在春秋前黄河之水是清澈,明亮的。黄河水为什么变黄了呢?我推测与春秋时这场用火进行攻守的战争有很大的关系。"疏束树木"的战法不仅影响后世的战略战术,也深刻地影响黄河子孙后代的思想生活。黄河边上本是森林密布,草木繁茂之地,当时人为了夺取战争的胜利,便下令砍树,备柴火,躲进柴草摸黑放冷箭,用柴火烧爬墙的敌人。其结果黄河之水由白变黄了。大量砍伐树木,放火烧荒,破坏了生态环境,是造成当时水变黄的重要原因。可见,火攻火守和铁兵器的使用结果是相反的,它不是历史的进步,而是历史的倒退。

(七)墨子的故事

1. 墨子搬书[1]

墨子有很多学生,其中最著名的一个是禽滑釐,一个是公尚过。子墨子南游使卫,车上载了很多书,一个叫弦唐子的人见而怪之,问道:"吾夫子教公尚过曰:揣曲直而已。今夫子载书甚多,何有也?"

子墨子曰:"昔者周公旦朝读书百篇,夕见七十士,故周公旦佐相天子,其脩至于今。翟上无君上之事,下无耕农之难,吾安敢废此?"

这段文字说明墨子是一个十分好学的人。其学术的中心思想是"义""知义而教天下以义者,功亦多""万事莫贵于义",要求统治者要讲正义,公正,对人民要一视同仁。

在本节中多处谈到"书多"之事。其中"然民不听均,是以书多""既已知其要矣,是以不教以书也",即言得其精髓,就无必要以书为教。子墨子对公良桓子说:"卫,小国也,处于齐、晋之间,犹贫家之处于富家之间也。贫家而学富家之衣食多用,则速亡必矣。"说明读书是学,但要学其精髓,而不能表面模仿,否则就会带来祸殃。用现代的话来说,无论在书本上学还是在实践中学,都不能生搬硬套,而是要掌握精神实质,活学活用。

墨子举了一个例子说简子之家,饰车数百乘,马食菽粟者数百匹,妇人衣文绣者数百人,动则必千人有余,一旦有患难发生,就麻烦了,不如将饰车食马之费与绣衣之财用来养士,更稳妥一些。我想战国时养士之风盛行,和墨子的这一论述与提倡是有一定的关系的。

注

[1] 墨翟著,《墨子》,上海古籍出版社,第97页。

2. 公输般与墨子[1]

公输般[2]为楚造云梯之械，成，将以攻宋。[3]子墨子闻之，起于齐[4]，行十日十夜而至于郢[5]，见公输般。公输般曰："夫子何命焉为？"

子墨子曰："北方有侮臣者，愿借子杀之。"

公输般不悦。

子墨子曰："请献十金。"

公输般曰："吾义固不杀人。"

子墨子起，再拜曰："请悦之。吾从北方闻子为梯，将以攻宋，宋何罪之有？荆国[6]有余于地而不足于民。杀所不足而争所有余，不可谓智。宋无罪而攻之，不可谓仁。知而不争，不可谓忠。争而不得，不可谓强。义不杀少而杀众，不可谓知类。"

公输般服。

子墨子曰："然，胡不已乎？"

公输般曰："不可，吾既已言之王矣。"

子墨子曰："胡不见我于王？"

公输般曰："诺。"

子墨子见王，曰："今有人于此，舍其文轩，邻有敝舆[7]而欲窃之；舍其锦绣，邻有短褐而欲窃之；舍其粱肉，邻有糟糠而欲窃之，此为何若人？"

王曰："必为有窃疾矣。"

子墨子曰："荆之地方五千里，宋之地方五百里，此犹文轩之与敝舆也。荆有云梦，犀兕麋鹿满之，江汉之鱼鳖鼋鼍为天下富。宋所谓无雉兔狐狸者也。此犹粱肉[8]之与糠糟也。荆有长松文梓楩楠豫章[9]，宋无长木，此犹锦绣之与短褐[10]也。臣以王吏之攻宋也，为与此同类。臣见大王之必伤义而不得宋。"

王曰："善哉。虽然，公输般为我为云梯[11]，必取宋。"

于是见公输般。子墨子解带为城，以牒为械。[12]

公输般九设攻城之机变。

子墨子九拒之。

公输般之攻械尽，子墨子之守圉[13]有余。公输般诎。而曰："吾知所以拒子矣，吾不言。"子墨子亦曰："吾知子之所以拒吾，吾不言。"

楚王问其故。子墨子曰："公输子之意不过欲杀臣。杀臣，宋莫能守，乃可攻也。然臣之弟子禽滑釐等三百人，已持臣守圉之器，在宋城上而待楚寇矣。虽杀臣，不能绝矣。"

楚王曰："善哉。吾请无攻宋矣。"

子墨子归，过宋，天雨，庇其闾中，守闾者不纳也。故曰：治于神者，众人不知其功，争于明者，众人知之。

注

[1] 墨翟著，《墨子》，上海古籍出版社，1989年3月，第50页。

[2] 公输般，原文为公输盘，传说中的神匠人，他发明了云梯。子墨子，墨子，名翟，春秋末思想家，著有《墨子》等8篇著作。子是对墨子的尊称。

[3] 宋：宋国地在今河南商丘。

[4] 齐：在今山东临淄。

[5] 郢：楚国都，在今湖北武汉之西。

[6] 荆国：古时楚亦称荆。郢为楚都。

[7] 文轩，敝舆：文轩指绘有花纹的比较高而有帷幕的车子。敝舆（yú），指破旧的马车。

[8] 粱肉：腊肉。

[9] 长松文梓楩楠豫章：均指南方特产的宝贵树木。文梓，指文路鲜明的梓树、椴楠；楩（pián）楠（nán），楠木，类似豫章。这些树都是珍贵的乔木。

[10] 短褐（hè）：指短的粗布衫。

[11] 云梯：古时云梯和冲车都是攻城的工具。传云梯是著名的能工巧匠公输般所发明。用之可以攀城。

[12] 解带为城，以牒为械：牒（dié），古江淮地区一种薄衣，即禅衣。指墨子解带以牒进行城防攻守试验。

[13] 圉（yǔ）：指养马地，养马人。喻差。

3. 墨子《悖（诗）论[1]》（三则）

（1）非牛非马[2]

牛狂[3]与马惟异。

以牛有齿，马有尾，说牛之非马也，不可。是俱有[4]；

不偏有，偏无有。曰之与马不类，用牛有角、马无角，是类不同也。若举牛有角、马无角，以是为类之不同也，是狂举也。犹牛有齿、马有尾。或不非而非牛也。则或非牛或牛而牛也可。故曰：牛马非牛也未可，牛马牛也未可。则或可或不可，而曰牛马牛也未可亦不可。且牛不二，马不二，而牛马二。则牛不非牛，马不非马。而牛马非牛非马。无难。

注

[1] 悖（bèi）：违反，有违常理之论。当今，悖论已成一门专门的学问。

[2] 墨翟著，《墨子·经说下》第十卷，上海古籍出版社，第85页。

[3] 狂：牛狂，非指牛疯狂，而是指牛总是与马有区别的。

[4] 是俱有：说事物的法则是一样，都有名实之分。

这里指的是物类的分类问题。主要涉及的是分类标准。要分类先要确定统一的标准。墨子以牛马为例进行说理十分形象、生动。

其一，以牙齿尾巴之有无作为牛马的分类。牛马都有牙齿尾巴，而它们却不是相同的一类。

其次，以偏有偏无分类。牛有角、马无角，虽说明它们的不同之处，也不能充分说明它们不是一类。

其三，说牛马非牛，牛马是牛，或者说牛二马二，也不行。这话说了等于没说。

常见的分类是：牛，家畜，反刍类动物，头上有牛角，力大，用于耕田、拉车，常见的有黄牛、水牛、牦牛等；马，家畜，头小、长脸，颈上有鬃，尾有长毛，用于人骑，拉车。这里以形象特征和用途为标准进行区别，一下将它们区别开来了。

（2）有穷无穷[1]

有穷则可尽，无穷则不可尽[2]。有穷无穷未可智[3]，则可尽不可尽，不可尽未可智；

人之盈之否未可智。而必人之可尽、不可尽亦未可智，而必人之可尽爱也，悖[4]；人若不盈[5]先穷，则人有穷也，尽有穷无难[6]，盈无穷，则无穷尽也，尽有穷无难。不二智其数，恶知爱民之尽文也？或者遗乎其问也？尽问人，则尽爱其所问。若不智其数，而智爱之尽文也，无难。

仁，仁爱也；义，利也。爱利，此也；所爱所利，彼也。爱利不相为内外，所爱利亦不相为外内。其为仁内也，义，外也，举爱与所利，是狂举也。……是使智学之无益也，是教也，以学为无益也教，悖。

注

[1] 摘自墨翟著，《墨子·经说下》第十卷，上海古籍出版社，第85页。

[2] 有穷：可尽；无穷：不可尽。

[3] 智：同知。本文为释经下有知焉有不知焉。

[4] 悖（bèi）：有悖于常理，违反。

[5] 盈（yíng）：多余。人若不"盈"先穷，大家都是从穷开始的。盈穷，则无穷尽。尽则有穷。

[6] 无难：难，即问难，无难，即无疑难。

（3）说一[1]

是一，谓有智[2]焉，有不智焉，可。若智之，则当指之智告我，则我智之，兼指之以二也，衡指之，参直之也。主室堂而问存者：孰存也？是一主存者以问所存。一主所存以问存者。五合：水土火（金木）。若易五之一[3]，以楹之搏也。一：五，有一焉；一，有五焉；十，二焉。非斲半[4]，进前取也。前，则中无为半，犹端也。前后取，则端中也。斲必半，毋与非半，不可斲也。

注

[1] 摘自墨翟著，《墨子·经说下》第十卷，上海古籍出版社，第83—84页。

[2] 智：知。

[3] 易五之一：五分之一。

[4] 斲（zhuó）：同折。斲必半，折半。

这则故事讲的是数学理论，提出了几个十分重要的问题：

在春秋时代，已使用分数了。这个故事就是证明。如说"易五之一""五有一焉""一有五焉"。

一中包含着深刻的哲理。一生二，二生三，生四，生五，生十二，以至无穷。任何无穷大之数都是从一开始的。任何无穷小的数，也是从一开始的。如一个折半，就是0.5，再折半是0.25，如此之类。所以墨子认为"一"包括了万事万物之数。

二、俗语说为人处世要老实，要一是一，二是二。（但"二不在一""一二不相盈"。要分清牛马为二，不是牛马也）。但使用时有兼用，如说他家有一群牛马，则牛马为一。在景象中，既有"一光得影"，无光则无影，同时也说"二光夹一光"。如日出、日中、日入，人影长短不同，不是一样的。影由光存，影亦由光亡。

4．墨子拒绝裂义[1]

墨子思想的中心，如吴虑对墨子说的"义耳义耳"。墨子提倡的义是什么呢？世俗之君子，视义士不若负粟者。今有人于此，负粟息于路侧，欲起而不能，君子视之，无长少贵贱，必起之。何故也？曰：义也[2]。子墨曰：天下匹夫徒步之士，少知义而教天下以义者，功亦多。意思是即使知道道义的道理不很多，而向世人倡导义行，功劳也是很大的。

但义是高尚的行为，不是商品，是不可以出售的。

有一次越王对墨子的学生公尚过说："先生苟能使子墨子于越而教寡人，请裂故吴之地，方五百里，以封子墨子。"公尚过许诺，越王遂为公尚过束车五十乘，以迎子墨子于鲁。公尚过对子墨子说："吾以夫子之道说越王，越王大说（悦），谓过曰：苟能使子墨子于越而教寡人，请裂故吴之地，方五百里以封子。"听了这话，子墨子谓公尚过曰："子观越王之志何若？意越王将听吾言，用吾道，则翟将往。量腹而食，度身而衣，自比于群臣。奚能以封为哉？抑越不听吾言，不用吾道，而我往焉，则是我以义粜[3]也。钧之粜，亦于中国耳，又何必于越哉？"

注

[1]《墨子·鲁问》第十三卷，上海古籍出版社。

[2]《墨子·鲁问》第十三卷记载鲁之南鄙人有吴虑者，谓墨子"义耳义耳"。墨子告诉他，自己提出义的目的。翟虑耕而食天下之人矣，以一农之耕分诸天下，不能人得一升粟，一升粟不能饱天下之饥者，翟虑织而衣天下之人矣，

以一妇人之织，不能人得尺布，得尺布亦不能暖天下之寒者。不若诵先王之道，而求其说，倡之以义。

［3］义粜（tiào）：卖粮，糴（dí）籴，买粮，义糴，买义。从墨子不为越以裂吴地五百里作为代价换取他教之以义道而动心，足见墨子品格之高尚。

5．墨子的光学论与权衡论［1］

景，光至景亡［2］。若在，尽古息。景，二光夹一光；一光者景也。景，光之人煦若射，下者之人也高，高者之人也下。足敝（避）下光，故成景于上；首敝上光，故成景于下。在远近有端与於（馀）光，故景瘴［3］内也。景，日之光反烛人，则景在日与人之间。景，木柂［4］，景短大；木正，景长小。大小于木，则景大于木，非独小也，远近。临，正鉴［5］，景寡、貌能、白黑、远近、柂（斜）正，异于光。鉴、景当俱，就、去亦［6］当俱，俱用北（罢）。鉴者之臭［7］，於鉴无所不鉴。景之臭无数，而必过正。故同处其体俱，然鉴分。鉴中之内［8］，鉴者近中，则所鉴大，景亦大；远中［9］，则所鉴小，景亦小，而必正，起于中，缘正而长其（且）直也；中之外，鉴者近中，则所鉴大，景亦大；远中，则所鉴小，景亦小，而必易［10］，合于中，而长其［11］直也。鉴：鉴者近，则所鉴大，景亦大；其远，所鉴小，景亦小。而必正，景过正。

注

［1］墨翟著，《墨子·经说下》第十卷，上海古籍出版社，第82页。根据新版第190页断句。

［2］光至景亡：景即影。人与物在较弱的灯光、月光、日光之下都有影子。但在强烈的阳光照耀下，影子就消亡了。

［3］景瘴（zhàng）：瘴同障，障碍。景，新。景瘴，影障。

［4］木柂（yí）：椵木，同柂。原注：柂，犹言木斜。

［5］鉴：同于镜。

［6］亦：疑为亦字。亦，当为增添物，即遮挡光的障碍物。

［7］鉴者之臭：臭同秀。鉴者之臭，即镜中之秀。景之臭无数：可指照镜人是什么姿态，镜里就是什么姿态。人的姿态无数，照在镜中的姿态亦无数。

［8］鉴中之内：镜中，指站在一个适中的地点照镜子，则镜大照入镜子里的影亦大，反之镜小影亦小。

［9］远中：超过适中距离，进入镜中的景物小，照出来的景物形象亦小。

［10］必易：易，变。形象大小发生了变化。

［11］其：且。

解说

镜 言

这里是借用照镜子来说明光学原理：

其一，影与光的关系。影子是由光形成的，"二光夹一光，一光者景也"。没有光就没有影。影亦在光中消亡。即"光至景亡"。黑夜，照不见人影，日出日落月出月落都可有光影，但中午阳光强烈，则景亡。

其二，如照像，站在低的地方往上照人，人很高大。站在高的地方往下照人，成影于下，则人矮小。这就是一个照像的角度问题。

其三，照镜子还有一个距离的远近问题，以适中为好。在适中之外，如跑到很远的地方去照镜子，会遇到成影的障碍，照出来的影子就小。距离不适中，太近，则影短且大。适中景物（或人）就正。

其四，投光有正斜问题。日斜照出来的树木人影，大小长短正斜不同。所投影的角度、距离、成像的效果是不相同的。这些原理，正是我们现代人照相取景的知识。在2500年前的墨翟时代，当时没有照相机，他是根据什么得出这些结论的呢？是否是根据"以铜为镜可以正衣冠"的原理推测出来的呢？

其五，经查在2500年前，无论是科学技术发达的古希腊罗马，还是古埃及和古印度，都未见有如此深刻的光学理论的记录。由此，可以说墨子是世界光学理论之祖。

其六，墨子的伟大之处，不仅在光学理论，在权重方面也有很大贡献。墨子的论述与老子、孔子、管子有很大的不同，他在社会科学方面有许多贡献。他主张兼爱，提倡"尚贤任能"，反对战争，反对以大欺小以强凌弱。他又是春秋圣贤中直接论述自然科学的唯一的圣人。他的论述中大量涉及辩证逻辑思维，还涉及天文学、数学、物理学及军事科学理论，很值得重视。

几千年来儒学盛行。可能因墨子书中有"非儒"言论，所以，儒家学者亦非墨。《墨子》叙云至孟子始云"能言距杨墨者，圣人之徒也"，又云"杨墨之道不息，孔子之道不著，盖必当时为墨学者，流为横议，或类《非儒篇》所说。"孟子始嫉之。故韩非子显学云"墨离为三"，视其为"末学"。随着长时期的尊孔非墨，灭了墨子学说，阻止了大多数国人对墨子学术的了解。

上述墨子的故事，是众多墨子故事中的最具代表性的几个。为保持故事的原汁原味，本人除作一些必要的注释外，对原文未加译释，以供读者细细品味。墨子是中华科学文化的创始者和象征，是十分令人景仰的一面旗帜。不应忘记墨子。

四、管子

（一）管子的生平

管子名夷吾，安徽颍上县人。按古习俗排行第二为仲。孔子排行第二，称孔老二，管仲，也应称管老二。他的父母兄弟和家庭生活情况，不清楚。

管仲相齐桓公后，家资如齐公室一样富有。传说他娶了三个姓氏的女子为妻，齐人并没有怪罪他，反而说他讨三姓人为妻并不过分。他辅佐齐桓公，使齐桓公称霸于诸侯。他在发展农业生产、治兵、安民、为政等多方面都建立了不朽的功业，形成了一套难以消逝的齐文化传统，久为世人所景仰。传说他死了100多年后，人们还在贯彻他的治国理念。这在中国历史上也是很少见的。

他一生留下的精神财富，最重要的就是《管子》一书。该书内容十分丰富，像一部百科全书。书中既有道体的诠释、法理的论究、治国之言、理财之语，也有阴阳五行，兵法地理，天人感应，农医结合，礼法兼容。传说汉时《管子》有文章564篇之多，刘向定著《管子》为86篇。所以，人们说《管子》是管仲学派著作总集，并非管子一人所著。

（二）管子与鲍叔牙

《史记·管晏列传》记载管仲"少时常与鲍叔牙游。管仲贫困，常欺鲍叔，鲍叔终善遇之，不以为言。已而鲍叔事齐公子小白，管仲事公子纠。及小白立为桓公，公子纠死，管仲囚焉。鲍叔遂进管仲。管仲既用，任政于齐，齐桓公以霸，九合诸侯，一匡天下，管仲之谋也"。

管仲自己也说，"吾始困时，尝与鲍叔贾"，贾就是一起做生意。挣了钱总是自己多拿一点，鲍叔并不以我为贪心，因为他知道我家里穷；我曾为鲍叔谋事，出馊主意，把事情办砸了，鲍叔并不认为我愚蠢，认为这是时运不好。我三次出去做官，几次都被国君罢免，鲍叔牙并不认为我无能，认为是我运气不好。在打仗时，我三战三走，鲍叔牙不认为是我胆怯，他知道我家有老母，要我去奉养。

公子纠败了，召忽也死了，我自甘囚禁受辱，鲍叔牙并不认为我无耻，认为我是不拘小节，而耻功名未显于天下。他怎么也不会想到一个阶下囚，经鲍叔牙推荐竟当上了齐国的宰相了。唉！真是生我者父母，知我者鲍叔牙！所以管仲对鲍叔牙总是感恩戴德的。

（三）管仲帮齐桓公干了哪几件大事？

第一件大事是帮助齐桓公发展生产，使齐国成为国富民强的大国。齐国地处渤海之滨，地方偏僻。他指出："明王之务，在于强本事，去无用，使民富。"要使民富，先要薄税赋，对民待以忠爱，使民亲。同时"要论贤人，用有能"，而民可使治。把这三件事统一起来，就使国家的经济实力大大增强了。

在《管子》牧民第一中他提出了三条原则：

一是凡有地牧民者，务在四时，守在仓廪。意思就是抓住四时适时播种收获，争取有好收成是本务。

二是仓廪实，则知礼节，衣食足，则知荣辱；不发展经济，仓里没粮，就什么也谈不上。

三是"孝悌不备，四维不张，国乃灭亡"。四维，指礼、义、廉、耻，是支撑天盖的四根大柱子。

以农为本，不误农时；仓廪实府库充；孝悌忠信，礼义廉耻。这三样东西是中国农业社会中由奴隶制迈向封建制最根本的指导思想。三者缺一不可。这一指导思想的根在管子这里。

第二件大事是九合诸侯，一匡天下。九合诸侯即召开九次大会，解决9个方面的问题。

第一次诸侯聚会，提出没有玄帝的命令，不允许发生战争。春秋战国时期战争十分频繁，老百姓十分痛恨。这里提出制止战争，自然是受老百姓欢迎的。但"玄帝"所指含糊。

第二次诸侯聚会，提出奉养孤儿老人，供养久病之人，收养鳏夫寡妇。无疑这也是很得民心的。

第三次诸侯聚会，提出田租可收百分之五，市场贸易收税百分之二，关税收百分之一。这也是大好事。

第四次诸侯聚会，提出修道路，统一度量衡标准，林薮川泽按时启闭开发。

第五次诸侯聚会，整顿春夏秋冬天地山川的常祀。

第六次诸侯聚会，决定将生产物品进贡玄宫，祭祀天帝。这是最早的祭天帝的硬性规定。

第七次诸侯聚会，规定：祝、言、貌、听不合礼法者流放。

第八次诸侯聚会，规定：祝、言、貌、听合乎仪则者受奖。

第九次诸侯聚会，决定封国之财物特产要作为礼品进贡。1000里之外，2000里之内的诸侯，三年朝一次，二年卿出使朝廷报告国情一次；2000里以外，3000里以内的诸侯，五年朝一次。

上述这些都是管子的玄官图记载的：当时是否真的这么实行过，不清楚。但在我国长期的封建王朝统治时期，无论是秦皇汉武，还是唐宗宋祖，直至元明清都是这么执行的。所以我以为九合诸侯涉及的问题，正是封建社会存亡的根本问题。九合理论的奠基者正是管子。

第三件大事是教育百姓，不仅要懂德，还要懂义。

（四）管仲的学术三论

1. 宙合论

管子的哲学思想，是以道家思想为核心的。他认为道才是根本的，"道是万物之宗""道生万物"。在此基础上提出了宙合论。宙合的意思，即现代人说的宇

宙，宙合是他开天辟地提出的新的宇宙观。

此前人们统称为天，或天、地。他提出宙合，包含了对天地新科学的认识称之为道体。他在《心术》上下篇、《白心》、《宙合》中诠释了这一观点。

首先，他把现实社会比喻为人体。"心之在体"，如君之在位。人体的九窍，都受心的指挥。"心处其道，九窍循理""上离其道，下失其事"。

什么叫道？虚无无形谓之道。一个人虚空自己的欲望，道就进入心室，扫除了杂念，君臣、父子、人间就产生了德、义、礼等观念。

道在天地之间，奇大无比，其小无内，与人无间。这就产生了另一个特殊观点——虚静。

2. 虚静论

有虚静才能精心专一。有静才能精，有精才能独立，有独立才能超脱。独则明，明则神。要做到这一点，就要修炼。他从这里得出结论：无为就叫道，以道施舍就叫德。道与德结合为体，各处其宜为义，明分谕义为理。他认为道是一种可以意会不可言传的东西。天道虚，地道静，人行无为之道。

综合分析管子的虚静观点，及其与主观修养的关系，我们可以得出以下看法：虚、静、正。

管子在《内业》篇中提出"心静、气理、修心、正形"的修养要求。这正是我国黄老学派和其后道教产生的思想基础和理论基础。这种虚静说的内涵，包括以下三个方面。

一是虚。有虚才能静。虚是稷下道家的又一个重要思想。"虚"这一概念仅《心术》一节就使用了20多次。虚的意思有两层，一是指空间。"虚者万物之始"，"天曰虚，地曰静"。虚是说再多的东西天也容得下，也不嫌其多。如天空、大地。虚的另一层意思是指心境。圣人最大的特点就是虚怀若谷，永不自满。"致虚极，守静笃，万物并作"。"天曰虚、地曰静，乃不伐（无过失，不发生矛盾冲突）"。"日极则仄，月满则亏"，太阳正中时必然倾斜，月亮满盛时，必然亏损。也就是人们常说的物极必反。所以，一个人一生在任何时间都要以虚为本，不能自满自实。

二是静。静就是求安静。安静安静有安才能静，不安就不能静。静与动是相对的。道家强调自身修养要求虚、要求静，不要求动。一方面反对社会动荡不安、反对战争，反对以大欺小，以强凌弱。人与人相处，要以"中正""中和"为本。人言善亦勿听，人言恶亦勿听。持而待之，勿道听途说，静则自明；另一方面强调心境要平和，事事相得。天太热，不能多动，心静自然凉。天太凉，要多动，多动暖身。人老了，最大的希望不是金不是银，是少干扰，平平凡凡过日子。悄悄地活着，悄悄地死去。

三是正。正即中正，中守，中得。首先要求的是持中得正，公平正义。春秋时期的动乱很多，一个很重要的原因是诸侯称霸，霸即无中无正。中正是大道。"夫道者，所以充形也，而人不能固，其往不复，其来不舍"。它不能固守，迷失而不返，回复了也不会安置，它无声无形，藏在心中，却能有序地成就万物。这就是黄老学派所强调的道。老子提出的是"人法地，地法天，天法道，道法自然"，黄老道家强调的是"天主正，地主平，人主安静"，两者差别很大。老子强调的是人要遵循自然法则，黄老强调的是社会要公平正义。重心在于治世。他们把心比作君，五脏四肢为臣。臣要听君指挥，君必须心术正，心术不正就会生乱。春秋时期的社会动乱，就是君心不正引起的。所以，黄老学者竭力宣扬正、静、定。正是对君而言的。讲治身，也是讲治国，以治身喻治国。所以才说有"心以藏心，心中有心""不治则乱，乱则死""道满天下，普在民所"。这些并非只是讲主观身心修养，而是借修身传达不同的社会治理方案。

我以为虚静论不能一概否定，到现在依旧有用。尤其老年人。一个人年纪大了就不喜欢动，而喜欢静养。虚静是一种养生的好方法，是古人给我们留下的一大法宝，不能漠视，不能废弃。

3. 五行论

《管子·短语》中有关于五行的论述。全文是：

睹甲子木行御。命左右士师内御，总别列爵，论贤不肖士吏。赐赏于四境之内，发故粟以田数。禁大砍伐树木。天子不赋不赐赏，而大斩伐伤，君危。不杀太子危；家人夫人死，不然则长子死。七十二日而毕。睹丙子火行御，天子敬行急政，旱札（瘟疫）苗死民厉。七十二日而毕。睹戊子土行御，天子修宫室，筑台榭，君危；外筑城郭，臣死。七十二日而毕。睹庚子金行御，天子攻山击石（开矿），有（出）兵作战而败，士死，丧执政。七十二日而毕。睹壬子水行御，天子决塞，动大水，王后夫人薨（hōng），然则羽卵者不段，毛胎者不殰（dú，流产），孕妇不销弃（散坏），草木根本美。七十二日而毕也。

这段文字说明春秋时候的历法时限是：一年 72×5=360 加 5 天过年，一年夫 365 天。文章的中心是制定王者的行为准则，不可违反，违反了就会生祸乱。这是我们以前从未见过的。文中用金木水火土五行概括，为后世的五行哲学流行创造了条件。

由此我们看到此文中的五行，表示一年有 5 个季节。每个季节 2 个月，一年

10个月。反映的是一种古老的十月太阳历。

"甲子木行、丙子火行、戊子土行、庚子金行、壬子水行",是一种将天干地支与五行结合以表示时空的新方法。

不同的时间段,有不同的行事要求和禁忌。如甲子天子不可分发秘藏,不赐赏官员,不砍伐山林;丙子日天子处理紧急事务如旱灾、瘟疫、禾苗枯死等事;戊子日天子不可筑宫室、建台榭;庚子日有开矿出兵而失败;壬子日有水灾之类禁忌,不可违反,违反了就会遭灾祸。

五、晏子

　　《晏子春秋全译》（李万寿译著，贵州人民出版社，1991年）前言中说："晏子（公元前578—前500年）名婴，字平仲，夷维（今山东高密）人，春秋末期齐国大夫。晏子自称'婴则齐之世民也'。"

　　晏子的父亲叫晏弱，齐灵公（公元前581—前553年在位）年间为灵公卿，于前556年死，晏婴继晏弱位为齐卿，事灵公。两年之后齐灵公死，齐庄公即位，时为公元前553年，第三年孔子出生。过了6年，即公元前547年，齐庄公死，齐景公即位，晏婴又事齐景公。可以说他是真正的三朝元老，前前后后长达50余年，其中辅佐齐景公有40多年。他把自己的一生都献给了春秋末期的齐国。

　　春秋是一个大变革大动荡的时代。其时诸侯争霸，以强凌弱。齐国在争霸中崛起，成为东方一霸。历经齐桓公、齐孝公、齐昭公、齐懿公、齐惠公、齐顷公之后，日益衰落，雄风不在。到晏子当政的齐景公时代，已是日薄西山了。在这种情况下，晏子为齐政，想扭转局面，已无能为力了。

　　正如李万寿先生在《晏子春秋全译》前言中所说，"景公即位后，不能不吸取崔杼弑君的教训，在政治上进行一定的改良，因此他当政的初期，信任晏子，委以国政，而且也乐于接受晏子规谏，使齐国形势出现了转机。然而奴隶主贵族嗜欲成性，荒淫无度，为了饮酒，他可以七天不设朝问事"。为追求享乐，他可以一醉三日不醒，可以横征暴敛，为所欲为，可以不顾老百姓死活，筑高台，建宫室，可以因对一匹马，一只鸟，一草一木的不悦而杀戮人民。晏子虽竭尽全力挽救齐国的灭亡，终无能为力。

　　《晏子春秋》并不是小说，并非虚构想象之作。文中的许多人与事都是真的，是真实的故事。它与一般历史故事不同的是，这些人物情态与事件发展都有一些生动的描述，甚至是有所夸张的。因此在这一点上，说它是纪实性文学也不为过。但决不是现代意义的小说。

　　现选录数则于下，以供分享。

（一）景公酗酒

　　齐景公是个酒鬼，《晏子春秋》中有许多篇幅是写他肆酒作乐的。书中记载齐景公饮酒七天七夜，还不停止，大臣弦章劝谏要他停止酗酒，不然就请赐死。这时晏子进门，景公很为难，对晏子说："如果我听臣子的话戒了酒，就是臣制约于君王，如果不听臣子的，又舍不得他死。你看怎么办？"晏子说，弦章很幸运啊，碰上了你这样的君王，如果碰上了像桀纣那样的君王就死定了。景公闻言，有悟，停止了酗酒。

　　有一次雨下了17天，景公日饮夜饮17天。晏子进谏请景公发粟于民，三请，不见许。后来景公派了一个身边的近臣下去选拔能歌善舞的人。晏子听了很不高兴，就作主分粟于民，并报告景公说："外面下了17天的雨，一个乡有几十家房屋被毁，每个闾里有好几家人都揭不开锅了，老人没有御寒的粗布衣，饥饿的人连充饥的糟糠都没有，眼巴巴望着你去救他们，你却派人去选能歌善舞的美人。你宫中的马都吃着府库里的粮食，连狗也吃牛羊肉，妻妾们要啥有啥，你对老百姓不是太刻薄了吗？老百姓无处投诉，无处求援，还喜欢你么？我是你的宰相，使老百姓处于这种境地，我的罪实在太大了，我对不起他们。"说罢，深深跪拜之后，请求辞官归乡，并疾步走出宫门。晏子走了，景公才突然猛醒，马上追了出去，由于道路泥泞没能追上，就驾着车赶往晏子家里。可晏子不在家。他已把家里的粮食全部分给了灾民，并把装载粮食的器具放在大路两旁。景公驱车赶到大马路上，见到晏子，便下车跟在晏子身后，不断说："我有罪，是我不好，是我不好。先生不是说要考虑国家和百姓吗？希望先生辅佐我，我请求拿出齐国的粮食和财物分发给百姓。给多给少，谁给谁不给，一概由先生作主。"听了这席话后，晏子才同意收回辞呈回宫理政。晏子回宫之后，命人巡视灾民，发现没有粮食的，发一个月的口粮，没种子的发种子，没柴草的发柴草，房屋损坏的，发钱，让人帮助修补房子，要求3天内把全部情况反映上来，不执行命令的治罪。

　　景公回宫后，已减少了肉食，撤销了宴饮，下令马匹不准吃库粮，猎狗不吃肉，裁减嬖女和美味之食。3天后晏子接巡查官报告，齐国共有灾民1.7万家，分发用粮97万钟，柴草1.3万车，房屋损毁2700百家，发下救济金3000金。景公也停止琴瑟鼓乐，并减少了后宫侍女。景公改过晏子高兴，老百姓也很高兴。

（二）礼乐之谏

在晏子与景公之间的礼乐之谏是比较多的。齐景公由于享乐思想严重，把音乐礼仪都作为享受之乐。而晏子则是一个比较简朴的人。因此在这方面一直受到了晏子的抵制。有一次齐景公在淄水岸边与晏子站一起，感叹说："要是国家能长期保持下去，并传给子孙那该是一件多么快乐的事啊！"晏子对他说："圣君靠德政立国，老百姓看德政依附。政乱弃民，想长久保国是很困难的。"他举了齐桓公的例子说道：从前齐桓公开始时能任用贤能，颂扬美德，一些被灭亡的国家依靠他的庇护，得以保存下来，危急时仰仗他的威望得以安定，所以老百姓喜欢他的德行德政。可到他晚年德政衰败了，放纵淫乐，沉溺于妇人，靠竖刁那伙人主政，老百姓不高兴，非议他，以至于他死于胡宫都没人知道。他有很多老婆生了很多儿子，他们只顾争王位，不关心他，也不为他收尸，以致尸体都腐烂了，蛆都爬到门外了也没人管。这种惨状真的连桀纣的死都不如。

齐景公生前铸了一口大钟想把它挂起来，晏子孔子柏常骞3个人都说"大钟要坏的"，撞击一下果然坏了。景公召见三人问其故。

晏子说："钟太大，不用来祭祀，而用来作宫饮乐器，不合礼仪，所以钟将坏。"

孔子说："钟太大，用来悬挂向下，撞击它声音向下受阻而返回向上又受侵迫，所以说钟将毁。"

柏常骞说："今天是庚申日，是雷击的日子，钟声不能胜过雷声，所以必毁。"三人的回答都是大钟必毁，这对景公的音乐思想来说也是一种毁灭性的打击。

有一天晏子上朝，见杜扃在朝堂外向远处望。晏子问："君王为什么不临朝？"杜扃回答说："昨天没睡觉，不能临朝？"

"为什么不睡觉？"晏子又问。

"梁丘据偷偷领了几个能歌善舞的人进宫，演奏改变过的齐国古乐。"杜扃说完，晏子离朝堂，令宗祝根据周朝的礼法把歌人虞抓起来。

齐景公听到这件事冲着晏子发脾气说："诸侯间迎聘往来之事，政务治理，我听你的。品尝美酒，欣赏音乐这样的事，你就不要参加了。音乐何必一定要听老曲呢？"

晏子说："音乐涉及礼乐，不是小事，因为礼乐改变了，就改变了礼仪，礼仪改变了，政治就跟着改了，政治改了，国家也就改了。我怕君王背离了政治教化的德行。殷纣王周幽王周厉王的败亡，无不是由淫靡之乐导致国家灭亡的。"听了这些话后，景公说："你说得对，我接受你的教诲。"

把这几个故事联系起来看，可见"礼治"是晏子的基本治国思想。

（三）晏子为啥敲掉孔子的饭碗？

晏子婴继晏弱为齐卿，在公元前 556 年，孔子出生于公元前 551 年，鲁襄公二十二年，也就是说晏婴当上齐宰相六年后孔子才出生，年龄比孔子大，是孔子的老前辈。晏婴事齐灵公、齐庄公，到齐景公前前后后 50 余年，他把自己的一生和所有的智慧都贡献给了没落下沉中的齐国。孔子死于鲁哀公十六年，公元前 479 年 4 月。晚景十分凄凉。

现代人认识的孔子是伟大的思想家教育家，无冕的帝王，可在晏子婴眼里的他是一个高傲的毛头小伙子。他想教训孔子一下，敲掉了他的饭碗，不想却使他潦倒了一生。

孔子到齐国，见景公，想游说景公，找点事干干。景公问他为什么不去找我的宰相晏子谈谈呢？孔子说我听说晏子事齐三君都很顺利，我想他一定有三心，所以不见他。这话传到晏子耳朵里，认为孔子在景公面前讲他的坏话，便跑去对景公解释，说我有三心不对，我是一心，即一心一意使三位国君国家安定。把正确说成错误，把错误说成正确，孔丘必居其一心。

正是因为前述种种个人矛盾，所以孔子到齐国去，见景公，而不愿见晏子。

第六章
历史的拐点

历史的拐点，如同妇女生孩子时的阵痛一样，是历史的阵痛。它标志着一个旧时代的结束和新时代的来临。在中国，尧舜时代的结束，夏商周的兴起，标志着奴隶社会的到来；春秋战国时代标志着奴隶社会的结束，封建社会的来临；从鸦片战争、"五四"运动到中华人民共和国成立，标志着封建社会的结束和社会主义社会的来临。中国如此，西方世界也同样。从古希腊罗马的奴隶社会，到中世纪的封建社会，再到文艺复兴资产阶级走上历史舞台，不论是用文的还是武的手段，新的历史阶段来临之前都是大叫大喊的。

　　从这一观点出发，我们可以说春秋战国时代，是中国封建社会来临前的阵痛期。这一时期的社会生活有许多东西是值得我们思考的。

一、春秋战国处于历史的交叉点上

二、春秋战国时期科技的飞速发展

三、战国百家

四、墨子的大同治世理想

五、人类的理想与虚拟世界

一、春秋战国处于历史的交叉点上

纵观中国历史，重大的历史阶段的转型期都有许多重大的具有标志性的事件和人物出现。

中国从原始社会转向奴隶社会，从奴隶社会转向封建社会，从封建社会转向新民主主义社会，都是如此。

中国从原始社会转向奴隶社会最突出的标志是唐尧虞舜上了台，杀了一大批反对他的老臣，如共工、讙兜、梼杌、三苗的领袖人物。做法是先把他们流放，再加上罪名而后加以杀害。禹的父亲鲧是一位治水英雄，由于九年治水无功而被沉于羽渊。他灵魂不灭，化为熊，继续帮助治水。显然，这是人民怀念他而编出来的神话。这个传说，有两点是值得我们关注的。

其一，鲧治水的区域，是黄河流域。尧的都城在山西襄汾陶寺。那里身边是黄河支流汾河，汾河正西边是黄河主河道的壶口。襄汾地处吕梁山与中条山两大山脉纵横交错的丘陵地带，每年夏天或秋天，无论暴雨还是淫雨都会造成水灾，威胁着尧都襄汾的安全。所以尧十分着急，派鲧治水。当时的黄河及其支流与现在有很大的不同的是，它从未进行过清理，淤塞十分严重，稍一下暴雨就会成灾。在这种情况下，尧派鲧治水。无疑这是十分困难的事。鲧治洪九年不成而被尧杀了。史书都是这么记载的。可是，在口头传说中鲧被杀与此不同。他既不是九年治水无功，也不是治卫河水灾时挖了尧的祖坟，而是鲧与共工、梼杌和尧的儿子都反对尧选舜为接班人。这个传说值得思考。尧之所以选舜为接班人，是因为尧心里早已认定了舜为他的接班人了。经过一番屠杀之后，尧舜禹登位，而后才有夏商周的奴隶社会。

春秋战国时期，是中国历史的第二个转折点。这个转折点是中国从奴隶社会向封建社会过渡的转折点。在这个转折点上，也同样有新旧两种势力的较量。保守势力想留住过去，新兴势力想迎接未来。双方搏斗了500多年，结果是新兴势力获胜。翻开世界的历史，我们可以看到古希腊古罗马的情形与中国的春秋战国十分相似。有文字记载的古希腊哲学思想是从公元前第七第六世纪开始的。那时正是中国的春秋时代，也是奴隶社会。那时候，他们的哲学家也和中国一样认为"世界在本质上是从某种混沌中产生出来的东西，是某种发展起来的东西，是某种逐渐生成的东西"（《马克思恩格斯全集》20卷，第365页）。思维和存在的关系问题是哲学的根本问题。凡是认为存在决定意识的被认为是唯物主义者。相反，凡是认为意识决定存在的便是唯心主义者。争论的中心问题是：什么是万物的本原。有说是水，有说是气，有说是火，有说是土，有说是水火气土。他们的代表人物如泰勒斯与赫拉克利特等。所以他们被称为唯物主义者。另一派，不承认物质是第一性的。如苏格拉底认为事物之所以成为这样，并不是因为客观规律造成的，而是出于神的有目的安排。因此，人们不需要去研究客观世界，只要研究人心自己，"从自己心里去认识神"就可以了。他的学生柏拉图承继了他的哲学思想。他把一般叫理念。认为世上有两个世界，一个是理念世界，它是永恒的真实的不变的世界；另一个是现实的客观的变化无常的不真实的世界。而理念世界高现实世界、先于现实世界。个别决定于一般。柏拉图的学生亚里士多德是哲学、逻辑学、心理学、物理学、政治学、历史学、伦理学、美学的创立者和奠基人。他认为社会一一部分做奴隶，一部分做主人，是"当然合理"的。

强大的唯心主义哲学流派的形成，和强大的唯物主义哲学流派形成了尖锐的理论激辩，立场对立，斗争的水火不容，前后达数百年之久。这种哲学上的交锋与斗争，形成古代的丰厚的文化积淀，也为后代留下了极为宝贵的遗产，滋生了现代资本主义文化。

中国春秋时代是不是也可以这样分呢？也许哲学研究者认为可以这么分，但古哲人和古今平民不这么看，只承认他们是什么学派，不承认他们是什么"主义"。

二、春秋战国时期科技的飞速发展

由于生产力的发展，士阶层的出现，齐鲁曲阜学府和稷下学府的兴办，大批人才的聚集和百家争鸣的自由的空气，以老孔管墨晏为宗师的士风盛行于天下，因而形成贤人辈出，"百家争鸣"的社会风貌和科学技术大发展大创造的奇特格局。纵观这一历史时期的惊人创造有以下几个方面。

（一）天文历法

观察日月星辰。《春秋·左传》中就有许多非常详细的记录和许多十分有趣的故事。这一点在前几章已多次涉及。这里我们仅举几个例子：

齐国甘德著《天文星占》八卷；

石申著《天文》八卷。

后人将上述二人的著作合并为《甘石星经》（已失）。据说《甘石星经》记录了120颗恒星的赤道坐标与距离北极的经纬度。其时间在战国中期，约公元前360年左右。它被称为世界最早的恒星表。不仅如此，他们还测出了大火星，太白金星"为有道行星"。他们对火星、木星也进行了测定，其值与现代很接近。[1]

1978年我国湖北随州市（随县）发掘出战国曾侯乙墓出土一个漆箱盖上，有天体二十八宿图，当中有一个很大的"斗"字，二十八宿旁注有宿名。《鹖冠子·环流》中说："斗柄东指，天下皆春；斗柄南指，天下皆夏；斗柄西指，天下皆秋；斗柄北指，天下皆冬。"其时我国天文工作者，以木星为岁星。木星运行一周为十二年。天文工作者将其分为十二星次：星纪、玄枵、娵訾、降娄、大梁、实沉、鹑首、鹑火、鹑尾、寿星、大火、析木。这就是现代人的一年12个月。

二十八宿在天球的北极圈附近，战国时人将它分为四块，每块七宿。称之为三垣二十八宿。三垣指：紫微垣即紫宫，在神话中，那里是天帝住的地方；太垣微垣，是天帝办公的地方；天市垣，是天帝买卖交易的地方。二十八宿，"东方七宿46个星座，北方七宿65星座，西方七宿54个星座，南方七宿42个星座，全天283个星座，计1464星"。[2]

古人以太阳经过二十八宿的时间划定一年春夏秋冬四时。这是十分惊人的天文成就。

《尧典》记载尧派人分赴四方测定时日，制定历法，叮嘱百官说："期三百有六旬有六日，以闰月定四时成岁。"尧时（距今 4300 年前）就发明了通过测日影定一年 365.25 天，用闰月的办法解决多余天数，并实行"两分二至"，即春分秋分夏至冬至，为一年 12 个月的第一个月。这在当时世界上也是十分罕见的。

注

[1]摘自李学勤主编，《战国史与战国文明》，上海科学技术文献出版社，第 217—218 页。

[2]见陈久金著，《星象解码》，群言出版社，第 7 页。

（二）地学

《山海经》是我国最早的神话书，也是最早的地理书。传说大禹治水，与益、夔共谋，行到名山大泽，召其神而问之，山川脉理、金玉所有、鸟兽昆虫之类，及八方之民俗、殊国异域、土地里数。使益疏而记之，故名之曰《山海经》。《吴越春秋》《尚书·夏书·禹贡》写作时期也在战国时期。传说九州是大禹划定的。不仅划定了九州，而且还划出了九州的地图。地图在西周时已经开始应用。周公向成王报告"伻来，以图及献卜"，周康王时的《宜侯矢簋》上铸有武王、成王伐商图，遂省东国图。到战国时地图已普遍使用。1978 年河北平山县发掘出战国时期中山国陵墓规划图。朝向与当今地图朝向相反。1986 年在甘肃天水放马滩秦墓出土绘在木板上的七幅地图。方位上北下南左西右东，与现今地图方位相同。

（三）数学

《墨子·经上》有许多关于几何的记载。如：

"平，同高也"，平，指相同的高度；

"同长，以正相尽也"，同长，正好相互到尽头；两边相同长度，称为中；

"厚，有所大也"；

"直，参也"，三点共一线为直；

"圆，一中同长也"，一个中心到四周的长度，称为圆；

《墨经》谈到几何学的角度时说："半矩谓之宣，一宣有半谓之㭫，一㭫有半谓之柯，一柯有半谓之磬折。"矩 =90°，宣 =45°，楄 =67.5°，柯 =101.25°，磬折 =151.875°。这些例子说明在春秋末年的《墨子》著作中，就有许多几何学的记载。其水平可与古希腊的几何学比肩。

（四）医学

战国时期，我国医学科学有了很大的发展，总结我国医学经验的书大量涌现，如现行的《黄帝内经》《黄帝外经》《扁鹊内经》《扁鹊外经》等7家及《五脏六腑瘅十二病方》十一方经之类，这些依旧在为民造福。

《黄帝内经》是我国的养生宝典。《黄帝内经》的内容包括《素问》《灵枢》等部分。《脉法》《阴阳脉死候》《五十二病方》荟萃了数十种病例，数百种药名，它们都是战国时留下的十分宝贵的遗产。

随着医疗技术的发展，我国大力发展气功养生之术。《庄子·刻意》记述："吹响呼吸，吐故纳新……此导引之士，养形之人，彭祖寿考者之所好也。"导引、养形成了我国大众养生之术。气功养生之术，长沙马王堆三号汉墓出土的帛书《却谷食气》和《导引图》也有具体记载。广泛流传于世的《行气铭》也是战国时留下的重要文献。气功讲究"行气""鸟伸""熊经"等技术。"行气，要求吞气。""吞则蓄，蓄则伸，伸则下，下则定，定则固，固则萌，萌则长，长则复，复则天。天其本在上，地其本在下，顺则生，逆则死。"这是气功从头到足的运行图。气功至今仍是人民大众十分喜爱的独特的以内炼健身的重大创造。

（五）农业

我国是一个传统的农业国，农业到战国时期已有了许多重大的发展，从考古证实和史料记载，都证明我国在春秋时代已广泛使用铁制农具了。《管子·轻重》记载当时使用的农具有：

耜（sì），农具，原始农具，一种用于种植的木棒。

铫（yáo），大锄。锄的最初形态。

镰（lián），镰刀。收割之具。

鎒（nòu），同耨。古锄草农具。

椎，土椎。木制椎用敲碎土块。

铚（zhì），短镰。

考古出土的战国铁制农具有了很大的发展，使用也很广泛。

据统计辽宁抚顺出土的战国铁农具有68件，山西长治21件，河北肖隆52

件，河南辉县69件，湖南长沙衡阳17件，广西平乐91件。① 这就是说从东北到华北，从华北到南方迄至广西等边远地区都在使用铁制农具。铁制农具的使用，可以说是农业生产的一次革命，一次飞跃。铁铲、铁锄、铁犁铧比起石犁或骨器、蚌器来，先进多了。不仅可以开垦深耕，还可代替人力耕作，使用牛耕。这一生产方式传了数千年，到现在不少地方仍在使用。有了犁铧就可开垦荒地，扩大种植面积，可以用牛耕代替人犁，大大节省了人力。许多考古都证明，我国在春秋时期开始使用铜铧犁，多限于南方。我国北方地区如河南辉县、河北易县、陕西西安蓝田、山东藤县等地均有考古发现 V 形犁铧。

牛耕和铁制农具的使用大大提高了生产效率，促使农业的生产方式发生了根本性的变革。《汉书·食货志》记载战国魏相李悝的话说："今一夫挟五口，治田百亩，岁收亩一石半，为粟百五十石，除十一之税十五石，余百三十五石。"这是对战国初年农业生产情况的具体描述。有了亩产一石半的收入，养家糊口是没有问题的。但并不是指自由民的人均收入，而只是对生产发展水平的一种估计。

综合上述可见：在战国时期无论天文、地学、数学几何、医学、农业都有巨大的发展，要不是战争的消耗与摧残，老百姓的日子还是好过的。可是春秋无义战，天天有乱战，今天跟这个打，明天跟那个打，你打过来，我打过去，受苦的是老百姓。

① 李学勤主编，《战国史与战国文明》，上海科学技术文献出版社，第25页。

三、战国百家

由于士阶层的出现与崛起,各国尊贤养士之风盛行,所以战国时期与春秋时期大为不同,形成了许多不同的学派,如儒家学派、道家学派、墨家学派、明家学派、法家学派及纵横家、阴阳五行家、农家和兵家学派,等等。这些学派又派中有派,他们纵横天下,各申其说,形成了百家争鸣的局面。

儒家学派,以孔子为宗。孔子编著《诗》《书》《礼》《乐》《易》《春秋》,开办私人学府,培养出了许多著称于世,影响各国的大儒,如子夏、子思、曾子、颜渊等,他们留下了《诗论》《孝经》《大学》《中庸》等著作,对后世影响极大。他们的学生孟子、荀子在战国中晚期也同样是一代宗师。

道家学派宗老子。道家学派中最有影响的是弘扬老子思想的庄子、列子、杨朱学派、黄老学派,以及以鹖冠子为代表大同理想学派。

墨家在政治上提倡兼爱,在自然科学方面对天文、历法、数学、物理(如物质的结构与运动)及兵法兵器等方面均有许多重大贡献,其影响甚至关涉到今日卫星与火箭。

名家的公孙龙、惠施、尹文子的名辩贡献,商鞅的"农战""厚赏重刑"等思想对后世的影响也是极大的。纵横家直接影响了其时的国家政策与外交政策;阴阳五行家不仅影响了当时的意识形态,也影响了其时的医学发展;兵家则影响其时所在国的前途命运,也开创了对战争规律的研究的先河。

这些学派中最有影响最具代表性的人物是:儒家学派中的子夏。

子夏姓卜,名商,字子夏。温国人,即今河南温县人。因其地在卫、晋、魏交界处,先后属卫、晋、魏管辖。故子夏的国籍亦有多种说法。子夏生于公元前507年,死于公元前400年。他曾在山西西河(汾阳)一带讲学,弟子云集,其中著名的弟子有田子方、段干木、吴起、禽滑釐等300多人。讲学的内容主要是《诗》《易》《礼》《春秋》等。春秋《公羊传》《谷梁传》的作者公羊高、谷梁赤都是子夏的学生。著名的毛《诗》作者"自谓子夏所传",据传孔子撰《诗》311篇,以授子夏,子夏为之序。子夏常向孔子请教《诗》的种种问题,诸如《关雎》何以为国风之始,"巧笑倩兮,美目盼兮,素以为绚兮"是什么意思之类。

所以孔子赞叹子夏说:"起予者商(子夏)也!"

几年前上海博物馆在香港买下了一批战国楚竹简,约1200余枚,3.5万余字,定名为《孔子诗论》,据推测为子夏所作,共有60多篇。另有孔子对《颂》《大雅》《邦风》的解说。

《史记》说孔子没了,"子夏居西河教授,为魏文侯师。其子死,哭之失明"。

(一)孟轲

《史记》记载:"孟轲,邹人也。受业子思之门人。"通儒学后游说齐宣王,齐宣王不采纳他的主张,又去见梁惠王,梁惠王不理他那一套,认为他的思想大而无当,于事无补。当时天下热衷于合纵连横,谁会打仗,最就是有本事。孟子不会打仗,只会说唐尧、虞舜、夏、商、周的德政,所以吃不开,没人要,只好回家和万章等人一起研究《诗经》和《尚书》,阐发孔子学术,著《孟子》七篇。"凡二百六十一章,三万四千六百八十五字"(赵氏言)。韩子说,孔子之时,他的学生"分处诸侯之国,又各以其所能授弟子,源远而末益分。惟孟轲师子思,而子思之学出于曾子。自孔子没,独孟轲氏之传得其宗"。故求观圣人之道者,必自孟轲始。从此,孔子成为圣人,孟轲成为亚圣。儒家学派大多是孔门弟子,除孟子外,代表人物子思、曾子、公孙尼子、荀子、李克等都是不可一世的名儒。

(二)道家学派

1. 庄子

庄子名周,字子休,宋国蒙人,即今河南商丘人。大约生活于梁惠王、齐宣王时代,他当过漆园小吏,一生穷困。著有《庄子》52篇,现存33篇。

庄子继承老子学术,认为"道"是万物的本原和"运行"法则。一个人只有通过内在修养,超脱现实,忘掉自我,才能成为"真人"。什么是真人?真人就是不知说生,不知恶死,无爱无恨,"登高不栗,入水不濡,入火不热"的人。千百年来,人们都把老、庄学术当成一种消极的思想体系。其实,并不尽然。首先,庄子的学术,比较集中的是谈哲学。像孔子的曲阜学府一样,山东临淄稷山下稷门外也有一个学府叫稷下学宫。这个学宫大约建于公元前374—前357年。据汉徐干《中论·亡国》中说:"昔齐桓公立稷下之宫,设大夫之号,招致贤人而尊崇之。"齐桓公之子齐威王、孙子齐宣王加以发展,直到齐桓公之曾孙齐襄王竟还存在。荀卿年五十始来"游学于齐"。在这里学习的人，学校赐予"列大夫""祭酒"等尊称和职位，并在生活上给予优厚的待遇。"稷下先生"，"各著书言治乱之事"，所以齐王对他们皆命为"列大夫"，为之"开第康庄之衢，高门大屋，尊崇之"。荀子就3次在这里获祭酒的尊号，像当今的科学院院士一样受人尊敬。这些措施促使了士子的聚集。据说在齐宣王时，稷下学者76人都赐了大宅院，加为上大夫。在这种情形下，士子们在这里著书立说，大力宣传各自的政治、经济、军事、文化等不同的主张，十分自由。这种学术自由对全国影响极大，从而形成了中国历史上罕见的"百家争鸣"的局面。

道家学派继庄子之后有列子、环渊、田骈、接子等人物出现。他们继承老子的学术思想，提倡清静无为。他们假托黄帝及其臣子之名写了很多宣扬自己主张的书，如齐隐士的《黔娄子》、楚士子的《长卢子》《鹖冠子》和《管子》中的部分作品。

2. 阴阳家

战国时期的阴阳家，主要代表人物如邹衍、邹奭子、公孙发、乘丘子、杜文公、南公、容成子、闾丘子等。由于他们的学术多拘泥于禁忌，"舍人事而任鬼神"，背离科学，背离实际，迷信思想隆重，他们的著作被视为渣滓，难于流传到后世。所以，我们对他们除传说外，知之甚少。

3. 法家

战国时期著名的法家人物如李悝、商鞅、申不害、慎到、韩非等人。他们提倡变法，主张法治，要求赏罚严明，重视"势位"，劝说君主以"术"治理天下。对法家人物，国人并不陌生，尤其是韩非的作品，至今仍是家喻户晓的。

4. 墨家

据乾隆四十八年癸卯十二月孙星衍《墨子·后叙》说："墨子与孔异者，其学出于夏礼，司马迁称其善守御为节用。班固称其贵俭、兼爱、上贤、明鬼、非命、上同。此其所长。而不知墨学之所出。淮南王知之，其作《淮南子·要略训》云：墨子学儒者之业，受孔子之术，以为其礼烦扰而不说，厚葬靡财而贫民，服伤生而害事，故背周道而用夏政。"认为墨子的节用、明鬼、兼爱、节葬背宗禹法。谈叙指出"墨子著书作《辩经》，以立名本，惠施、公孙龙祖述其学，以正形名显于世"，叙中指明《墨子》一书中"《亲士》《修身》《经上》《经下》《经说》等六篇，皆翟自著"。

叙中所说，表明墨子之学，非宗于孔，而宗于夏禹，出于夏礼。至少节用是崇禹教向夏禹学习的。夏禹"菲饮食，恶衣服，卑宫室，明鬼神，兼爱天下，亲自操橐耜而九杂天下之川，腓无胈，胫无毛，沐甚雨，栉甚风"等行动都为墨子作出了榜样，所以墨子在他的著作中专门作了论述。

5. 兵家

兵家最具代表性的人物是孙膑、商鞅、吴起、庞煖、儿良、尉缭、魏无忌、景阳等。他们之中留下的最有影响的著作是《孙子兵法》《孙膑兵法》这一类书，谈的问题主要是怎样看待战争，战争中取胜的方法，许多战法至今仍旧在使用。不仅中国用，世界上许多国家至今依旧在用。

6. 黄老学派

《史记·老子韩非列传》称申不害之学本于黄老，"韩非亦归本于黄老"。慎到、田骈、接子、环渊等稷下学者皆学于黄老之学。

黄老学派是战国中晚期的学派，他们以黄帝为始祖，以老子思想为宗而形成自己的理论。他们的共同特点：一是都以黄老道德之术为宗旨，写出了许多道家著作。如《黄帝四经》《黄帝铭》《皇帝君臣》《杂黄帝》；一是他们的治国思想都是反对横征暴敛，要求"赋敛有度"。认为"赋敛有度则民富"。1973年长沙马王堆三号汉墓考古发掘出土《老子》乙种本，发现古佚书四种，包括《经法》《十六经》《称》《道原》，均言黄帝事，并与《老子》传抄本合在一起成为现行的《老子》版本。现在有学者认为这是黄老学派的著作。现在出版的《老子》都附有抄本资料，这实在是额外的惊喜。

黄老学派是在道家的基础上吸收儒家学术和法家学术的精髓而形成的学派。它要求"虚静谨听，以法为符"。这种"清静而民自定"的思想，被称为黄老之术。它不仅影响了历代的信仰者，甚至影响了战国诸国及战国以后不少朝代的国策制定。

7. 荀子

荀子（约公元前313—前238年），名况，世称荀卿、孙卿，战国时赵国人。曾在齐稷下讲学，三任祭酒。后回赵国，又入秦、至楚，在春申君手下当过兰陵县令。兰陵在今山东苍山县西南兰陵镇。春申君死后，他在那里与弟子们一起研讨著书。他的弟子中最著名的人物，一是韩非，一是李斯。

荀子的思想观念属儒家。著有《仲尼》《儒效》《礼论》《乐论》等著作33篇。

他将礼和法相提并论，提出"隆礼尊贤而王，重法爱民而霸"等主张。他认为礼是法的总纲，人要学的是礼法，非礼，即"无法也"。在这一点上，他把儒家思想向前推进了一大步，认为礼法是最大的法，叫天法。实行天法，就要实行"王子犯法与庶民同罪"。孔子相信天命，"五十而知命""畏天命"。子夏说，"商闻之矣：生死有命，富贵在天"，子思在《中庸》中说人性是由"天命"注定的。可是荀子在"天命"问题上，却是反儒说的。认为天不能干预人事。他以治乱为例说："日月星辰瑞历，是禹桀之所同也，禹以治，桀以乱，治乱非天也。"所以他在《荀子·天论》中提出，要"制天命而用之"。

他的人"性恶"说，与孟子的人性善针锋相对，认为"人之性恶，其善者伪也"。他认为因为性恶，所以才用礼义进行教化，以法度治理，才要进行变法。在这方面也为法家的登场开辟了道路。正是在上述这些方面与儒家相对，故在儒家群体中，他一直被视为"异端"。事实上，他才是继孔子之后一位真正的儒学大师。

四、墨子的大同治世理想

《墨子》第三卷有《尚同》上中下三篇。主题是说明"尚同是为政之本，是治世之要"。历代圣王，皆以尚同为政，故天下治。天子（上）以同治天下，诸侯（中）以同治其国，小人以同为家君，用以治其家。所以说"尚同是治国之本"。墨子提出的天下大同是一种美好的治世理想。几千年来，为人们所向往，所赞美。时至今日仍在期盼，仍未见到大同世界。无数革命先烈仁人志士为之抛头颅洒热血，也未能盼到这一天的到来。但希望的火焰仍在燃烧着、期盼着，即便是十分遥远的将来，也相信会有世界大同的到来。从这个意义上来说，大同就不是一时的治世之策，而是人类心中长存的一种美好的理想。

墨子的《尚同》观念

尚，有两义。一是崇尚，二是指上面，皇上王者。在《尚同》的文字表述中，这两层意思都有。

同，指同义。其内涵并不十分明确。上（天子）同治天下，中同（诸侯）治国，小同治家。同的意思是什么呢？文中没有具体解说。从《墨子》的字里行间可以看出他是指统一的思想意志与理念，这个统一的思想理念表现为对利和暴的态度，能为民兴利除暴者为君，能为国兴利除暴者为臣，能为家兴利除暴者为家君。这就是《尚同》中同的最主要的内容。现举几例：

（1）子墨子言曰，"古者民始生，未有刑政之时，盖其语，人异义。是以一人则一义，二人则二义，十人则十义"，是以人是其义。父子兄弟相怨恶离散，不能相和合，天下之百姓水火不容，至有余力，不能以相劳，有余财不以相分，有良道不以相教，所以天下乱。这和动物没有什么区别。为了治理这种乱象，才选天下之贤者立为天子。天子力不足，选天下之贤能为臣，置立为三公。从而才树立了以天下为博大的观念，才有了利害得失之辩，才有了万国之分，才有了诸侯之立。所以"国君者，国之仁人也"，"国君能善同国之义，是以国治也"。这里说明国君是怎么来的，是干什么的？

（2）"天子唯能一同天下之义，是以天下治也。""一同天下之义"就是治理天下的统一号令，而不是万邦万国各说各话，这就叫上同于天一。上同于天一，并不是上同于天。天指用风雨雷电赏罚，天一指古圣王治世用五刑治世合乎天意。也就是"从事乎一同天下之义"。天子一个人不能"一同天下"，便要选择贤臣，以贤臣为耳目。君有过失听贤臣规劝。有贤臣帮助，加上五刑治世，赏罚分明，国家的祸乱就少了。

（3）从记述来看，似乎春秋时候已有了乡里等行政管理体制了。"里长顺天子政，而一同其里之义。里长既同其里之义，率其里之万民，以尚同乎乡长，曰：凡里之万民，皆尚同乎乡长，而不敢下比。乡长之所是，必亦是之；乡长之所非，必亦非之。""去而不善言，学乡长之善言；去而不善行，学乡长之善行。乡长固乡之贤者也。举乡人以法乡长，夫乡何说而不治哉？"可见乡长之所以能治，"唯以其能一同其乡之义"。国君治国和乡长治乡是一个道理。

（4）"古者圣人之所以济事成功，垂名于后世者，无他故异物焉，曰：唯能以尚同为政者也。"天子当政，必须"赏当贤，罚当暴，不杀无辜，不失有罪"。这就是天子的尚同之功。所以子墨子说："今天下之王公大人士君子，请将欲富其国家，众其人民，治其刑政，定其社稷，当若尚同之不可不察。""上之为政，得下之情则治，不得下之情则乱。"这就是墨子的"尚同一义为政"的至理名言。

这个名言至今不废。千古以来的统治者，谁忘了这一点，就会面临国败身亡的严重后果。

墨子的这些见解，并不是他偶然的发现，也不是从哪部书里摘出来的，而是从春秋战国的大量事实中概括总结出来的。墨子的天下尚同的思想，在传播中成为众人天下大同的理想。"尚同一义为政"的"义"字的含义并不是指"仁义"，而是指尚与同是一个意思，内涵一致。《墨子·贵义》一书第十二卷，专门作了解释。

五、人类的理想与虚拟世界

人类走过的历程，从历史现实来说，是原始社会、奴隶社会、封建社会、资本主义社会、社会主义社会，不同历史阶段的社会实践和科学技术发展水平是不相同的。因此，科学技术的发展就成为社会发展的一个重要标志。大同社会是古人心目中的理想社会，它是一种社会政治理想，不是科学发明创造。历史发展的第一推动力是科学技术。以中国为例，春秋战国时代铁的冶炼和使用，就加速了奴隶社会的瓦解和封建社会的诞生，资本主义现代技术的引进和发展（如蒸汽机制造技术、电力与电器技术等），又加速了封建社会的灭亡，社会主义社会的诞生。

历史从来不走回头路，总是向前发展的。科学技术朝什么方向发展，历史就朝什么方向发展，决不可能回到过去。现在，历史发展又到了一个新的关头：虚拟世界。

虚拟世界，既不是虚幻的想象中的自我陶醉的神的世界，也不同于虚无的世界或虚空的世界。它是一种虚而有的世界。既是虚的又是实的。如现在的无线电、遥控、互联网、IT 之类的技术。它可以躲在一个小小的空间里指挥千军万马，操纵百里高空、千里深海、万里陆疆的战争与和平；可以在顷刻间成为世界任何一个角落房产土地的所有者；想吃好吃的，想穿好穿的，只要指尖一动，向相关单位发一个信号就有人送上门来。所以主宰未来世界的，不是那些"搅屎棍""放屁虫""推屎耙"之类的总统，而是那些躲在他们身后的虚拟者。未来世界是虚拟者为王。国不分大小，地不分远近，位不分上下，一切都为虚拟者所操纵。

虚拟世界，是高度发展的科学世界。不论千里万里之遥，也不论寰宇内外，一个想毁灭别人的人，只要他失去了自己手中的数字密码，他就有可能丧失万贯家财，家破人亡国灭。从这个意义上说，未来的富翁、财阀，可能不是传统意义的有形资产的大财团、大家族，或许是几个能干的年轻人，他们在嬉笑吵闹之间就成了财富的王者。

未来的世界是什么样子，不知道，也不能预测，反正它决不是我们过去所幻想的大同世界，也不是一次世界大战二次世界大战以军力征服他人的世界，更不是可以用武力吓唬他人让他人屈服的世界。而可能是一个数字决定一切的世界。谁握有虚拟世界的数字密码，谁就是虚拟世界的主人，虚拟的天空是属于他的。

参考文献

1. ［汉］刘安著，赵宗乙译注，《淮南子》，黑龙江人民出版社。
2. ［汉］班固著，《白虎通德论》，上海古籍出版社。
3. 班固撰，《汉书》，中华书局。
4. 董楚平译注，图文本《楚辞》，上海古籍出版社。
5. 王强模译注，《列子全译》，贵州人民出版社。
6. 左松超译注，《新译说苑读本》，三民书局印行。
7. ［晋］干宝原著，黄涤明译注，《搜神记全译》，贵州人民出版社。
8. 田合禄、田峰著，《周易与日月崇拜》，光明日报社。
9. ［美］洛易斯·亨利·摩尔根著，杨东莼、马雍、马巨译，《古代社会》，中央编译出版社。
10. 徐旭生著，《中国古史的传说时代》，广西师范大学出版社。
11. ［明］吴昆著，《黄帝内经素问吴注》，学苑出版社。
12. ［清］顾观光辑，《神农本草经》，兰州大学出版社。
13. 《玉函山房辑佚书》，蔡季襄著，《晚周缯书考证》，中西书局。
14. ［清］马骕纂，《绎史》，上海图书馆藏书。
15. ［清］王聘珍撰，《大戴礼记解诂》，中华书局。
16. 陈久金著，《斗转星移映神州：中国二十八宿》，海天出版社。
17. 黄怀信著，《古文献与古史考论》，齐鲁书社。
18. ［三国］王肃著，《孔子家语》，时代文艺出版社。
19. 谷德明编，《中国少数民族神话》上下册，中国民间文艺出版社。
20. 赵光贤著，《古史考辨》，北京师范大学出版社。
21. 李步嘉校释，《越绝书校释》，中华书局。
22. ［晋］张华等撰，王根林等校点，《博物志》(外七种)，上海古籍出版社。
23. 王大有著，《三皇五帝时代》，时代经济出版社。
24. 董立章著，《三皇五帝史断代》，暨南大学出版社。
25. 许顺湛著，《五帝时代研究》，中州古籍出版社。

26. 倪民编著,《三皇五帝追踪》,旅游教育出版社。

27. 何新著,《诸神的起源》,北京工业大学出版社。

28. 李亦园著,《宗教与神话》,广西师范大学出版社。

29. 司马迁撰,韩兆琦译注,《史记》,中华书局版四卷本。

30. 夏曾佑著,《中国古代史》,团结出版社。

31.《国语》上下册,上海古籍出版社。

32. 赵生群注,《春秋左传新注》上下册,陕西人民出版社。

33. 何新著,《楚帛书与夏小正新解——宇宙起源》,时事出版社。

34. 关永礼主编,《白话十三经》,济南出版社,《尚书》卷。

35. 陆思贤著,《神话考古》,文物出版社。

36. 倪泰一、钱发平编译,《山海经》,重庆出版社。

37. 袁珂校注,《山海经校注》,巴蜀书社。

38. 陈成译注,《山海经》,上海古籍出版社。

39. 李坤编著,《中国大考古》,陕西师范大学出版社。

40. 冯时著,《中国天文考古学》,中国社会科学院出版社。

41. ［英］Catherine Louboutin 著,张容译,《新石器时代:世界最早的农民》,上海书店出版社。

42. 林河著 《中国巫傩史》,花城出版社。

43. 庞进著,《凤图腾》,中国和平出版社。

44. 庞进著,《八千年中国龙文化》,人民日报出版社。

45. 庞进著,《博大精新龙文化》,西安地图出版社。

46. 冯友兰著,《中国哲学简史》,新世界出版社。

47. 谢浩范、朱迎平译注,《管子全译》,贵州人民出版社。

48. 田合禄、田峰著,《周易真原》,山西科技出版社。

49. 陈久金著,《星象解码》,群言出版社。

50. ［梁］任昉,《述异记》。

51. 陈江风著,《天人合一》,生活·读书·新知三联书店。

52. 王子初著,《中国音乐考古学》,福建教育出版社。

53.《华夏考古》,《河南舞阳贾湖新石器时代遗址第二至第六次发掘简报》,1988年第2期。

54. 游修龄著,《中国稻作史》,农业出版社。

55. 卫斯撰,《试探我国高粱栽培的起源》,《中国农史》,1982年第2期。

56. 刘军著,《河姆渡文化》,文物出版社。

57. 陈炳应、卢冬著,《古代民族》,敦煌文艺出版社。

58. 苏湲著,《黄帝时代》,清华大学出版社。

59. 《马克思恩格斯选集》,人民出版社。

60. 毕硕本、裴安平、闾国年撰,《基于空间分析方法的姜寨史前聚落考古研究》,《考古与文物》,2008 年第 1 期。

61. 郝娟、利民著,《半坡与史前文明》,三秦出版社。

62. 逄振镐著,《东夷文化研究》,山东齐鲁书社。

63. 山东文物考古研究所,《大汶口续集》,科学出版社。

64. 上海市文物保管委员会,《上海福泉山良渚文化墓葬》,南京博物院。

65. 汪遵国著,《良渚文化"玉敛葬"述略》,《文物》1984 年第 2 期。

66. 吴汝祚著,《良渚文化兴衰史》,社会科学院文献出版社。

67. 周新华著,《稻米部族》,浙江文艺出版社。

68. 蒋卫东著,《良渚博物馆藏——良渚文化玉器精粹》,文物出版社。

69. 王宁远著,《遥远的村居:良渚文化的聚落和居住形态》,浙江摄影出版社。

70. 张玉春译注,《竹书纪年》,黑龙江人民出版社。

71. 恩格斯著,《家庭、私有制和国家的起源》,《马克思恩格斯选集》第四卷。

72. 陈皓注,《礼记集说》《礼记》,上海古籍出版社。

73. 赵晔著,《湮灭的古国故都:良渚遗址概论》,浙江摄影出版社。

74. 周膺著,《中国 5000 年文明第一证:良渚文化与良渚古国》,浙江大学出版社。

75. 王大有著,《寻根万年中华——中华百家姓图腾始原》,中国时代经济出版社。

76. 王文光、翟国强撰,《中国西南旧石器文化在中华文化形成中的地位》,云南民族大学学报,2004 年 11 月。

77. 陈连开主编,《中国民族史纲要》,中国财政经济出版社。

78. 林惠祥著,《中国民族史》,商务印书馆。

79. 蒋志华编著,《中国世界部落文化》,时事出版社。

80. 郭旭东著,《走进殷墟》,中国文史出版社。

81. [英]威尔斯著,《世界史纲:生物和人类的简明史》,北京燕山出版社。

82. 孙危撰,《中国早期冶铁相关问题小考》,《考古与文物》,2009 年第 1 期。

83. 邓荫柯著,《中国古代发明》,五洲传播出版社。

84. 曾文芳著,《夏商周民族思想与政策研究》,人民出版社。

85. 尚刚著,《天工开物》,生活·读书·新知三联书店。

86. 郭大顺、方殿春、朱达编著,《牛河梁红山文化遗址与玉器精粹》,文物出版社。

87. 郭大顺编著,《中华五千年文明的象征》,文物出版社。

88. 苏民生撰,《我国文字的历史究竟有多久?——考古新发现表明:可以上溯到 4500—5000 年前》,《瞭望周刊》,1987 年第 9 期。

89. 王志俊撰,《关中地区仰韶文化刻划符号综述》,《考古与文物》,1980 年第 3 期。

90. 何崝撰,《论文字生成机制》(二),《中国文字研究》,2008 年第 2 辑。

91. 蒋志华著,《中国世界部落文化》,时事出版社。

92. 蔡连章著,《古文字基础》,百家出版社。

93. 赵国华撰,《八卦符号与半坡鱼纹》,上海社会科学报第二版,1987 年 4 月 16 日。

94. 谢世俊著,《中国古代气象史稿》,重庆出版社。

95. 逄振镐著,《论原始八卦的起源》,《北方文物》,1991 年第 1 期。

96. 陈久金、张敬国撰,《含山出土玉片图形试考》,《文物》,1989 年第 4 期。

97. 张吉良著,《周易哲学和古代社会思想》,齐鲁书社。

98. 〔中国台湾〕徐芹庭著,《易经源流》(上下),中国书店出版社。

99. 顾颉刚著,《论易系辞传中观象制器的故事》《周易卦爻辞中的故事》,见《周易全书》第三册,团结出版社。

100. 胡道静、戚文编著,《周易十讲》,上海人民出版社。

101. 雷元星著,《文明的起点》,上海东方出版中心。

102. 〔阿拉伯〕伊本·西那(阿维森纳)著,王太庆译,《论灵魂》,商务印书馆。

103. 黄文主编、陈雪编著,《希腊罗马神话》《波斯神话》《埃及神话》《印度神话》,中国林业出版社。

104. 马学良、今旦译注,《苗族史诗》,中国民间文艺出版社。

105. 陶阳、牟钟秀著,《中国创世神话》,上海人民出版社。

106. 冯广宏著,《三星照耀金沙》,巴蜀书社。

107. 王天权主编,郭文编著,《文明的曙光》,中国纺织出版社。

108. 陈雪良著,《中华远古文明之谜》,文汇出版社。

109. ［日］藤枝晃著，李运博译，《汉字的文化史》，新星出版社。

110. 周濯街著，《房中始祖彭祖》，团结出版社。

111. ［英］维罗尼卡·艾恩斯著，杜文燕译，《神话的历史》，希望出版社。

112. ［美］房龙著，《圣经的故事》，科学普及出版社。

113. 力强编著，《星座与希腊神话》，科学普及出版社。

114. ［德］古斯塔夫·施瓦布著，曹乃云译，《希腊古典神话》，译林出版社。

115. ［法］列维-布留尔著，《原始思维》。

116. 刘文英著，《原始思维与原始文化新探》，中国社会科学出版社。

117. 丁山著，《中国古代宗教与神话考》，上海文艺出版社。

118. 闻一多著，《神话与诗》，上海人民出版社；《闻一多全集》第一卷，生活·读书·新知三联书店。

119. 庞朴著，《火历初探》，《社会科学战线》，1978年4期。

120. 苗启明著，《原始思维》，上海人民出版社。

121. 《大汶口》，文物出版社。

122. 刘青著，《甲骨文卜辞神话资料》，云南人民出版社。

123. ［宋］李籍著，《周髀算经音义》。

124. 庞朴著，《一分为三论》，上海古籍出版社。

125. 任继愈译著，《老子新译》，上海古籍出版社。

126. 施正康、朱贵平、冯慕云编著，《圣经故事全编》，学林出版社。

127. 南怀瑾著，《中国道教发展史略》，复旦大学出版社。

128. 钟宗宪著，《炎帝神农信仰》，学苑出版社。

129. 张玉春等译注，《吕氏春秋》，黑龙江人民出版社。

130. 袁珂著，《中国古代神话》，华夏出版社。

131. 汪玉川、蒙宪编著，《古代神话》，泰山出版社。

132. 王建国著，《古文明之谜》，京华出版社。

133. ［汉］宋衷注，［清］秦嘉谟等辑，《世本八种》，中华书局。

134. 《帝王世纪》《逸周书》《世本》《古本竹书纪年》合订本，齐鲁书社。

135. 《世本》《竹书纪年》《华阳国志》合订本，四库家藏，山东画报社。

136. 《太平御览》1—4册，中华书局。

137. 陈桥驿点校，《水经注》二种，上海古籍出版社，浙江古籍出版社。

138. ［北魏］郦道元注，［清］王先谦校，《合校水经注》，中华书局。

139. 陶炎著，《辽东半岛的巨石文化》，《理论与实践》杂志，1981年1期。

140. 茅盾著，《中国神话研究初探》，上海古籍出版社。

141. 玄珠著,《中国神话研究 ABC》,上海书店。

142. 王利器校注,《风俗通义校注》,中华书局。

143. 罗家湘著,《逸周书研究》,上海古籍出版社。

144. ［中国台湾］王孝廉著,《中国神话世界》,作家出版社。

145. ［中国台湾］王孝廉著,《水与水神》,学苑出版社。

146. ［宋］罗泌著,《路史》25卷本,［美］密歇根大学东亚图书馆藏本。

147. ［晋］王嘉撰,王根林校点,《拾遗记》,上海古籍出版社,［梁］萧绮录,中华书局。

148. ［晋］皇甫谧撰,《帝王世纪》,黄永年校点,《山海经》《新世纪万有文库》等合订本。

149. 李泽厚著,《说巫史传统》,上海译文出版社。

150. 陈鼓应注译,《黄帝四经今注今译》,商务印书馆。

151. 陈鼓应译注,《管子四篇诠释——稷下道家代表作解析》,商务印书馆。

152. 《老子道德经河上公章句》,中华书局。

153. ［汉］严遵著,王德有点校,《老子指归》,中华书局。

154. ［唐］徐坚等著,《初学记》上下册,中华书局。

155. 程俊英译注,《诗经译注》,上海古籍出版社。

156. 木丽春著,《东巴文化揭秘》,云南人民出版社。

157. 吕思勉著,《中国大历史》,中国华侨出版社。

158. 曹定云著,《殷墟妇好墓铭文研究》,云南人民出版社。

后 记

此书是我的一套读书笔记。谈的都是自己的认识。有的看法可能与专家相左。

我离开教学岗位之后，看了一些书，一些考古与天文历法的书，使我十分震撼，十分激动。有很多东西都是我闻所未闻的。我随手作了一些笔记。现在我把它们整理出来，作一些分析，与朋友们分享。本书的内容环绕探寻神话之源这一论题展开。探索农业初生这一历史时期，即三皇五帝时期为什么会产生大量的神话。渔猎时代的神话之所以不同于采集时代与封建君主制时代的宗教神话，又不同于当代众多的世俗神话，我认为农业的产生和发展是根本原因。

为什么这样说呢？这是因为农业产生后虽然人民过上了定居的生活，生活有了很多改善，但他们面临的最严重的问题是一不知天，二不知地，三不知人。不知天，是不知日月星辰的运行规律，无力抗击自然灾害；不知地，即不知怎么种庄稼，不知何时播种，何时收获，如何才能因地制宜；不知人，是不知人是怎么来到这个世界的。他们认为人是神钻到母亲肚子里生出来的，是万物投胎的结果。因此，他们把一切希望都寄托在神灵身上。他们相信神的灵魂是不灭的，祖宗的灵魂是不灭的，祖宗就是神。因而那些生前立竿测影制定历法的祖宗，便被认定为管理日月星辰运行的天神，是知天知地知人的人，是能使人延年益寿的人神。这就产生了以祖宗为中心的天神崇拜、自然崇拜、日月星神崇拜和图腾崇拜，从而形成了集多种崇拜于一身的祖神系统、自然神系统和天神天帝系统。

又因老祖宗生前敢于治洪水，敢于补天，敢于教民稼穑，勤于为民采药治病，教民养生，延长人民的寿命，他们的事迹构成了"话"的"材料"，遂神而"话"之成为故事。

再加上不同历史时期不同民族的各类联想、补充和对事物的深入思考，进而形成了种种不同形态的原始神话。

追寻这些神话的产生过程，为我的晚年生活带来无穷的乐趣。这种乐趣的赠予者是各位提供阅读资料的朋友与专家。在我九十大寿到来之际，我首先要向他们鞠躬致谢，感谢他们为我的晚年提供了可贵的精神食粮。我深深感谢我的大女儿于学松，是她为我找了许多研究资料；感谢上海科学技术文献出版社为我提供的出版机会与帮助，帮我审稿的老编辑是那样的严谨认真，帮我改正了不少错误，使我十分感动。此书出版的一半功劳是属于他们的。我还要感谢我的小女儿于效梅利用业余时间帮我打字。几年前我开过4次刀，有些稿子是在病床上写的，想到一点，写一点，很杂乱，不连贯，夫人李孔妍是我的第一位读者，她先看，帮我修改。所以，在此我也要特别感谢她。

  我不考古，不懂天文，也不搞这方面的研究，只是离休之后读一点闲书，现在我将自己的所感所想辑合成册，旨在向学者专家们请教，恳请指正。

2022 年 3 月 25 日
改于海鸿公寓